Haftantritt ausgesetzt

Haftantritt ausgesetzt

über Knast, Untertauchen und Solidarität

!MMERGRÜN

Impressum

4. überarb. Auflage, Februar 2026

Verlag immergrün
www.verlag-immergruen.de
berlin@verlag-immergruen.de

Covergestaltung: Martina Zaninelli
Satz: Elemer
Druck: mcp

ISBN: 978-3-910281-12-7

Inhalt

Du wirst es im Leben sehr schwer haben

Sie bretterten mit 140 Sachen über die Autobahn. Fast durchgehend. Pausen wurden kaum gemacht. Dafür viele Zigaretten geraucht, laut Musik gehört, und rumphilosophiert. Was jetzt kommen würde war beiden unklar. Es war eine Reise ins Ungewisse. Alle relativen Sicherheiten des bürgerlichen Lebens wurden über Nacht über den Haufen geschmissen. Es gab nichts mehr zu verlieren, nur die Freiheit zu gewinnen.

»Du musst dir dein Geld jetzt gut einteilen«, sagte Martin zu Karl.

Karl nickte.

Die Bäume rauschten an ihnen vorbei und Berge und Felder malten schöne Naturbilder, die sie nicht im Stande waren zu genießen, denn sie waren nicht auf dem Weg in den Urlaub.

Den Verkehr um sie herum ständig kritisch überprüfend, versuchten die beiden herauszufinden ob sie nicht von Cops in zivil oder dergleichen verfolgt wurden. Vorbeifahrende Streifenwagen, die immer wieder mal auftauchten, ließ jedes Mal das Blut in den Adern gefrieren. Auf gar keinen Fall wollten sie kontrolliert werden, und somit der Staatsmacht noch Verdacht schöpfen lassen was sie vorhatten.

Karl, der zuvor noch seine letzten Kröten von der Bank abgehoben hatte, und nicht wusste wie lang ihm dies überhaupt reichen würde, dachte nach. Eigentlich war er noch nicht so lang draußen aus dem Knast. Gerade mal zehn Monate. Genauso lang hatte er zuvor auch schon mal abgesessen. Jetzt sollte er schon wieder rein. Diesmal aber auf unbestimmte Zeit, denn die bürgerliche Justiz hielt ihre Karten gegen ihn noch verdeckt. Das ließ nichts Gutes, sondern eher ein Maximum des möglichen Strafmaßes erwarten. Mehrere weitere Anklagen gegen ihn sollten neu dazu kommen. Wenn er dann schon im Knast sitzt, denn einen Hafttermin für ihn hatten sie schon festgelegt. Diesem lag ein ihm zur Last gelegter Bewährungswiderruf zugrunde, der durch seine vorherige Haftstrafe konstruiert werden konnte, und ein paar anderen Delikten. So waren schon mal weitere neun Monate Knast sicher. Zusätzlich zu dem, was sie noch aus den anderen Delikten machen würden. Der Bewährungswiderruf war die Strafe dafür, dass er sich während seiner Haftzeit auf keinen Deal mit der Richterschaft eingelassen hatte. Dieser hätte beinhaltet, dass er sein Urteil akzeptierte, auf Berufung und Revision verzichtete und ihm im Gegenzug dafür versichert wurde, dass man auf einen künftigen Bewährungswiderruf verzichten würde. Das kam jedoch für Karl nicht in die Tüte.

Und die zu erwartende Rache hierfür kam nun. Weil Karl den Staatsdienern noch mehr Arbeit gemacht hatte, als ihnen lieb war. Er ging davon aus, dass es leichter gehen würde, ihn nach weiteren neun Monaten Haftstrafe, mit Hilfe der neuen Anklagen, weiterhin festzusetzen, da er dann ohnehin schon saß.

Diese Methode kannte Karl bereits von seinem vergangenen Knastaufenthalt, als man währenddessen noch kurzerhand und gegen ihre eigene Verfassung den Haftgrund abänderte, um ihn weiter festhalten zu können. So wurde aus einer angeblichen Verdunkelungsgefahr eine Fluchtgefahr herbeikonstruiert. Begründet wurde das durch seine Gefangenenpost, die nicht wenig war, und ihm aus vielen verschiedenen Ländern zugeschickt wurde. Die Brüchigkeit der demokratischen Maske der staatlichen Organe zeigte sich auch daran, dass laut Strafprozessordnung innere und äußere Umstände der Gefangenenpost gar nicht zum Nachteil des Gefangenen genutzt werden dürfen.

Erstaunlich was alles möglich ist, wenn sie einen festnageln wollen, dachte sich Karl.

Die Staatsanwaltschaft gab sich dann in Kooperation mit den Cops und dem Staatsschutz nach seiner Entlassung auch weiterhin allergrößte Mühe jeglichem politischen Engagement von Karl entgegenzuwirken. Alles zu Lasten des Steuerzahlers. Genau das bestärkte aber Karl in seiner unversöhnlichen Haltung gegenüber dem Staat, die bis dahin bei ihm schon längst gefestigt war. So schnell es nur ginge sollte dieser Störenfried der bürgerlichen Ordnung nun wieder aus dem Verkehr gezogen werden und erneut hinter schwedische Gardinen verschwinden.

Was brachte denn die Staatsmacht nun eigentlich gegen ihn vor?

Widerstand gegen die Staatsgewalt zum Beispiel. Wie in den meisten ähnlich gelagerten Fällen mehr herbeifantasiert als alles andere. Wohlwissend, dass – nach jahrzehntelanger Hetze gegen Linke – es nur die wenigsten hinterfragen würden.

Ein Staatsdiener in Uniform wollte Karl auf der Revolutionären 1. Mai-Demo seine rote Fahne abnehmen. Diese gab er aber nicht so einfach her. Und schon gar nicht an diesen Bullen, der wie wild geworden daran herumzerrte. Im Handgemenge entriss Karl dem Cop die Fahne und eroberte sie sich zurück. Und das war es eigentlich auch schon. Keine drei Tage später kam die erste Anzeige nach seiner Entlassung aus dem Knast ins Haus geflattert. Der künftige Verlauf – geschenkt! Sie würden sagen, dass Karl mit seiner Fahne nach dem Beamten geschlagen hätte, und wenn dann noch ein Foto auftauchen sollte, dass ihn dabei zeigte wie er dem Bullen seine Fahne wieder entriss, ließe sich das auch prima so auslegen. Nicht umsonst hatten die Staatsdiener an diesem Tag von allen Winkeln aus gefilmt und fotografiert was das Zeug hält. Immer zu Lasten der politischen Bewegung versteht sich. Wenn es jedoch um die Staatsdiener selbst und ihr »Fehlverhalten« geht, gibt es immer reichlich technische Probleme oder Pannen. Merkwürdigerweise ist, eventuell für Beamt:innen belastendes Foto- oder Videomaterial – welches eigentlich vorhanden sein müsste – dann plötzlich nicht mehr auffindbar oder gar an entsprechenden Stellen gelöscht worden...

Zusätzlich lag noch eine gefährliche Körperverletzung gegen Karl vor.

Ein von der NPD geplanter Infostand in seiner Stadt wurde erfolgreich verhindert. Das war noch vor der Zeit, als AfD und Co das neue Sammelbecken der extremen Rechten war. Ein Zeuge soll jemanden mit einem Tattoo im Nacken gesehen haben. Karl hatte so eines. Keine Woche später kam es zur Hausdurchsuchung, bei der Karl aber nicht anwesend war. Seine damalige Mitbewohnerin ließ die Beamten rein und diese beschlagnahmten eine Jogginghose, einen Baseballschläger, diverse Notizen und USB-Sticks.

Alles zusammen genommen konnte von mindestens eineinhalb Jahren geschlossenem Vollzug für Karl ausgegangen werden. Sofern die Strafen zusammengezogen wurden. Damit konnte er aber nicht rechnen. Schließlich galt er als linksradikal, und somit als Feind der bürgerlichen Ordnung. Sie wollten an ihm ein Exempel statuieren. Zur Abschreckung gegen Nachahmer:innen. Wenn alles einzeln verhandelt werden sollte, schien es gut möglich auf drei Jahre Haftzeit zu kommen. Und das hielt er für sehr wahrscheinlich.

Karl studierte derzeit Bauingenieurswesen an der Technischen Universität Stuttgart und war auf dem besten Weg seinen Abschluss zu machen. Während seines vergangenen Knastaufenthaltes hatte er sich zwei Urlaubssemester genommen. Mit einem möglichen Freigang, um tagsüber sein Studium fortsetzen zu können und abends, oder an Wochenenden, in die Haftanstalt zurückzukehren, konnte er nicht rechnen. Die Haftanstalt machte sich nicht mal die Mühe auf die Anfrage seines Anwalts zu antworten. Das verriet auch schon alles.

Karl sollte unter allen Umständen wieder ins Loch. Und zwar komplett.

Da Karl aber aus juristischer Sicht eigentlich gar keine große Nummer war, schien fünf Jahre Verjährungsfrist für all seine Vergehen schon ausreichend und wahrscheinlich. Danach müssten sie alle Anklagepunkte gegen ihn fallen lassen. Auch den Bewährungswiderruf. Das machte für Karl eine Differenz von eineinhalb Jahren. Diese könnte er dann allerdings in Freiheit genießen. Wenn jetzt alles klappen sollte.

»Ja, ich mach das schon irgendwie«, antwortete Karl.

Wohlwissend, dass er noch überhaupt keinen Plan hatte wie es nun eigentlich weitergehen soll, und ob auch alles so funktioniert, wie sie es sich vorgenommen hatten. Unversucht wollte es Karl jedenfalls nicht lassen, das hätte ihn später im Knast sehr geärgert. Und Martin – ein echter Genosse – stand ihm in dieser Situation bei.

»Was mach ich jetzt mit Zeynep?«, fragte Karl Martin. »Meinst du es gibt eine Möglichkeit sie irgendwie wiederzusehen?«

»Vergiss sie einfach«, antwortete Martin. »Hör mal, du hast jetzt ganz andere Sorgen. Reiß dich bloß zusammen!«

Karl zerriss es während der gemeinsamen Fahrt mit Martin gleich mehrfach das Herz, und das nicht nur wegen Zeynep, die er nun wahrscheinlich lange Zeit nicht mehr wiedersehen wird, und die selbst keine Ahnung hatte was hier gerade vor sich ging.

Waren doch da auch noch sehr viele andere Genoss:innen, Freund:innen und die Familie, die er nun für sehr lange Zeit – oder wer weiß, vielleicht auch gar nicht mehr? – wiedersehen wird. Alles war ungewiss.

Eigentlich ist es das aber auch immer, versuchte Karl seine Gedanken und Gefühle unter Kontrolle zu bringen.

Natürlich dachte er auch an seine Familie. Ganz besonders an seine Mutter, von der er sich noch zwei Tage zuvor verabschiedete. Sie redeten nicht und schrieben alles was sie zu sagen hatten auf Zetteln. Zu groß war die Gefahr in der Wohnung der Mutter noch abgehört zu werden und dass man Karl so auf die Schliche kommen würde. Ein Handy führte er schon eine ganze Weile nicht mehr mit sich rum.

Komische Art sich zu verabschieden, dachte Karl.

Und diese seltsame bedrückende Ruhe während dieses Besuches, da sie ja nur geschrieben hatten, statt zu reden. Ein bisschen Musik lief im Hintergrund. Das eine oder andere an Belanglosem sagten sie auch mal laut. Um davon abzulenken, was eigentlich hier lief. Es ging eben nicht anders. Dennoch war es besser so, als sich überhaupt nicht zu verabschieden. Immer wieder hatte Karl das Gesicht seiner Mutter vor Augen, als er endgültig das Haus verließ. Sie hatte Tränen in den Augen und hoffte jetzt nur das Beste für ihn. Ihr war alles lieber als ihn noch einmal im Knast zu sehen. So war ihr dieses Opfer es dann auch wert. Bevor er ging, schickte sie Karls Vater noch zur Bank, um etwas für die Reise beitragen zu können. Karl hatte während dieses Besuches selbstverständlich auch mit den Tränen zu kämpfen. Doch da er dies seiner Mutter nicht anmerken lassen wollte, gaukelte er ihr übertrieben gute Laune vor. Er war ja durchaus ein abenteuerlustiger und neugieriger Mensch, der schon immer lieber in unbekannte Sphären vordrang, als sich mit dem bereits Bekannten zufrieden zu geben. Immer auf der Suche nach dem Glück.

»Was machen wir eigentlich wenn…«, Karl bemerkte dass Martin eingeschlafen war. Nun konnte er endlich ein paar Tränen zulassen, die er schon viel zu lange zurückhielt.

Cool dass ich das hier nicht alleine durchziehen muss, dachte Karl. Der Martin, das is echt auch so ne Marke. Ein richtiger Genosse. Dabei tut er auch noch so als wäre das hier alles nichts, was wir hier gerade machen. Von solchen Menschen bräuchten wir mehr, dann würde die Welt schnell eine bessere sein.

Karl dachte auch an Steffen und musste innerlich lachen. So traurig der Abschied von diesem Freund auch war, hatte es Steffen doch geschafft, ihn und Martin vor der Abfahrt noch tierisch zum Lachen zu bringen. Ungewollt. Als er beiden zu Abschied zuwinkte und sich dann zum gehen umwandte, lief er direkt gegen einen Laternenmast und schlug sich den Kopf an. Sich den Kopf haltend, aber offenbar unverletzt, winkte er beiden noch hinterher. Im weiteren Verlauf der Fahrt lachten sie immer wieder mal darüber.

Alle drei kannten sich eigentlich noch gar nicht so lang – vielleicht gerade mal zwei Jahre – doch war dies eine stärkere Verbindung als zu manchen seiner Freund:innen, die er schon über fünfzehn Jahre kannte. Die politische Ebene, welche die drei verband, kannte Höhen und Tiefen, die jene, die einen bürgerlichen Weg wählten, schwer nachvollziehen konnten. Jene waren zwar ganz groß darin, Kritik von der Couch oder vom Kneipentresen aus zu formulieren, aber das war's dann auch schon. Karl selbst war lang genug Teil dieser Kategorie, bis er sich irgendwann politisierte und dadurch mit Steffen sehr viel erlebte.

Kennengelernt hatten sie sich, da Karl in einer Punkband spielte, deren Fan Steffen war. Das war zu einer Zeit, als sich durch die aufkommende Kommerzialisierung der Punkszene über Jahre hinweg immer mehr faule Eier in diese Szene einschlichen. Insbesondere Faschisten und diejenigen, die kein Problem damit hatten sich mit solchen den Konzertsaal zu teilen.

Karl erinnerte sich zurück an die Zeiten, als er mit Rechten regelmäßig Ärger hatte, oder von ihnen auf's Maul bekam, weil er bunte Haare hatte. Jetzt betraten ausgerechnet diese Figuren die Räume ihrer Subkultur, die sie sich einst hart erkämpfen mussten. Vielen seiner Bekannten schien das nicht mal zu stören, auch wenn solche Bands völlig unbeschwert am darauf folgenden Wochenende mitunter in Blood&Honour-Clubs auftraten. Was sollte das Problem sein, meinten sie, mit den Faschisten auch mal einen trinken zu gehen – schließlich seien das ja auch nur Menschen. Und mit Politik habe man ja sowieso nichts am Hut. Man will doch auch nur seinen Spaß haben und Alkohol trinken.

Im Gegensatz zu ihnen, wusste Karl zumindest – derzeit selbst noch nicht politisiert und erst recht nicht organisiert – wohin solche Reise wirklich geht.

Ein besonders einschneidendes Erlebnis war ein Punkfestival in Tschechien, dass er Ende der Neunziger Jahre jeden Sommer mit Freund:innen besuchte. Dort traten immer wieder polnische

Faschisten und rechte Hooligans in Erscheinung, mit denen sich Karl und seine Freund:innen regelmäßig anlegten. Das erste Mal, als sie sahen dass die Faschisten eine Frau angriffen, die sich zuvor über Hitlergrüße beschwerte.

Recht hatte sie. Doch war sie die Einzige, die sich darüber beschwerte. Ein Flaschenwurf aus sicherer Entfernung an den Schädel eines der Faschisten verursachte einen dumpfen Knall, und die Rechten ließen von der Frau ab. Nach ein paar nachhelfenden Schlägen ergriffen sie die Flucht. Irrwitzigerweise bekamen jedoch Karl und seine Freund:innen Ärger dafür, da diverse unpolitische Festivalbesucher:innen ihnen Anwendung von Gewalt vorwarfen.

Auch die Organisator:innen des Festivals waren davon nicht begeistert, und drohten Karls Clique mit Rausschmiss, wenn so etwas nochmal vorkommen sollte. Aber niemand von ihnen unternahm irgend etwas gegen die Faschisten und deren offensives Auftreten. Hatten sie Angst?

Dies sollte jedoch nur den Beginn sich alljährlich steigernder Auseinandersetzungen darstellen. Waren es in diesem Jahr nur zehn polnische Faschisten, waren es im darauf folgendem Jahr schon mehr als zwanzig.

In weiser Voraussicht hatten Karl und seine Freund:innen Kontakte zu anderen Punks aus Berlin und Bratislava geknüpft, die auch keinen Bock auf die Faschisten hatten.

Im Schutz der Dunkelheit und immer in der Gruppe, suchten sich die Faschos einzelne betrunkene Gäste , um sie zu verprügeln. Fern von den Festival-Securities bekamen sie von Karl und seinen Freund:innen dafür aber die Quittung. Besonders viel Spaß hatte Karl zusammen mit Jakob, einen seiner Punkfreunde aus Bratislava. Auch Karls Berliner Punkkumpels hatten scheinbar alle Hände voll zu tun, wie sich später herausstellte. Im zweiten Jahr gab es tatsächlich Konsequenzen seitens der Veranstalter:innen. Ein paar der Berliner:innen mussten vorzeitig abreisen. Sie hatte man endgültig des Festivals verwiesen.

Im dritten Jahr, welches das Letzte sein sollte, dass Karl noch besuchen wird, hatte sich die ganze Atmosphäre nochmal weiter nach rechts verschoben. Schon am Eingang standen diesmal durchtrainierte Hooligans mit Kampfhunden, die als Securities angestellt waren. Extrem unsympathisch, und irgendwie so ganz und gar nicht punkmäßig für so ein Festival.

Die Faschistengruppe in jenem Jahr war schon auf mindestens fünfzig Personen angewachsen. Trotz dieser düsteren Aussichten freuten sich Karl und seine Clique, dass die Freund:innen aus Bratislava auch schon da waren. Nur von den Berlinern waren dieses Mal leider nur wenige gekommen.

»Und, hast Du wieder deinen Regenschirm dabei, du alter Postkarten-Punk?«, fragte Jakob Karl.

Damit spielte er auf das Jahr zuvor an, als Karl mit seinem Regenschirm für einen durchgehend hochgestylten Iro sorgte.

»Ist im Auto, noch regnet es ja nicht«, erwiderte Karl, und beide lachten und umarmten sich.

Nun wollte sich Karl erstmal einen Überblick über das Festivalgelände verschaffen.

»Komm schnell, es gibt was!«, rief Karl nach kurzer Zeit.

Jakob, ohne zu zögern und ohne zu fragen, was denn überhaupt los sei, sprang sofort auf und beide gingen zu einem Merchandise-Stand. Karl zog ein White-Power-Shirt hervor, und hielt es dem Verkäufer vor's Gesicht.

»Was soll der Scheiß denn?«, fragte er ihn.

Der Verkäufer fragte nur: »Was meinst du?«

Daraufhin zerriss Karl das T-Shirt und schmiss es auf den Boden.

»Das bezahlst Du mir!«, schrie der Verkäufer ziemlich sauer.

»Du hältst deine Fresse oder es setzt was!«, schrie ihn dann wiederum Jakob an, und nahm bedrohliche Haltung an. »Wir schlagen dir den kompletten Laden zusammen! Wer bist du überhaupt!?«

Jakob, der körperlich um einiges besser gebaut war als Karl, konnte genügend Eindruck schinden, so dass der Standbetreiber schnell einknickte und beiden mit unfassbarem Gesichtsausdruck hinterhersah.

»Alter, das Festival hat ne richtig üble Qualität angenommen«, sagte Karl zu Jakob, als sie sich wieder auf den Weg zu ihren Freund:innen machten.

»Sind dir eigentlich die Securities am Eingang aufgefallen? Das sind doch bestimmt auch alles Faschos, oder?«

»Ich hab auch keine Ahnung, was hier los ist.«

Dann kamen die polnischen Faschisten, die offensichtlich schon sehr auf Karl und Jakob eingeschossen waren. Karl sah von weitem noch wie sich einer der Faschos auf dem Weg bereits einen Zahnschutz in den Mund legte.

»Alter jetzt geht's ab!«, rief Karl noch den anderen Freund:innen zu, um sie vorzuwarnen.

»Da fahr ich einmal mit euch weg und dann sowas«, sagte Bernd, der dem Festival das erste Mal beiwohnte und den es leider etwas mehr erwischt hatte, als sich die Lage wieder beruhigte und die Securities den sich prügelnden Haufen auseinander getrieben hatten.

Bernd nahm es so gut es ging mit Humor.

Nach erfolglosen Mobilisierungsversuchen gegen die Fascho-Gewalt auf dem Festival, auf die sie meist die Antwort bekamen »Also ich bin hier, um Spaß zu haben, auf Schlägerei hab ich keinen Bock«, beschloss Karl, dass dies sein letztes Jahr auf diesem Festival sein würde.

Ein Jahr war nun seit dem letzten Festivalbesuch vergangen, und es war ungefähr die gleiche Zeit im Sommer. Karl war mittlerweile in einem selbstverwalteten Jugendzentrum seiner Stadt aktiv und spielte in besagter Punkband. Er riskierte einen Blick auf die Internetpräsenz des Punkfestivals in Tschechien, an dem er und seine Freund:innen dieses Jahr nicht mehr teilnahmen.

»Mit Bedauern müssen wir mitteilen, dass wir dieses Jahr unser Festival vorzeitig abbrechen mussten. Es tut uns sehr leid.«, stand da als Überschrift.

Etwa 300 Faschisten und Hooligans hatten dieses Jahr das Festival gestürmt, die Hälfte der Festivalbesucher körperlich angegriffen und alles kurz und klein geschlagen. Und das, trotz der knapp 2000 Konzertbesucher:innen, die dort jedes Jahr zusammenkamen.

Wie kann das sein?, fragte sich Karl, doch war die Antwort klar, als ihm wieder einfiel, wie schwer es dort war Leute zu finden, die sich mal gerade machten. Den Faschisten zumindest mal ihre Grenzen aufzeigen, oder ihnen generell zu verstehen zu geben, dass sie nicht erwünscht sind. Eigentlich hätten sich dafür viele Leute finden müssen. Gerade jene, die nur ihren Spaß haben wollten. Wie konnten sie denn Spaß haben, wenn um sie herum wahllos jene verprügelt wurden, die bunte Haare hatten? Auf die Veranstalter war kein Verlass, weil diese nur ihren Profit im Auge hatten. Und die Securities? Hätten allenfalls die Faschos selbst beschützt.

Was für ein trauriges Ende, dachte sich Karl. Aber den geldgeilen Veranstaltern geschieht es eigentlich recht so. Diese Idioten!

In dem selbstverwalteten Jugendzentrum gab es derartige Probleme nicht. Zum einen war es kein kommerzielles Projekt, wo man nur Gewinn machen wollte, zum anderen traf sich dort auch der politischere Teil der Punkszene, der den Laden am Laufen hielt und sich mit der politischen Bewegung generell solidarisch zeigte. Ironischerweise sollte aber Karl selbst genau das eines Tages auf die Füße fallen, als er mit seiner Band mal »aus Spaß« einen Song einer rechten Band auf der Bühne spielte. Karl fand das in dem Moment lustig, doch viele waren daraufhin erstmal auf ihn sauer und von ihm enttäuscht.

Auf dem nächsten Plenum des Jugendzentrums entschuldigte er sich und suchte sich dem zu stellen.

Karl, der in seiner punkigen Attitüde damit nur provozieren wollte, begann zu verstehen, dass er damit dem geschadet hatte, was ihm doch selbst am wichtigsten war. Dem Jugendzentrum und dem Projekt der Selbstverwaltung an sich. Diese gab allen genau den Freiraum, den sie sich schon so lange wünschten. Zuvor konnten sie sich nur auf der Straße zum Saufen, auf irgendwelchen Konzerten oder in Privatwohnungen treffen, die manchmal erheblichen Sachschaden erleiden mussten.

Einmal zum Beispiel feierten sie eine Party bei Tina zu Hause, deren Mitbewohnerin gerade für ein paar Tage nicht da war. Tina war vor kurzem erst eingezogen. Die Party artete dermaßen aus, dass nachts die Bullen noch antanzten, weil Gegenstände (unter anderem Schaufensterpuppen) aus der Wohnung heraus auf die angrenzende Hauptstraße geschmissen wurden, die nachts immer noch recht stark befahren war. Karl spielte dort Tarzan mit der Lampe im Zimmer von Tinas Mitbewohnerin, riss das komplette Kabel von der Decke, und landete unsanft auf dem Fußboden. Uwe war wieder mal zu früh eingeschlafen, so wie man ihn damals auch kannte. Dann war da noch Erwin, ein weiterer enger Freund von Karl, der in diese Chaoten-Truppe super reinpasste. Nachdem Erwin die Badewanne vollgekotzt hatte, war er es, der anfing Gegenstände aus dem Fenster zu schmeißen. Tina fand das alles anfangs nicht sonderlich cool, war aber doch auch irgendwann betrunken genug, um sich den anderen beim Randalieren in ihrer eigenen Wohnung anzuschließen.

»Und Karl? Wirst du diesmal mitkommen ohne das wir dir Handschellen anlegen müssen?«, fragte einer der Cops bei deren Eintreffen.

»Nö, ach, geht ohne«, antwortete Karl.

»Na sie mal einer an, der Erwin hat sich auch wieder eingefunden!«, freute sich der Bulle, schon den nächsten Chaoten ausgemacht zu haben, ohne seine Personalien dafür einsehen zu müssen.

»So, und jetzt alle mitkommen, und keine Faxen machen, sonst wird's unangenehm!«

Die Cops hatten dann etwas Mühe den schweren, schlaftrunkenen Uwe, in ihren Wagen zu transportieren, aber zum Schluss sollte es klappen. Alle Partybesucher:innen verbrachten die Nacht einzeln in der Ausnüchterungszelle, bevor sie sich am nächsten Morgen vor dem Bullenrevier trafen.

Sie verbrachten damals oft so eine Nacht auf der Bullenwache. Das war für die jungen Punks schon fast Standardprogramm.

Die Cops jagten sie derzeit regelrecht, weil sie in deren Augen mit ihrem Punk-Outfit nicht in das Stadtbild passten, wenn sie sich da am Vorzeigeplatz der Innenstadt versammelten und Bier tranken. Und das machten sie täglich. Immer wieder wurden sie von den Bullen kontrolliert. Manchmal bis zu fünf Mal am Tag. Einfach um sie zu nerven. Als wüssten sie nicht schon längst wer hier wer war, wollten sie immer erstmal die Ausweise sehen. Dann durchsuchten sie ihre persönlichen Sachen, sogar ihre Schuhe mussten sie vor den Cops ausziehen, was bei einigen viel Zeit in Anspruch nahm, da die meisten von ihnen Vierzehn-Loch-Stiefel trugen. Manche von den größtenteils jungen Punks hatten übel riechende Füße. Das stank schon fast nach Scheiße. Wenn dann die Cops deswegen die Nase rümpften freuten sie sich.

Meist folgten auf solche Kontrollen willkürlich erteilte Platzverweise gegen sie. Als Standardausrede hierfür dienten oft angebliche Beschwerden irgendwelcher Passanten, die aber nie belegt wurden. Wer sich nicht an den Verweis hielt, wurde für eine Übernachtung in der Gefängniszelle mit auf die Wache genommen. Später kam dafür sogar noch eine Rechnung. Wenn sie an einem Ort Platzverweise erhielten, zogen sie oft zu einem anderen weiter, wo es nicht selten zu erneuten Platzverweisen kam. Einmal zog sich das Ganze bis in eine Kirche, in der sie sich versammelten und dort endlich von den Cops in Ruhe gelassen wurden.

Man bemerke an dieser Stelle: Wir befinden uns in Westdeutschland in den neunziger Jahren.

Andere ihrer Freunde, die in einer kleineren Gruppe verspätet zu ihrem eigentlichen Treffpunkt kamen, auf den soeben ein Platzverweis für die anderen verhängt wurde, von dem diese noch gar nichts wussten, wurden dann sofort mit auf die Wache genommen und zu einer Übernachtung in der Gefängniszelle gezwungen.

»Dann hätten sie eben mit ihren Kollegen anständig kommunizieren müssen«, begründete das ein Bulle, der stadtbekannt für seine sadistische Ader und sein ekelhaftes Verhalten insbesondere Frauen gegenüber, war.

Die kleinere Gruppe der jungen Punks, die einkassiert wurde, musste sich in einer Reihe vor dem inneren Eingang der Bullenwache im Hof aufstellen, und musste dann einzeln, an einem weiteren aggressiven Bullen mit einem abgerichtetem Schäferhund an der Leine vorbei, eintreten. Der Zweck davon war, dass der Schäferhund die jungen Punks vor dem Eintreten nach und nach mindestens einmal beißen sollte.

»Ach, entschuldigen Sie bitte, ich habe den manchmal nicht so im Griff. Der hat psychische Probleme«, sagte der Bulle noch zynisch zu einem der jungen Punks, der sichtlich Panik vor dem aggressiven Hund hatte.

Teilweise wurde den jungen Punks dadurch schlimme Wunden an Armen und Beinen zugefügt, die sie ihren Freund:innen am nächsten Tag nach ihrer Entlassung in der Innenstadt am üblichen Treffpunkt zeigten.

Karl lernte die Bullen schnell zu hassen. Damals war er keine achtzehn Jahre alt.

»Karl, du wirst es im Leben sehr schwer haben, wenn du so weitermachst«, sagte seine Mutter zu ihm, die sich langsam Sorgen um ihn machte.

»Ich weiß doch was das für Schweine sind, da brauchst du mir doch gar nichts erzählen. Aber die sitzen eben am längeren Hebel als du, sieh das doch einfach ein.«

Ich setze die Messlatte woanders an als andere

Aber nach all den Jahren Bullenschikane hatten Karl und seine Freund:innen mittlerweile ihren lang ersehnten Freiraum, wo sie im selbstverwalteten Jugendzentrum eigene Veranstaltungen organisieren konnten. Und Karl, dem es hier gut ging, muss ausgerechnet mit seiner Band einen Song einer rechten Band auf der Bühne zum Besten geben.

Es dauerte eine Weile bis sich die Wogen im Jugendhaus wieder glätteten, und alle mit Karl wieder ganz und gar im Reinen sein konnten.

Etwa fünf Jahre vergingen.

Das unter Denkmalschutz stehende selbstverwaltete Jugendzentrum wurde schon längst von den Cops gewaltsam geräumt. Weil man genau dort ein betreutes Jugendhaus hinhaben wollte. Mit Sozialarbeiter:innen und ausreichend staatlicher Kontrolle. So zumindest der Vorwand. In Wahrheit sollte aber nur die im Bebauungsplan der Stadt eingetragene Grünfläche abgeändert werden, wofür es gewöhnlich einen driftigen Grund braucht. Und den sollte das betreute Jugendhaus liefern. Das war der Trick reicher Spekulanten. Wenn genau dort später der Standort nicht mehr als Grünfläche eingetragen war, konnten sie endlich ihre lang ersehnten Banken- und Bürogebäude hochziehen.

Somit starb wieder ein kleines Stück Seele der Stadt, was in den nächsten Jahren immer rasanter passieren sollte.

Sein Bandprojekt hingegen war seither gewachsen. Europaweit hatten sie nun schon gespielt, und für das Genre Punk war die Band verhältnismäßig bekannt geworden. Nicht zuletzt weil Karl dafür auch viel Zeit investierte. Er selbst kümmerte sich um das Management der Band. Internetpräsenz, Designs von Alben, Merchandise, Videodrehs, Werbung, Konzert-/Tourplanung und so weiter.

Karl begriff schnell wie das Geschäft mit der Musik funktionierte, und wie abgekartet es eigentlich ist.

»Wusstest du das denn nicht? Alles was im Radio läuft wird vom Management bezahlt. Das ist nicht die Musik, die jeder hören will, weil sie so gut ist und den Leuten deswegen gefällt. Was glaubst du denn warum sich da immer nur die gleichen zwanzig Lieder ständig wiederholen, währenddessen es auf der Welt Millionen an Musikprojekten gibt?«, erläuterte ihm Mark.

Es war gerade My Space-Zeit, und an Facebook war noch gar nicht zu denken. Viele junge Künstler:innen nutzten das Angebot der kostenlosen Werbung für ihre Musikprojekte. So auch Karl mit seiner Band.

Sven, der Sänger, war in der Zwischenzeit im Knast, in dem er wegen Fahren ohne Ticket einsitzen musste, und sie spielten einige Touren und unzählige Konzerte. Nun begann langsam die Phase, die ein Teil der Band als Krise bezeichnen würde. Es wurde politisch.

Ivan Khutorskoi, ein Redskin aus Moskau, der sich in dieser Subkultur antifaschistisch engagierte, wurde damals vor seinem Wohnhaus von Faschisten erschossen. Er starb im Alter von 26 Jahren. Das löste weltweit Proteste und Gedenkveranstaltungen aus.

Die Faschisten waren dabei langsam von ihrem üblichen Schläger-Image wegkommen zu wollen, mit dem sie einfach nicht mehr punkten konnten. Sie wollten die Menschen jetzt dort abholen wo sie standen. In der bürgerlichen Mitte.

Nicht selten, wenn die Faschisten – die sich auf Punkkonzerte verirrt hatten – rausgeschmissen wurden, hieß es von manch anderen Konzertbesucher:innen: »Hey, warum schmeißt ihr den denn raus? Der is doch voll nett!«

Die Faschisten wiederum wussten das für sich zu nutzen. »Seht ihr?«, sagten sie: »Die eigentlichen Faschisten ist die Antifa, und nicht wir!«

So wurde unter anderem das Wort »Rotfaschist« in der unpolitischen Fraktion der Szene trendy. Es kamen immer mehr Skandale von sich offensichtlich in die Subkultur der Punk- und Skinheadszene einschleichenden Faschisten heraus. Unzählige Fotos unpolitischer »Helden der Szene« wurden nach und nach über linke Internetseiten veröffentlicht, und zeigten wie diese vermeintlichen Helden mit Faschisten Arm in Arm am Feiern waren.

Diese versuchten das natürlich stets zu relativieren.

Der ganzen Problematik innerhalb der Szene gab man einen Namen: Die rechtsoffene Grauzone. Das Problem war ja, dass man einzelne Akteure, die durchaus als Wegbereiter der Faschisten bezeichnet werden konnten, selbst nicht als organisierte Neonazis oder ähnliches zu bezeichnen waren. Schließlich ging es ja »nur« um Männerkult, Spaß und Saufen. Völlig egal mit wem, wo oder unter welchen Umständen. Ganz nach dem beliebten Motto »Nichts muss, aber alles kann.«

Die Faschisten witterten Morgenluft.

Der imaginäre gemeinsame Feind war die Antifa. Jene, die aus ihrer Sicht einfach nur die Spaßverderber waren.

Als langsam auch offensichtlich wurde, dass an diesen Verstrickungen nach rechts, dieser neuartigen Skinhead-Wunderwelt, auch Bands oder Bekannte von Karl und seiner eigenen Band beteiligt waren – mit denen sie selbst früher mal auf der Bühne standen oder auch feierten – sahen zumindest Karl und Sven sich spätestens jetzt dazu gezwungen als Band Position zu beziehen. Vorab mussten sie aber erstmal die eigene Konzertpolitik der Band in den Griff bekommen.

Mit dem Rest der Band galt es viele Diskussionen zu führen, da die beiden nicht mehr auf diesen oder jenen Konzerten auftreten wollten, wo besagte zwielichtige Bands mit ihnen zusammen auf der Bühne stehen würden, die ihre Messlatten woanders ansetzten als andere. Oder aber Veranstalter zugegen waren, von denen man mittlerweile wusste was diese, nicht nur geschäftsbedingt, neuerdings für merkwürdige Kontakte nach rechts pflegten.

Genau davon wollten sie sich distanzieren, und das auch wirksam öffentlich machen. Nicht mehr und nicht weniger.

Sven und Karl kannten sich schon ewig aus vergangenen Punkzeiten. Damals noch in der Innenstadt, als sie ständig und abwechselnd Stress mit Faschisten und Bullen hatten.

Mit weiteren drei Freunden, teilweise Punks wie sie, kleideten sie sich mal alle für eine antifaschistische Aktion wie Skinheads und nutzten die Gunst der Stunde um es den Faschisten mal heimzuzahlen. Karl, der sich dafür nicht seinen Iro abrasieren wollte, den er derzeit noch ganz stolz auf dem Kopf trug, zog sich hierfür eine Mütze auf. Der Rest war dann Skinheadkleidung. Sie näherten sich einem Drogeriemarkt, der den Faschisten derzeit als Treffpunkt diente. Die ganze Aktion dauerte nicht länger als zwei Minuten, und die vier Freunde zogen auch schon wieder ab. Sie rannten zu ihrem um die Ecke geparkten Auto und fuhren eiligst davon. Noch heute erinnern sich Karl und Sven gern daran wie unglaublich lebendig sie sich damals im Auto auf der Rückfahrt fühlten. Waren sie doch reichlich aufgeregt bevor sie das alles durchzogen. Sie hatten diese Aktion eine ganze Woche vorbereitet und genau auf diesen Zeitpunkt gewartet.

»Diese Schweine! Selbst vor meiner Haustüre standen sie mal eines Nachts!«, brüllte Karl noch im Auto, als die vier Freunde längst wieder auf der Autobahn waren.

Zur aktuellen Lage der Subkultur wurde auch endlich ein Statement der Band verfasst, welches sie lang in der Gruppe besprochen hatten und in dem sie klarstellten, dass sie zu gegebenen Anlass fortan ihre Konzertpolitik ändern werden und mit bestimmten Bands oder auf bestimmten Festivals nicht mehr auftreten werden.

Damit schlugen sie für sie unerwartet hohe Wellen und hatten den Eindruck in ein noch viel größeres Wespennest gestochen zu haben als sie vorher angenommen hatten. Mit diesem Statement polarisierte die Band. Und neben einigen Respektbekundungen, gab es zahlreiche Anfeindungen.

Die Band hatte sich diesbezüglich gerade gemacht.

Die Anfeindungen kannte Karl schon viel zu gut. Dass sie von den Rechten kamen war zu erwarten. Fast schlimmer hingegen aber waren jene Figuren, die trotz allem weiter in ihrer Komfortzone ausharren wollten und sich faktenresistent gaben.

Insbesondere gegen Karl veranstalteten sie eine regelrechte Hetzjagd. Weil dieser sich auch zu allem öffentlich äußerte und über die Problematik offen im Internet diskutierte.

Alex, ein Freund von Karl, der politisch mit ihm auf Linie war, beschrieb das ganze Phänomen in einem Telefonat der beiden mal so:

»Weißt du Karl, derjenige, der auf die Scheiße hinweist, ist für die Leute manchmal viel schlimmer als die Scheiße um die es eigentlich geht. Weil sie nicht aufwachen wollen und lieber in ihrer Scheinwelt und Bequemlichkeitszone verweilen wollen.«

Ein paar Jahre später kam Pegida. Eine AFD wird es bald in den Bundestag schaffen. Reichsbürger werden von sich reden machen. Rechte Esoteriker werden noch viel Geld mit irgendwelchem Klimbim machen, den sie Menschen andrehen, die glauben dass sie von »Chemtrails« vergiftet werden. Eine breite, konfuse Querdenker-Bewegung wird sich bald bilden, die bis in Karls eigene Familie hineinreichen wird. Sein eigener Opa wird bald denken, dass der deutsche Bundestag eigentlich von Kommunisten unterwandert ist, deren einziges Ziel es ist Deutschland kaputt zu machen. Wilde Verschwörungstheorien werden bald Hochkonjunktur haben. Der Rechtsruck in Europa geht weiter, und der Polizeistaat wird mit all der Hilfe dieser reaktionären Akteure noch viel weitreichender ausgebaut werden, als er es derzeit ohnehin schon war.

Was zur Hölle ist denn eigentlich so schlimm daran Kommunist zu sein?, fragte sich Karl damals irgendwann mal.

Er fing an linke Literatur zu lesen, und politisierte sich weiter.

Parallel zu den eben genannten Entwicklungen wurde der NSU (Nationalsozialistischer Untergrund) entdeckt, beziehungsweise enttarnte sich selbst. Diese Faschisten konnten über zehn Jahre lang in Deutschland aus dem Untergrund heraus drei Sprengstoffanschläge, fünfzehn Raubüberfälle, dreiundvierzig Mordversuche, neun Morde an Kleinunternehmern mit Migrationshintergrund, und einen Mord an einer Polizistin verüben. Ihr Unterstützerumfeld wird bald auf mindestens 100–200 Personen geschätzt. Darunter V-Leute des Verfassungsschutzes und Funktionäre rechtsradikaler Parteien.

Karl und Steffen gründeten eine RASH-Gruppe in ihrer Stadt. Die Red And Anarchist Skinheads. Direkt nach der Gründung ihrer Gruppe spitzten sich die Dinge für die beiden schnell zu und brachten auch bald schon die Cops auf den Plan. Denen schlugen Karl, Steffen und weitere Genoss:innen allerdings auch immer mal wieder ein Schnippchen.

Unter anderem sprühten sie eines nachts mal einen Bullenwagen mit roter Farbe an. ACAB stand dann dort drauf (All Cops Are Bastards).

»Wie sich's gehört«, scherzten die beiden damals noch, während sie sich wieder vom Tatort entfernten.

Steffen, der gesprüht hatte, konnte entkommen. Karl – dem Anstifter – wollten sie hierfür ans Leder. Er bekam eine Anzeige wegen Sachbeschädigung. Aber diese war es ihm auch wert. Schließlich mussten die Cops noch die ganze Nacht mit dem vollgesprühten Fahrzeug herumfahren, da an jenem Wochenende kein Ersatzfahrzeug mehr verfügbar war. Die beiden konnten sich gut vorstellen was das in jener Nacht bei Menschen ausgelöst haben muss, die im Folgenden von den Cops mit Kontrollen schikaniert wurden. Bei vielen wird das mindestens ein Lächeln auf's Gesicht gezaubert haben.

Die Cops nahmen die Aktivitäten der beiden und ihrer Gruppe von Anfang an sehr ernst, und beobachteten sie ganz genau. So wurden schon seit dem ersten Tag ihrer Gründung über Nacht aufgetauchte Sticker der Gruppe eifrig und genauestens dokumentiert. Poster für

Veranstaltungen, die sie in der Innenstadt plakatiert hatten, wurden säuberlichst abfotografiert und analysiert.

Auf einem »unpolitischen« Skinheadkonzert, welches Franz und Günther aus der rechtsoffenen Grauzone der Szene zusammen organisierten, und wo sich jede Menge rechtes Gesocks einfand, verteilte man Flyer am Eingang. Diese waren direkt gegen Karl gerichtet, um ihn bezüglich der allgemeinen Grauzonen-Debatte als unglaubwürdig darzustellen. Sogar ein Foto von ihm war darauf abgebildet.

Franz versuchte auf diese Weise die andauernde Diskussion um die Grauzone innerhalb der Subkultur für null und nichtig zu erklären, da Karl ja selbst ins rechte Lager verstrickt und somit ein Hochstapler sei. Franz und Günther betrieben Desinformation, um weiter Verwirrung zu stiften.

Als Karl davon Wind bekam stürmte er dieses Konzert zusammen mit Steffen und ein paar weiteren sportlichen Genoss:innen. Das Ganze ging auch nicht sehr lang. Vielleicht fünf bis zehn Minuten. Dann machten sich Karl, Steffen und die restlichen Genoss:innen wieder auf und davon, und fuhren mit drei verschiedenen Autos wieder weg.

Franz und Günther, die sich ihre erste Veranstaltung ganz anders vorgestellt hatten, bekamen einen tierischen Schreck. Und Franz war nun gleich doppelt in seiner Ehre gekränkt, da er ja vorher noch groß gegen Karl Stimmung machte, sich aber bei dem Konzert nur noch verstecken konnte. Damit hatte er nicht gerechnet. Und dafür schwor er Rache.

Es dauerte etwa ein bis zwei Wochen, und Karl bekam hierfür zwei weitere Anzeigen wegen Sachbeschädigung und Beleidigung.

Einige Zeit später erzählte Steffen, dass er Ärger mit Franz, Günther und deren Clique hatte. In einem Freiluftlokal der Stadt. Da entschloss sich Karl sofort dort hinzugehen. Er näherte sich dem Lokal und sah Franz und Günther auch schon von weitem, die sich mit etwa sechs anderen Freunden recht gut zu amüsieren schienen.

Es kam zu einer Kneipenschlägerei.

Bevor die Cops kamen, machte sich Karl davon. Als diese dann eintrafen, machten Franz und Günther umgehend Angaben. Auch Karls vollen bürgerlichen Namen wussten sie von irgendwo her.

Wenig später kam es zur dritten Anzeige gegen Karl. Gefährliche Körperverletzung in mehreren Fällen.

Kneipenschlägereien im Allgemeinen interessieren die Staatsanwaltschaft nie. Besonders wenn hierzu keine Anzeigen oder ernsthafte Verletzungen vorliegen. Gegen Karl indessen bestand besonderes öffentliches Interesse. Die Staatsanwaltschaft klagte ihn an.

Alle vier Anklagepunkte, die sie bis dahin gegen Karl angesammelt hatten, sollten zusammen schon vier Monate später vor dem Amtsgericht verhandelt werden. Und die anschließende Anklageschrift gab nicht nur das preis. Schon durch das Aktenzeichen wurde ersichtlich, dass sich die politische Abteilung der Staatsanwaltschaft dem Fall angenommen hatte – für zwei Sachbeschädigungen, einer Beleidigung und leichteren Körperverletzungen, für die nicht mal Anzeigen vorlagen.

Karl war kein unbeschriebenes Blatt mehr. Dafür gaben Leute wie der bekannte Staatsanwalt, Staatsschutz, Verfassungsschutz und rechte Cops tagtäglich ihr bestes. Und das schon seit seiner Punkzeit. Er sah sich nun von Knast bedroht, hatte aber durch sein Studium an der Technischen Universität auch noch irgendwie Hoffnung erneut mit einer Bewährungsstrafe davonzukommen. Wie auch immer es ausgehen sollte, Karl beschloss dieses Verfahren auf jeden Fall politisch zu führen und mobilisierte zusammen mit seinen Genoss:innen zur Gerichtsverhandlung.

Nur zwei Wochen vor der anstehenden Verhandlung sollte Karl durch ein Sondereinsatzkommando aus seiner Wohnung heraus verhaftet werden. Der Staatsschutz mietete sich hierzu extra ein Apartment im gegenüberliegenden Gebäude von Karls Haus an. Von hier aus observierten sie ihn für einige Wochen, um seinen Tagesablauf zu analysieren und somit den besten Zugriffszeitpunkt zu ermitteln. Das Sondereinsatzkommando stürmte schließlich an einem Montag morgen früh um 5:30 Uhr Karls Wohnung, um ihn festzunehmen.

Im Schlaf hörte Karl den Knall, als die Cops seine Wohnungstür mittels einer Ramme aufbrachen.

»Polizei!«, schrien sie wie wild gewordene Affen, zogen Karl in Unterwäsche von der Couch und drückten ihn mit dem Gesicht auf den Boden.

Ein abgerichteter Schäferhund bellte ihm aus zehn Zentimetern Entfernung in sein Gesicht und fletschte die Zähne, währendem ihn drei maskierte Bullen am Boden fixierten.

Dann trat der zugehörige Staatsschützer auf, bei dem Karls Fall gelandet war, und der das alles organisiert hatte.

»Guten Tag, ich bin Herr Bitzer vom Staatsschutz.«

Auch er war kein unbeschriebenes Blatt – was sein persönliches Engagement gegen links angeht.

Nachdem er sich vorstellte, eröffnete er Karl, dass dieser nun festgenommen sei wegen dringender Verdunkelungsgefahr bezüglich der anstehenden Verhandlung. Karl soll versucht haben Zeugen über Facebook einzuschüchtern und zu bedrohen. Ein entsprechender Eintrag liege nicht vor, weil Karl ihn vermutlich selbst wieder gelöscht habe.

Für Karl ging es nun zur Haftrichterin. Auch diese befand, dass sich bezüglich der konstruierten Verdunkelungsgefahr alles mit rechten Dingen zutrüge.

Lieber einer mehr drinnen von diesen Antifaspinnern, als einer zu wenig, dachte sich wohl auch die Haftrichterin.

Willkommen auf der Universität der Revolutionäre

Karl, der jetzt auf dem Weg in die JVA war, dämmerte langsam dass er dort so schnell nicht mehr rauskommen wird. Sein Anwalt bestätigte das auch:

»Das ist jetzt wirklich eine sehr schlechte Ausgangslage für Sie, wenn Sie vor der anstehenden Verhandlung schon drinnen sind.«

Zehn Monate wird Karl dort auch ausharren müssen, bis man ihn wieder entlassen wird.

In der JVA angekommen musste er sich erst mal nackt ausziehen, und man durchleuchtete all seine Körperöffnungen. Dann gab man ihm einen alten ausgefransten orangefarbenden Overall, den er tragen sollte. Dieser hatte einen langen Reißverschluss, der vom Kragen bis zum Hintern reichte. Der Reißverschluss war offen und kaputt, so das Karl ihn zuhalten musste um seine Lenden zu bedecken.

So verbrachte er die erste Nacht in einer Zelle im Erdgeschoss der JVA. Am nächsten Tag gab es anstaltseigene Kleidung, die auch nicht viel besser war, aber zumindest alle Körperteile von allein bedecken konnte. Die anstaltseigene Kleidung war blau. Zwei Jeanshosen, die nicht passten, ein paar blaue Unterhemden, ein paar unbequeme hässliche blaue Unterhosen, ein paar Socken, zwei blaue langärmlige Hemden zur Oberbekleidung und einen abgetragenen Parker als Jacke. Dann ging es in das Obergeschoss, wo er bunt zusammengewürfelt mit drei anderen Knackies erst mal auf Viererzelle kam.

Da war Wladimir, der im Suff wohl jemanden zu hart zusammengeschlagen hatte. Nilo, der beim Schwarzarbeiten erwischt wurde und zurück nach Bulgarien abgeschoben werden sollte. Und Stanislaw, ein Obdachloser, den man im Winter wohl auch öfters in der JVA antreffen konnte. Immerhin bekam er dort zu essen und hatte ein Dach über dem Kopf, so dachte Stanislaw. Er roch streng und schnarchte laut, was Wladimir mit der Zeit richtig aggressiv machte. Einmal sprang er deswegen nachts aus dem Bett um Stanislaw Schläge anzudrohen wenn er so weiter schnarchen würde.

Nilo war im Gegensatz zu den anderen zwei etwas introvertierter und näher am Wasser gebaut. Oft kam er nicht mal mit aufs Dach, um am gemeinsamen Hofgang im anstaltseigenen Käfig teilzunehmen. Er verbrachte die Zeit oft lieber alleine. Wenn die anderen vom Hofgang kamen stand er oft weinend am Fenster, wo er versuchte sich Naturbilder einzufangen, die hinter dem Lochgitter, durch welches man hierfür blicken musste, doch recht eingeschränkt waren. Manche Gefangene hatten davon über die Jahre schon Sehschäden davongetragen, hatte Karl mal gelesen.

Gerade die erste Zeit dort war auch für Karl alles andere als einfach, der natürlich auch ständig an jene denken musste die er liebte, und von denen er jetzt getrennt war. Auch der Schock, den er davontrug als er unangekündigt und überfallartig aus seiner Wohnung heraus verhaftet wurde, saß noch tief.

Immer wenn er später an die gesamte Knastzeit zurückdenken wird, werden ihm neben der zweifelsohne auch traumatisierenden Erfahrung des Knastes auch sehr viele positive und gar lustige Dinge einfallen, die er dort noch erleben wird. Diese werden es sein, die später seine Erinnerung dominieren werden. Die ganzen Bücher, die er lesen wird, den fast alltäglichen Sport mit dem eigenen Körpergewicht, und das viele Schreiben. Vor allem Schreiben wird er noch viel, und das wird in seiner Situation auch noch eine seiner stärksten Waffen werden.

Karl glaubte an die Macht des geschriebenen Wortes.

Oft und gern wird er sich später noch daran erinnern wieviel er zusammen mit seinen Zellengenossen eigentlich auch immer zu lachen hatte, als sie beispielsweise mal wieder die Knastbeamten verarschten.

Eines Abends, als die Beamten ihre übliche Runde auf dem großen Arbeiterhof der Anstalt machten, um dort mit Schäferhunden und Taschenlampen alles nach Gegenständen abzusuchen, die eventuell von außen über die Mauer geschmissen hätten werden können, oder um knastinterne Drogenverstecke aufzudecken, rief einer der minderjährigen Gefangenen aus dem siebten Stockwerk einem der Beamten zu:

»Hey! Dich kenn ich doch!«

Der Beamte blickte nach oben.

»Was, woher willst du mich denn kennen?«, rief er zurück, und schien sich zu wundern ob der Gefangene ihn tatsächlich kennt.

»Na aus dem Fernsehen…! Von Bauer sucht Frau!«, rief es anschließend aus dem obersten Stock.

Fast der gesamte Knast, oder zumindest der Flügel, der dieses Szenario akustisch und optisch erfassen konnte, brach in lauthalses Gelächter aus.

Der Beamte winkte nur ab und entfernte sich.

Das war die Brise Humor, welche die Gefangenen an diesem trostlosem Ort brauchten. Für derartige Scherze waren manche sogar bereit in den Bunker zu gehen. Das bedeutete, dass sie nachts von einem Rollkommando aus der Zelle geholt wurden, damit man sie für ein, zwei Nächte in das Erdgeschoss verfrachtete und somit versuchte zu züchtigen.

Sie hassten die Beamten, und den gesamten Knastapparat. Den kannten sie bis dahin schon gut genug, um zu verstehen was hier lief. Und sie hatten schon viele Gegenstrategien entwickelt. Gegenstrategien, die den Herrschaften, die da vor ihrer Zellentür tagtäglich den Schlüssel herumdrehten – um sie einzuschließen – zumindest die Zeit mit ihnen zusammen so unangenehm wie nur möglich gestalten konnten.

»Was haben Sie eigentlich gegen mich?«, fragte mal einer der uniformierten Staatsfunktionäre Ramon, ein weiterer von Karls neuen Knackikumpels.

Dem Beamten war es langsam zuwider, dass Ramon ihn ständig von der Seite aus anfegte, verarschte und ihn ganz und gar nicht für voll nahm. Er fühlte sich in seiner Autorität untergraben, versuchte es aber dennoch weiter mit sanfteren Mitteln:

»Hören Sie mal, ich mache hier nur meinen Job. Ich kann auch nichts dafür, dass Sie hier eingesperrt sind.«

»Dann hätten Sie mal lieber was anständiges gelernt!«, fegte Ramon den Beamten unbeeindruckt weiter an.

Der Beamte schaute ihn ratlos an, und Ramon machte weiter:

»Wir werden keine Freunde mehr, vergessen Sie's! Für mich sind sie nichts. Und wenn ich nichts sage dann meine ich auch tatsächlich nichts. Weder mein Freund, noch Bekannter oder was auch immer. Sie sind für mich nur eine abstrakte Figur in Uniform.«

Das waren einige wenige von vielen Ereignissen, an die sich Karl später noch gern zurück erinnern wird – und die ihm auch immer wieder gute Laune machen werden. Doch warum dominieren nur diese Art von Ereignissen später seine Gedankenwelt wenn er zurück an den Knast denken wird?

Nun könnte man sagen, das menschliche Gehirn spielt Karl da wahrscheinlich nur einen Streich, und ließ ihn eben nur die positiven Dinge in Erinnerung behalten, die er dort erlebt hat, währenddessen das traumatisierend Schlechte ausgeblendet wird. Vielleicht als mögliche Selbstschutzfunktion. Ganz so einfach ist es aber nicht. Sollte es Karl später doch auch noch schaffen den Knastapparat erhobenen Hauptes wieder zu verlassen.

Sein Zellengenosse Dennis wird Jahre später noch am Telefon zu ihm sagen:

»Ey, den Laden hast du damals richtig aufgemischt, das war klasse!«

Und genauso wird es auch kommen. Karl wird zusammen mit seinen Genoss:innen von draußen den gesamten Laden dort tatsächlich noch in Bewegung bringen.

Zum einen war das alles Karls konsequenter Haltung zu verdanken, zum anderen aber auch der Solidarität, die er von draußen bekam. Das führte dann zu Wechselwirkungen. Karl schrieb Knastberichte, die draußen veröffentlicht wurden und auf starke Resonanz stießen. Karl selber hätte das damals nicht gedacht. Und die Beamten hassten ihn dafür.

Nicht, dass sie das nicht ohnehin schon taten, weil auch Karl einer war, der hier nicht auf grenzüberschreitende Freundschaften mit den Beamten aus war – wie eben Ramon – sondern weil Karl für sie auch noch zu einem ihrer anstrengendsten Gefangenen wurde, den sie seit Jahren erlebt hatten.

Er fiel schon dadurch negativ auf, dass er sich nie für das Arbeiterstockwerk bewarb, von dem viele seiner Mitgefangenen träumten, um dort mit Daimler-Akkordarbeit ausgebeutet zu werden. Dafür gab es Hofgang unter freiem Himmel im großen Hof der Arbeiter und andere Annehmlichkeiten.

Karl war auf Kontra gebürstet, und die Beamten der Anstalt ließen am Tag seiner Entlassung garantiert noch die Sektkorken knallen, als sie ihn endlich wieder los waren.

Was Solidarität bedeutet erfuhr Karl schon am ersten Tag im Inneren des Knastes auf seinem Stockwerk. Karl wurde ausgerechnet einen Tag nach dem Einkauf – der dort nur alle zwei Wochen stattfand – eingebuchtet und hatte quasi gar nichts. Nicht mal Briefmarken, Papier, oder Briefumschläge, um einen Brief zu schreiben und ihn abzuschicken. Die anderen Gefangenen sprachen ihn auf dem ersten Hofgang schon an, und fragten ob er irgend etwas bräuchte. Sie schickten ihm dann Briefmarken, Papier, Briefumschläge, Zigaretten, Kaffee und Zucker rüber, womit der Knastaufenthalt für ihn schon gleich ganz anders aussah.

Keiner von ihnen kannte Karl, aber im Sinne der Leidensgenossenschaft war es für sie eine Ehrensache Karl nach bestem Gewissen zu versorgen. So hatten die anderen Gefangenen es selbst erlebt als sie noch neu waren, und das wollten sie genauso auch an andere weitergeben.

Für Karl, der ja bis dahin Solidarität meist nur aus politischen Kreisen kannte, war das völlig neu. Er merkte, dass es jenseits von kapitalistischer Verwertungslogik noch andere Dinge gab. Und das unter schwersten Bedingungen. Sie alle hatten dort drinnen nichts. Aber das Wenige was sie hatten, teilten sie.

Auch die Solidarität von draußen durch seine Genoss:innen sollte nicht lange auf sich warten lassen. Es war bereits in der ersten Nacht. Karl schaute gerade fern mit seinen Zellengenossen. Da ertönte Lärm von draußen vor den Knastmauern:

»Karl, Karl, wir sind da! Deine rote Antifa!«

Karl sprang auf und schrie durch die Zelle: »Hey, das sind meine Freunde!«

Er versuchte Kontakt aufzunehmen, rief auch aus dem Fenster zurück, und wurde gehört. Der restliche Knast freute sich mit ihm, und weitere Knackies beteiligten sich am allgemeinen Lärm. Manche fingen an Klopapier an ihren Zellenfenstern anzuzünden, um sich erkenntlich zu zeigen. Andere pöbelten einfach aus dem Fenster und Karls Zellengenossen staunten nur:

»Du hast echt richtig gute Freunde«, sagte Nilo zu Karl.

Am nächsten Tag, als der Rest des Stockwerks mitbekam, dass die Leute, die da nachts zuvor Rabatz vor den Knastmauern mit Bengalos und Lautsprecher machten, wegen Karl da waren, wollte jeder von seinem Stockwerk ihn kennenlernen und wissen wer er ist. Und was er gemacht hat.

»Wer solche Freunde hat, gehört bestimmt nicht in den Knast«, sagte einer der russischen Gefangenen, die auf dem Hof meistens unter sich waren.

Die meisten der Gefangenen waren soziale Gefangene.

Drogen- und Ganggeschichten. Viele von ihnen stellten sich schon lange vorher darauf ein, dass es gut sein könnte, dass sie eines Tages mal im Knast landen werden. Sie akzeptierten das auch. Was die meisten dabei nicht hinterfragten: Ohne den Kapitalismus wären viele von ihnen gar nicht hier gewesen. Gelegentlich erinnerte sie Karl daran. Dass die meisten von ihnen Menschen aus der lohnabhängigen Klasse mit migrantischem Hintergrund waren, war ihnen selbst schon aufgefallen. Hier saßen keine wohlbetuchten Deutschen.

Karls Gerichtsverhandlung sollte zwölf Tage später vor dem Amtsgericht stattfinden.

Das Gerichtsgebäude war voll und viele der Besucher:innen und Unterstützer:innen, die gekommen waren, schrien lautstark:

»Freiheit für alle politischen Gefangenen!«, als Karl dort in Handschellen vorgeführt wurde.

Die Richterin musste während des Verlaufs der Verhandlung mehrmals um Ruhe bitten, und sogar androhen, dass sie den Saal räumen lassen werde, wenn die Besucher:innen noch weiter stören würden. Auch Familienangehörige von Karl waren da. Seine Mutter und sein Stiefvater, zwei Tanten und eine Cousine.

Widersprüchliche Zeugenaussagen folgten. Und immer noch war kein Facebook-Kommentar auffindbar, der belegen konnte, dass Karl wirklich Zeugen bedroht haben soll.

Die Richterin interessierte das nicht, denn das Urteil stand für sie offenbar schon fest.

Die Staatsanwaltschaft beantragte eine dreizehnmonatige Haftstrafe ohne Bewährung. Die Richterin beschloss, dass es zehn Monate sein sollen, und blieb mit ihrem Urteil nur knapp unter der Forderung der Staatsanwältin. Ebenfalls ohne Bewährung.

Da nun der Haftgrund der Verdunkelungsgefahr aber hinfällig war, da ja alle Beteiligten unmanipuliert und ordnungsgemäß der Veranstaltung beiwohnen konnten und sich auch äußerten, beantragte Karls Anwalt jetzt seine Entlassung, weil sie ohnehin in Berufung gehen würden, und sich dieser Prozess somit noch weiter in die Länge ziehen wird.

Richter- und Staatsanwaltschaft änderten daraufhin kurzerhand den Haftgrund, und wandelten diesen nun in eine Fluchtgefahr um. Da Karl ab jetzt mit einer »empfindlichen Freiheitsstrafe zu rechnen hätte« und »offensichtlich auch über ein weltweites Netzwerk verfügt, wo er sich jederzeit irgendwo absetzen könnte, wie seiner Gefangenenpost zu entnehmen ist [...] sei zu erwarten, dass er sich seiner Haftstrafe entziehen wird.«

Der Einwurf seines Anwaltes, dass man einen Haftgrund nicht mit dem Inhalt oder den äußeren Umständen der Gefangenenpost begründen darf, und dass es generell verfassungswidrig sei einen Haftgrund einfach so umzuändern, sollte die Staatsmacht nicht beeindrucken.

Zurück im Knast händigte man Karl dann zum ersten Mal auch seine Gefangenenpost aus, mit der seine jetzige Fluchtgefahr begründet wurde, und von der er bis dahin noch gar nichts wusste. Ein beachtlicher Berg an Briefen war das. Mit Solidaritätsbekundungen aus aller Welt. Italien, Frankreich, Spanien, selbst aus Kanada, Kolumbien und den USA. Menschen, die Karl größtenteils gar nicht kannten, aber von dem Fall erfuhren und ihre Solidarität so zum Ausdruck brachten. Sie wünschten ihm alle viel Kraft für seine Haftzeit. Und diese kam auch an. Karl hatte das Gefühl der Isolation nun durchbrochen, denn jeder einzelne Brief und jede einzelne Postkarte stellte für ihn ein kleines Fenster nach draußen dar.

»Willkommen auf der Universität der Revolutionäre«, stand auf einer Postkarte von einer Genossin drauf.

Karl musste lachen.

Bei einem anderen Brief war noch ein Foto mit beigefügt. Dort war ein prall gefülltes Stadion des FC St. Pauli in Hamburg am Millerntor zu sehen. Fans schwenkten dort eine große Hammer-und-Sichel-Fahne, und hielten mehrere Banner hoch. Karl legte das Foto wieder weg. Er war noch viel zu aufgeregt über all die Briefe, von denen seine Zellengenossen nur träumen konnten. Viele von ihnen bekamen nicht mal Post von der eigenen Familie. Karl hätte am liebsten gleich alles auf einmal gelesen, so aufgeregt war er.

Cool, St. Pauli mit Hammer-und-Sichel-Fahne, dachte er sich. Aber was stand da eigentlich noch auf den Bannern mit drauf? Da muss ich nochmal kurz kucken.

Er nahm das Foto erneut aus dem Briefumschlag und schaute es sich genauer an. Da stand doch tatsächlich »Freiheit für Karl« auf dem obersten der meterlangen Banner, die die Fußballfans dort hochhielten. »Support Antifa« und »Siamo tutti antifascisti« stand auf den anderen zwei. Karl konnte es nicht fassen, und war sehr glücklich derart wahrgenommen zu werden.

Er zeigte das Foto den anderen, die sich ebenfalls für ihn freuten.

Die Zeit verging und Karl hatte mittlerweile schon öfters die Zelle gewechselt. Von der ersten Viererzelle ging es auf Einzelzelle, dann auf Doppelzelle zusammen mit Wladimir, und wieder auf Viererzelle. Dort war er zusammen mit Fadil, Ramon und Christos. Schon nach den ersten gemeinsamen Hofgängen zeichnete sich ab, dass sich die vier sehr mochten. Es gab immer was zu lachen, wenn sie aufeinandertrafen. Und internationaler hätte eine Viererzelle auch nicht sein können.

Ein Albaner, ein Mexikaner, ein Grieche und ein Deutscher, die allerhand Blödsinn im Kopf hatten. Das mussten sie sich aber auch erst hart erkämpfen, denn die Beamten genehmigten zwar den anderen drei sofort, dass sie zusammen auf Viererzelle können, jedoch Karl ausdrücklich nicht.

Begründung: Er sei schlechter Umgang für sie und man wolle das nicht. Fadil saß ein, weil er eineinhalb Kilo Gras über die holländische Grenze schmuggeln wollte, Ramon wegen schwerer Körperverletzung und Christos wegen Besitz und Handel mit chemischen Substanzen.

Spätestens hier und auch im weiteren Verlauf merkte Karl immer wieder, dass es offensichtlich einen Knast im Knast gibt. Für besonders unliebsame Insassen. Politische Gefangene, die man ständig versuchte von den anderen zu isolieren. Damit diese sich nicht auch noch politisieren. Bei Karl machten sie das immer etwas unterschwellig, da es ja keine offizielle Anordnung dazu gab, ihn von anderen Gefangenen fernzuhalten. Doch waren da auch Gefangene, die auf Einzelzelle waren, und an überhaupt gar keinen gemeinsamen Aktivitäten mit anderen Gefangenen teilnehmen durften. Nicht mal am gemeinsamen Hofgang. Sowas war dann offiziell angeordnet. So kam ein paar Monate später ein Gefangener an, dem man die Mitgliedschaft in der kurdischen Befreiungsbewegung vorwarf. Ihn sah man nur ab und zu kurz, wenn sie ihn gerade von seinem Einzelhofgang in die Zelle zurück brachten, oder ihn gerade ausführten. Er musste sich über rechtliche Schritte mit seinem Anwalt erkämpfen, was ihm eigentlich zustand. Die Sonderbehandlung für ihn wurde etwa nach acht Wochen Isolationshaft wieder aufgehoben. So lang war er ganz alleine und von den anderen abgetrennt.

Andere Gefangene hatten dadurch den Eindruck, dass dieser Insasse wirklich besonders gefährlich sein muss, wenn dieser im Knast noch Extraauflagen bekommt. Der Eindruck sollte sich aber nicht bestätigen, als sie ihn endlich persönlich auf dem Hofgang kennenlernen durften. Alle mochten ihn. Genau das muss es sein was Gefängnispersonal, Richter- und Staatsanwaltschaft umtreibt: Im Gegensatz zu Vergewaltigern oder Pädophilen, die derartigen Sonderbehandlungen eigentlich eher zum Schutz vor anderen Gefangenen ausgesetzt werden, sind politische Gefangene bei den anderen Insassen meist beliebt.

Da könnte ein kleiner Brandherd für sie wohl schnell zu einem Flächenbrand werden.

Von einer möglichen Sonderbehandlung in Knästen für politische Gefangene hatte Karl bis dato auch schon einiges gelesen. Hierzu fielen ihm unter anderem Gefangene aus der RAF ein, die man einer »Weißen Folter« ausgesetzt hatte. Diese hatte zum Ziel die Gefangenen verrückt zu machen, um sie später als geisteskrank vorführen zu können. Immerhin war damals, laut Umfrage, jede:r vierte deutsche Bürger:in dazu bereit, Mitglieder:innen der RAF bei sich zu Hause unterzubringen und zu verstecken, wenn nötig.

Da musste sich der Staatsapparat einiges einfallen lassen, um dem entgegenzuwirken. Die Psyche der Folteropfer anzugreifen, sie dadurch zeitweise – oder womöglich auch dauerhaft – zu schädigen oder zu zerstören, ohne sichtbare Spuren zu hinterlassen, schien dem Staatsapparat da sehr effizient. Völlige optische und akustische Abtrennung vom gewöhnlichen Knastalltag in einer schalldichten Zelle, wo sämtliche Möbel und Wände weiß gestrichen waren und die Zelle nachts noch von grellem Neonlicht beleuchtet war, sollte die Gefangenen kaputt machen. Werden solche Methoden zwar mittlerweile allgemein als inhuman eingestuft, so gibt es doch immer noch Mittel und Wege sie im bürgerlichen Rechtsstaat zumindest ansatzweise zur Anwendung zu bringen.

Unliebsame Personen erst loszuwerden und aus der Gesellschaft zu entfernen, ohne ihnen überhaupt konkrete Straftaten nachweisen zu müssen, dazu sollte dem Staatsapparat oft der §129 dienlich sein, der zu RAF-Zeiten entworfen und seitdem immer wieder erweitert wurde. Man hatte zwar versprochen, dass diese Notstandsgesetze, nach Regelung der ganzen Angelegenheit um die RAF, wieder aus dem Gesetzbuch gestrichen werden, aber natürlich gibt es sie immer noch.

Sollten sie Gefangene nach ihrer verbüßten Haftstrafe für den Rest ihres Lebens hinter Gittern schmachten lassen wollen, gab es auch noch die Möglichkeit einer anschließenden Sicherungsverwahrung. Diese hatte man noch aus dem Jahre 1933 übrig und direkt von deutschen Faschisten in das bürgerliche Gesetzbuch der BRD übernommen.

Die anderen drei bezogen jedenfalls schon einmal die Viererzelle, währenddessen Karl sich noch mit Wladimir auf Doppelzelle befand. Die anderen protestierten daraufhin und bestanden darauf, dass auch Karl zu ihnen auf die Zelle soll.

Besonders gut dabei seinen Emotionen allerstärksten Ausdruck zu verleihen war Fadil. Ein sehr impulsiver Charakter. Allgemein klingelte Fadil die Beamten immer mal wieder gern an. Auch mal wegen irgendwelchen Fragen, die ihm gerade so im Kopf herumschwirrten.

Nicht selten endete das Gespräch dann mit:

»Na danke, das hätte ich mir so auch selber beantworten können. Bis später dann wieder!«

So, oder so ungefähr.

Nach derartigen Anrufen war das Gelächter auf Zelle immer groß, und Fadil liebte es den Beamten auf den Geist zu gehen und seine Mitgefangenen damit zum Lachen zu bringen.

Ramon war ein eher ruhiger und pessimistischer Charakter, der sich gern über Fadils Impulse amüsierte. Sehr intelligent und gebildet war er auch. Jedenfalls hatte auch er sich von den Knastbeamten nichts sagen lassen:

»Ich kann ja wohl selbst entscheiden, wer hier für mich guter oder schlechter Umgang ist, sie sind nicht mein Vater oder sonstwer! Sie können vielleicht eine Tür auf- und zuschließen, aber das war's dann auch schon!«, wies Ramon den Stockwerksbeamten Fiegler zurecht, der ausdrücklich nicht wünschte, dass Karl mit zu Ramon und den anderen auf Zelle kam.

Und dann war da noch Christos. Ein Schwätzer wie er im Buche steht. Meistens gaben ihm die Beamten auch was er wollte, nur damit er endlich wieder seine Klappe halten und sie mit weiteren Gesprächen über Gott und die Welt verschonen würde. Christos hatte immer unglaublich fantastische Stories parat, die er den anderen erzählte. Keiner kaufte ihm seine fantastischen Stories wirklich ab, aber unterhaltsam waren sie allemal.

Jedenfalls konnten die Knastbeamten diesen drei Persönlichkeiten, die nicht aufgeben wollten bis auch Karl endlich bei ihnen auf Zelle sitzt, irgendwann nicht mehr standhalten. So genehmigten sie endlich, dass Karl auf die Viererzelle durfte. Natürlich freute sich dieser, dass er nun endlich die Doppelzelle mit Wladimir verlassen konnte, die räumlich von einer Einzelzelle eigentlich nur insofern zu unterscheiden war, dass man sich den gleichen Platz noch mit einer weiteren Person teilen musste. Mehr als acht Quadratmeter – wenn überhaupt – werden es wohl nicht gewesen sein, die sie sich dort wochenlang teilen mussten.

Jede der drei verschiedenen Zellenvarianten barg ihr individuell Schlechtes in sich. Genauso war das bei der Konstruktion des Hochsicherheitstraktes, den man damals auf einem Rübenacker errichtet hatte, und dessen Gebäude jährlich um ein paar Zentimeter tiefer absank, auch durchdacht worden.

Hier starben in den Siebzigern fünf politische Gefangene, und selbst der Architekt dieses Knast-Komplexes hatte sich dort drinnen später noch das Leben genommen.

Nun konnte man zwar sagen, dass man in einer Einzelzelle zumindest mehr oder weniger seine Ruhe hatte, doch war man dort auch mit seinen Gedanken allein. Dadurch verging die Zeit, gefühlt viel langsamer. Die Toilette, welche sich auch in der Zelle befand, stand frei. So dass einen jederzeit die Knastbeamten dabei überraschen konnten, wenn man gerade auf dem Klo war. Diese kündigten sich vorher auch nie großartig an, wenn sie die Zelle betraten. Zack, Schlüssel rein, rumgedreht und Tür auf. Wenn sie mal klopften, bevor sie aufschlossen, konnte man davon ausgehen, dass sie wohl gerade einen besonders guten Tag haben mussten, denn meistens machten sie das nicht.

Auf Doppelzelle konnte man zusammen mit jemanden, mit dem man sich besonders gut versteht. Diese hatte aber, wie bereits erwähnt, räumlich die gleiche Quadratmeteranzahl wie die Einzelzelle. Nur eben zusätzlich mit einem Stockbett für zwei Personen, statt nur einem Einzelbett. Hier gab es für die Toilette eine kleine »Schamwand«, die einen zumindest optisch vom Zellengenossen abtrennte. Zur Seite war aber alles offen, so dass die Knastbeamten, wenn sie mal wieder unangekündigt eintraten, immer noch vollen Einblick hatten.

Reger Betrieb dann auf der Viererzelle, die auch mehr Raum zu bieten hatte. Die Toilette war dort optisch ganz abgetrennt, soviel gönnte man den vier Gefangenen noch, die dort alle mindestens einmal am Tag ihr Geschäft verrichten mussten. Ein Fenster befand sich am ganz anderen Ende der Zelle, so dass sämtliche Gerüche an den anderen drei Gefangenen (und deren Lebensmitteln) vorbeizogen.

»Wer, verdammt nochmal, scheißt denn im selben Raum wo er isst!?«, beklagte das Christos mehrmals. »Wir sind doch nicht mehr im Mittelalter!«

Schließlich näherte sich der 18.März. Der Tag der politischen Gefangenen. Die Genoss:innen veranstalteten eine Kundgebung vor den Knastmauern.

Auch Grußwörter von Karl, Fadil, Ramon und Christos wurden dort verlesen. Der ganze Knast feierte das, und Karl und seine Zellengenossen natürlich auch. Alle schrien sie wieder, schlugen mit ihren Blechtellern gegen die Gitter der Fenster, oder zündeten Klopapier an, welches sie an den Fenstern aufgehangen hatten. Karl, dem der Tag der politischen Gefangenen schon bekannt war, rechnete bereits mit sowas. Weiterhin gab es auch immer wieder unangekündigte Besuche der Genoss:innen, die nachts vor den Mauern Feuerwerk zündeten, politische Parolen schrien und Freiheit für Karl und alle anderen politischen und sozialen Gefangenen forderten.

Karl genoss deswegen einen guten Ruf im Knast. Alle wollten ihn kennenlernen. Mittlerweile nicht mehr nur die Gefangenen auf seinem eigenen Stockwerk. Auch im gegenüberliegenden Bau des Gefängniskomplexes hatten sie schon von ihm gehört.

Im Laufe der Haftzeit politisierten sich auch einige der anderen Gefangenen. Karl gab seine Tageszeitung oder auch fertig gelesene Bücher in andere Zellen weiter.

Irgendwann hatte Christos die Schnauze voll von der Viererzelle mit den anderen drei und nahm sich wieder ein Einzelzimmer. So blieben noch Fadil, Ramon und Karl übrig, die ohne ihn und seine fantastischen Stories – die auch langsam nervten – eigentlich gut zurechtkamen. Jetzt konnten sie vorerst auch wieder mehr Platz genießen. Es wurde viel Karten gespielt. Der Verlierer musste dann 1000 Liegestütze machen. In Fünfundzwanziger-Etappen. Das machte jeder von ihnen ohnehin mittlerweile einmal die Woche. Dazu noch andere Übungen. Sit-Ups, Kniebeugen, was ihnen eben so einfiel. Um Klimmzüge zu machen hingen sie sich einen Stuhl verkehrt herum in das Gitter des Zellenfensters, an dem sie ihre hart gewordenen Körper hochzogen. Zwei Stoffbeutel, die sie teuer im Knasteinkauf erstanden hatten, wurden mit befüllten Plastikflaschen bestückt, und dienten so als Hanteln. Es wurde auch viel Schach gespielt und gelesen. So konnten Körper, Geist und Seele der drei einigermaßen in Einklang bleiben.

Eines Tages ging die Zellentür auf und Fiegler, der leitende Stockwerksbeamte, bat Karl heraus. Draußen vor der Zellentür eröffnete er Karl, dass eventuell noch ein weiteres Verfahren gegen ihn wegen gefährlicher Körperverletzung eingeleitet wird. Der Staatsschutz sei da, warte schon unten im Erdgeschoss, und möchte ihn hierzu gern befragen.

»Wissen sie da was von? Möchten sie mit denen reden?«

»Nein, will ich nicht, und ich weiß auch nichts«, antwortete Karl.

Fiegler schloss daraufhin die Tür wieder auf und ließ Karl hinein. Dann unterhielten sich Karl und die anderen Zellengenossen.

»Das ist genau das wie sie einen hier versuchen auszutricksen«, sagte Karl. »Weichgekocht soll man irgendwelche Informationen rausrücken, um andere womöglich noch mit ans Messer zu liefern. Aus Angst noch mehr zu kassieren, damit die Dreckscops es leichter haben weitere Leute von uns einzuknasten. Nicht mit mir!«

»Ja, wüsstest du denn irgendwas, was die dir noch anhängen könnten?«, fragte Ramon.

Karl wusste was. An von Fieglers genanntem Datum und in der Ortschaft, wo sich das alles abgespielt haben soll, blockierten sie ein paar Monate zuvor erfolgreich den Aufmarsch einiger autonomer Nationalisten. Ein paar von den Faschisten wurden auf dem Heimweg in der S-Bahn vermöbelt. An letzterem war Karl nicht beteiligt, also müssten sie sich hierfür sowieso schon etwas besonderes aus den Fingern saugen.

Das können sie aber auch einfach so machen, wenn sie wollen, dachte sich Karl, der sich lebhaft daran erinnerte, wie er überhaupt erst im Knast landete.

Wäre nicht das erste Mal, dass er sowas erleben würde, aber es kam dann auch nichts mehr, und der Staatsschutz hatte wohl tatsächlich darauf gesetzt, dass der im Knast eventuell schon weichgespülte Karl wertvolle Infos für sie bereitstelle, weil er sich davon womöglich Vorteile versprechen würde, die sie ihm im Gegenzug vielleicht sogar angeboten hätten. Die Nummer konnten sie jedenfalls vergessen.

Trotzdem stieg für Karl abermals der Druck. Es hätte auch sein können, dass sie ihm nochmal Nachschlag auf seine ohnehin schon zu verbüßende Haftstrafe geben wollten. Und das auch mit schmierigsten Mitteln umsetzen würden. Es hätte ihn nicht mehr gewundert.

Faschisten gab es in der JVA auch ein paar. Nicht viele, vielleicht so um die fünf. Karl erkannte sie an ihren Klamottenmarken, Thor Steinar, Consdaple und so weiter.

Meistens wurden diese, insbesondere aus seinem Stockwerk heraus, angepöbelt, wenn man sie von dort auf dem Hof sah. Einer von ihnen wurde mal im inneren Hof des Komplexes von einem Knastbeamten in ein anderes Gebäude gegenüber gebracht. Da drehte er sich nochmal um, zeigte dem Obergeschoss – wo auch Karl war – einen Hitlergruß und schrie irgendwas mit

»Deutsch…!«

Der Beamte neben ihm unternahm nichts, und brachte ihn seelenruhig in das Gebäude. Vielleicht waren sie Brüder im Geiste, das hätte hier auch keinen der anderen Gefangenen mehr gewundert.

Ein anderer, von dem man nie genau wusste, wer es war, schrie nachts ständig vom gegenüberliegenden Gebäude:

»Sieg!«

Manchmal schrie es dann aus einer anderen Ecke:

»Heil!« zurück.

Offensichtlich war das auch so gewünscht, und diese Figuren fanden es irrsinnig witzig.

Nicht immer hörte man »Heil!« auf »Sieg!« antworten, aber man hörte »Sieg!« mindestens zehn Mal am Tag.

Karl regte sich darüber irgendwann tierisch auf und schrie:

»Rotfront!«, und noch ein paar andere linke Parolen aus dem Fenster.

Dann schrien sie sich irgendwann gegenseitig aus der Ferne an, und andere Gefangene mischten sich auch mit ein.

Auf einmal konnten die Beamten blitzschnell reagieren und riefen Karl zur Sprechanlage. Karl ging ran.

»Sie werden jetzt die Lautstärke aus ihrer Zelle einstellen oder wir stecken sie in den Bunker!«

Der Bunker war eines ihrer höchsten Druckmittel. Man erzählte sich, dass, nachdem der Gefangene geräumt wurde, man ihn dann hinunter in das Erdgeschoss bringt. Dort muss er sich seiner Kleidung entledigen, wird in eine Zwangsjacke gesteckt und in eine Art Gummizelle geschmissen.

Es war dann ruhig und auch schon spät. Aber etwa eine Stunde später sollte noch ein letztes Mal »Sieg!« geschrien werden.

Einmal verirrte sich auch einer der Faschisten auf Karls Stockwerk. Wie Karl herausbekam muss das einer von jenen gewesen sein, die in einer nahegelegenen Kleinstadt nachts Jagd auf Migrant:innen gemacht haben. Und das fast mit Todesfolge. Die Migrant:innen retteten sich vor den Faschisten in eine Gartenlaube. Dort wurden sie aber entdeckt und die Faschos zündeten die Gartenlaube an. Gerade noch rechtzeitig konnten die Opfer entkommen.

Karl hatte von dem Fall in seiner Tageszeitung gelesen. Und einer dieser Faschisten war nun auf sein Stockwerk verlegt worden. Er sah ihn das erste Mal auf dem Hofgang. Dass er noch relativ neu war erkannte man gleich, und seine Tattoos ließen auch keine Zweifel an seiner politischen Gesinnung. Eine Achtundachtzig war auszumachen und weitere Symbolik, die für die rechte Szene bekannt war.

»Bist du ein Fascho?«, sprach ihn Karl direkt an.

»Nein, war ich mal früher«, erwiderte dieser.

Er hatte gelogen, das merkte man gleich. Schon bald schlossen sich einige Gefangene zusammen, um sich allergrößte Mühe zu geben dem Fascho auf ihrem Stockwerk den Aufenthalt so unangenehm wie nur möglich zu gestalten. Marco, ein neuer Mitgefangener auf Karls Zelle, spuckte dem Faschisten noch während dessen ersten Hofgangs direkt ins Gesicht.

»Schönes Goldkettchen hast du da um, das hol ich mir dann bald«, bereitete Marco den Faschisten, der fast mehrere Menschen mit Migrationshintergrund auf dem Gewissen hatte, schon mal auf die nächste Begegnung vor.

»Alter, und dem seine Schuhe hol ich mir auch noch«, flüsterte er später Karl zu, als es wieder zurück in die Zellen ging.

Marcos Plan war, alles während der Duschzeit durchzuziehen, wenn die Zellentüren in ihrem Flügel kurz für alle Gefangenen fünfzehn Minuten offen waren. Das kam zwei Mal die Woche vor. So oft konnten sie sich dort waschen.

»Sowie der seine Zelle verlässt um duschen zu gehen räum ich ab«, leitete Marco die nächste Duschzeit ein.

Der junge Faschist roch den Braten aber schon vorher, und duschte einfach die ganze Woche nicht. Am Ende der Woche bat er die Beamten darum ihn zu verlegen, da er sich im jetzigen Stockwerk nicht sicher fühle. Sie verlegten ihn zügig. So wartete Marco vergebens auf seine Gelegenheit Goldkettchen und Schuhe abzukassieren.

Karl war unten in der Kleiderkammer. Er sollte ein Klamottenpaket bekommen.

Es war möglich Privatkleidung in der JVA zu tragen. Hierzu musste ein Paket zugeschickt werden mit einer genauen Anzahl an Socken, Unterhosen, T-Shirts, Hosen und so weiter. Wenn diesem Päckchen nur ein paar Socken zu viel beigelegt waren, verschlossen die Beamten das Paket umgehend wieder und schickten es einfach zurück an den Absender. Nicht zwingend bei allen natürlich. Für ihre Lieblingsknackies drückten sie da schon auch mal gern ein Auge zu. Von Karl hingegen hatten sie bis dahin schon drei Päckchen zurückgeschickt.

So stand Karl dann an der Theke, wo eine Beamtin sein Klamottenpaket öffnete und den Inhalt einsah. Karl schaute sich um. Hinter der Beamtin saßen weitere Beamte, die dort an verschiedenen Tischen irgendwelchen Papierkram erledigten. Einer der Beamten öffnete einen Schrank, um einen Stempel zurückzulegen, den er in eine etwa acht Zentimeter große Box hineinlegte, auf der ein SS-Symbol gemalt war. Bestimmt fünf Zentimeter groß und überhaupt nicht zu übersehen. In Runenschrift, wie man es noch von alten Naziuniformen kennt.

»Sagen Sie mal, was ist denn das da für eine komische Schachtel dort im Schrank?«, wollte Karl von der Beamtin wissen, die gerade den Inhalt seines Pakets begutachtete und alle Sachen abzählte.

»Was meinen Sie?«, fragte sie ihn.

»Na die Schachtel da hinten im Schrank. Was macht denn dieses SS-Symbol dort drauf?«, bohrte Karl weiter. »Der eine Beamte dort drüben hatte da gerade seinen Stempel hineingelegt.«

Jener Beamte hatte jetzt auch bemerkt, dass Karl auf die Schachtel aufmerksam geworden war, schloss die Schranktür, und schaute ihn an.

»Achso, die Stempelschachtel meinen Sie«, antwortete die Beamtin. »Keine Ahnung, die sieht schon immer so aus, seitdem ich hier arbeite.«

SS. Stempel … Schachtel. Wie witzig, dachte Karl, Das wird ja immer sympathischer hier.

Die Beamtin begutachtete seine Kleidungsstücke und kam bei einem seiner T-Shirts ins Stocken. »Antifascist Skinheads« stand da drauf.

»Schauen Sie, Sie können alles haben, aber das T-Shirt kann ich ihnen nicht aushändigen«, hieß es dann.

»Wieso denn?«, fragte Karl, der ohnehin schon auf 180 wegen dem SS-Symbol auf der Stempelschachtel war.

»Derartige T-Shirts dürfen wir nicht herausgeben. Im Sinne ihrer eigenen Sicherheit. Verstehen Sie? Sie könnten andere Gefangene damit provozieren«, antwortete die Beamtin.

Nun platzte Karl völlig der Kragen und er wurde laut:

»Hören Sie mal, hier laufen Faschisten mit Thor-Steinar-Klamotten rum, um sich untereinander zu erkennen, zeigen offen Hitlergrüße im Schutze Ihrer Kollegen, und dort hinten seh ich jetzt SS-Runen auf Beamtenutensilien. Wollen Sie mich eigentlich verarschen? Sie geben mir jetzt das T-Shirt heraus, oder es ist was los!«

»Jetzt beruhigen Sie sich mal«, entgegnete ihm die Beamtin. »Wenn Sie wollen kann ich mal meinen Vorgesetzten holen und ihn fragen, aber ich kann ihnen gleich sagen, dass Sie dieses T-Shirt nicht bekommen werden.«

Karl bestand auf den Vorgesetzten.

Dann kamen gleich 2 Vorgesetzte, die das T-Shirt genauer unter die Lupe nahmen und sich gegenseitig fragend anblickten. Sie gaben ihm dann das T-Shirt heraus.

Hat man hier sowieso schon nicht viel und dann wollen die noch eines meiner T-Shirts einbehalten. Arschlöcher!, dachte sich Karl, als er durch die Schleuse wieder in den Knastbau gebracht wurde.

Es war einer von zahlreichen kleineren Kämpfen im Knast, den Karl hier gewonnen hatte, doch darum ging es ihm nicht. Es war die Wut über die Gesamtheit derartiger Ereignisse, die ihn immer wieder dazu antrieben weiterzukämpfen.

Diese Geschichte und weitere Ungereimtheiten, die der Knast von innen so preisgab, schrieb Karl in seinen Knastberichten nieder. Die Genoss:innen draußen tippten das ab und setzten es online. Drei Wochen später wollte der Staatsschutz erneut mit Karl reden und wartete wieder mal unten im Erdgeschoss auf ihn. Aber erst mal wollte ihn die Anstaltsleiterin höchst persönlich sehen.

Meyer öffnete Karls Zellentür und bat ihn heraus.

Auch er war ein ziemliches Ekelpaket, welches sich auf dem Stockwerk immer gern als Hilfssheriff aufspielte. Dabei war er nur Fieglers persönlicher Arschkriecher. So etwas wie seine rechte Hand.

Meyer war jetzt ganz schön nervös und verhielt sich wie ein aufgeschrecktes Huhn:

»Kommen Sie mal bitte? Die Anstaltsleitung möchte mit Ihnen reden.«

Sie gingen in Richtung des Raumes, wo die Anstaltsleiterin auf Karl wartete.

»Haben Sie da irgendwas an die Anstaltsleitung geschrieben? Was wollen die denn jetzt von Ihnen?«, fragte Meyer, dem der Arsch irgendwie auf Grundeis ging, weil er Angst bekommen hatte, dass sich Karl über ihn persönlich beschwert hatte, und dadurch womöglich sein Job als Hilfssheriff in Gefahr sein könnte.

»Keine Ahnung«, antwortete Karl, der es richtig genoss Meyer so zu sehen.

Dieser ließ Karl nun in den Raum in welchem die Anstaltsleiterin schon auf ihn wartete.

»Guten Tag, ich bin die Anstaltsleiterin. Der Staatsschutz ist hier wegen Ihnen. Die möchten mit Ihnen reden«, eröffnete die Anstaltsleiterin.

»Über was denn?«, fragte Karl.

»›JVA von innen‹. Ist dieser Text von Ihnen?«

»Ja«, antwortete Karl.

»Sie schreiben da von Nazisymbolik auf Beamtenutensilien und sowas. Darum geht es wohl. Möchten Sie mit denen reden?«, fragte die Anstaltsleiterin.

»Nein«, antwortete Karl.

Da grinste die Anstaltsleiterin, die sich vermutlich genau diese Antwort erhofft hatte, um weiteren Ärger wegen Karl zu entgehen.

Karl wurde wieder auf seine Zelle gebracht.

»Alter, warum hast du nicht mit denen geredet?«, fragte Ramon Karl, als dieser wieder eingetroffen war und den anderen alles erzählt hatte. »Das wär so geil gewesen, zu sehen wie den Idioten hier mal so richtig die Hölle heiß gemacht wird!«

»Ja, wär schon interessant gewesen«, antwortete Karl. »Aber Staatsschutz ermittelt gegen Knastbeamte? Das glaubst Du doch nicht wirklich im Ernst, dass da was bei rumkommt, oder? Und warum soll ich jetzt ausgerechnet mit jenen kooperieren, die mich ja erst hier reingebracht haben? Das seh ich irgendwie nicht ein.«

Die Anderen gaben Karl Recht.

Auch sie glaubten nicht wirklich daran, dass es irgend etwas bewirkt hätte mit dem Staatsschutz zu kooperieren. Doch hätte sie interessiert, wie diese Story weitergegangen wäre, wenn Karl mit denen geredet hätte.

»Und außerdem, was soll dann auch schon maximal passieren? Das sind Beamten, die sind unkündbar. Das höchste der Gefühle wäre vielleicht gewesen, dass man sie in eine andere Anstalt verlegt, wo sie dann dort weiter ihr Unwesen treiben können«, fügte Dennis hinzu, der noch relativ neu mit den anderen auf Zelle war.

Fadil war mittlerweile auf dem Arbeiterstockwerk in der zweiten Etage des Gebäudes gelandet. Dafür hatte er sich beworben. Öfters kommunizierten sie über das Zellenfenster, wenn die arbeitenden Gefangenen auf dem großen Platz unter freiem Himmel Hofgang hatten. Dort gab es freistehende Duschen, wo sich die Gefangenen im Sommer abkühlen konnten, Klimmzugstangen, wo sie Sport machen konnten, und ein paar Bänke zum Hinsetzen und rasten. Von all dem hatten die nichtarbeitenden Gefangenen auf den oberen Stockwerken nichts. Die mussten ihren Hofgang oben auf dem Dach, im anstaltseigenen Käfig, in dem sie kaum Sonne abbekamen, abhalten. Auf den Arbeiterhof hatten sie derzeit von ihrer Zelle aus direkte Sicht. Da mussten sie immer sehr laut schreien, damit Fadil sie verstehen konnte. Komplexere Gespräche waren so nicht möglich.

Doch konnten sie so zumindest eine gewisse Verbindung aufrecht erhalten.

Dennis war für Karl und die anderen eigentlich als faules Ei der Beamten gedacht, die sich einen Spaß daraus machten einen Junkie, der gerade auf Entzug ist, zu ihnen auf Zelle zu stecken. Gab es derzeit doch noch viele andere Viererzellen, wo sich nur zwei Gefangene oder nur einer befanden. Aber nein, es musste natürlich Karls Viererzelle sein, auf der schon drei Personen saßen.

Oh Mann, jetzt auch das noch!, dachte Karl, als Dennis etwa zwei Wochen vorher ankam.

Der Heroinentzug von Dennis war dann aber gar nicht so schlimm, wie Karl und die anderen Mitgefangenen befürchteten. Es lief ihm nachts öfters die Nase und er musste dann aufstehen, um sie sich zu putzen. Oft drehte er sich auch herum, was man im Viererstockbett immer hautnah miterlebte, weil ja alle Betten miteinander befestigt waren. Das Ganze ging aber nur drei Tage und Dennis wurde langsam fitter. Langsam scherzte er auch mehr mit den anderen und fing im weiteren Verlauf seiner Haftzeit an sich zu politisieren. Als er ankam, hätte er mit seinen Ansichten einwandfrei CDU wählen können, so wie er sich anfangs zu politischen Themen äußerte. Später wurden er und Karl noch gute Freunde.

Karl erfuhr was es eigentlich genau mit den Staatsschützern auf sich hatte, die ihn nun schon ein zweites Mal sprechen wollten. Einer seiner Knastberichte hatte draußen wohl ziemlich große Wellen geschlagen, und ging herum wie ein Lauffeuer. Dieser erreichte dann auch die bürgerliche Mitte. Es gab wohl einen besorgten Bürger, der im Internet auf Karls Knastbericht gestoßen sein muss. Der war so schockiert über die Berichterstattung aus der JVA, dass er sich mit einer Beschwerde direkt an den Ministerpräsidenten wandte.

»Ein Bewohner ihrer Haftanstalt berichtet da über Nazisymbolik auf Beamtenutensilien und dergleichen. Ich möchte Sie bitten, dem nachzugehen und Sie daran erinnern, dass das nach §86a StGB nicht zulässig ist.«, schrieb er in seiner Beschwerde.

So kam es, dass sich der Staatsschutz eingeschaltet hatte, der hier den Anschein erwecken wollte, dass man so etwas auch nachgehen würde.

Wäre vielleicht auch den Spaß wert gewesen mit denen zu reden und einfach zu kucken was passiert, dachte sich Karl dann, doch war er dafür zu sehr im Zwiespalt.

Eigentlich ärgerte es ihn schon, dass er sich vor Gericht überhaupt geäußert hatte. Für dieses bereits vorbereitete Theaterstück, dessen Ausgang sowieso schon feststand, war es im Grunde der ganze Atem nicht wert, den Karl hierfür aufbrachte.

Am Morgen vor seiner ersten Verhandlung beim Amtsgericht packte Karl im Knast tatsächlich seine Sachen, damit er sie auch schnell beisammen hatte, wenn er nach der Verhandlung rauskäme. Er konnte sich einfach nicht vorstellen, dass sie ihn mit derartigen Mitteln noch weiter festhalten würden.

Sie mussten ihn einfach gehen lassen, so dachte er. Hilfssheriff Meyer suchte Karl ganz schnell wieder auf den Boden der Realität zurückzuholen.

»Warum haben Sie ihre Sachen schon gepackt?«, fragte er Karl.

»Na, weil ich nach der Verhandlung wieder nach Hause gehen werde, is doch klar«, sagte Karl.

»Sie kommen heute nicht raus, das kann ich ihnen gleich sagen«, erwiderte Meyer.

Er sollte Recht behalten. Aber woher wusste er das eigentlich so sicher?

Da liefen doch garantiert schon Absprachen, dachte Karl.

Das war eigentlich auch bekannt. Da die Beamten nie gern mehr Zeit mit ihrer ach so schweren Arbeit des Schlüsselherumdrehens verbringen als notwendig, ist es wohl auch gängig, dass sie im Vorfeld beim Gericht schon nach der Wahrscheinlichkeit einer Entlassung fragen. Vielleicht war es aber auch nur Meyers Fingerspitzengefühl auf das er sich da verlassen hatte. Immerhin war er als Beamter ja auch schon – weiß Gott wie lange – miteingesperrt. Der Jüngste war er wahrlich auch nicht mehr.

Die reinste Vetternwirtschaft

Karl studierte etwa 3 Jahre zuvor zwei Semester Rechtswissenschaften an der juristischen Fakultät. Das war sehr interessant wie alles damals schon im ersten Semester losging. Es war die erste Vorlesung Zivilrecht, und es wurde gleich eingeleitet worum es in der Juristerei tatsächlich ging und was am wichtigsten war:

»Vergessen sie Lagerfeuer und Gitarre, das Gesetz hat nichts mit Moral zu tun. Werden sie ab heute erwachsen«, sagte der Professor.

Weiter ging es mit dem Recht auf Eigentum und Besitz:

»Haben sie schon mal versucht einem kleinen Kind das Spielzeug wegzunehmen? Das Geschrei werden sie nur schwer ertragen können, obwohl sich das Kind für das Spielzeug vielleicht vorher nicht mal interessiert hat. Sehen sie? Das ist schon der unwiderlegbare Beweis dafür, dass wir Eigentum und Besitz brauchen, also vergessen sie Marx und das alles.«

Als würde es im Kommunismus darum gehen kleinen Kindern das Spielzeug wegzunehmen…

Es sollte noch unterirdischer werden.

Anfangs nahm Karl den Studiengang sehr ernst und ging schon ab dem ersten Tag in die Bibliothek, um dort Gesetzestexte zu studieren. Er wollte wirklich Anwalt werden.

Sein eigener Anwalt riet ihm damals davon ab.

»Machen Sie das nicht, Sie werden den Rest ihres Lebens nur noch mit Arschlöchern zu tun haben.«

Simon, den er noch aus vergangenen Punkzeiten kannte, studierte ebenfalls dort. Wieder. Eigentlich war er schon fertig, wollte aber nun doch wieder zurück an die Universität, um noch seinen Doktor zu machen.

»Also für mich ist das erste Semester ja schon brutal hart. Kann mir kaum vorstellen da später noch einen Doktor dazu zu machen«, sagte Karl zu Simon.

»Weißt du Karl, ich hatte am Ende meines Studiums noch ein Praxissemester bei der Staatsanwaltschaft machen müssen. Dort sah ich wie abgekartet alles wirklich läuft. Die ganzen Urteile werden vorher schon besprochen, Deals abgewickelt und so weiter. Alles nur Theater. Ich war danach wirklich sehr desillusioniert und entschloss mich, lieber den akademischen Weg weiterzugehen. Den ganzen Kram, den man hier in zehn Semestern lernen muss, das kannst du später alles wieder vergessen, glaube mir«, sagte Simon.

Seine Motivation für den Studiengang ließ nach. Nachdem zusätzlich noch sein Vater im gleichen Jahr starb, entschloss er sich, das Studium Ende des zweiten Semesters hinzuschmeißen und die Kleinstadt wieder zu verlassen, um zu seinem gewohnten sozialen Umfeld zurückzukehren.

Auch Karl hätte im Knast die Möglichkeit eines Deals gehabt.

Sein Anwalt hätte beim zuständigen Richter vorschlagen können auf die Berufung zu verzichten und das Urteil einfach zu akzeptieren. Im Gegenzug sollten sie dann von einem eventuell später noch folgenden Bewährungswiderruf absehen. Da lagen schon die nächsten neun Monate Haftstrafe für Karl bereit.

Man konnte davon ausgehen, dass der Bewährungswiderruf noch kommen würde. Karl wäre im Falle eines Deals mit dem Richter sofort in Strafhaft verlegt worden, hätte die restliche Zeit dort noch drei Monate länger abgesessen und der Fisch wäre geputzt gewesen.

Von der Strafhaft träumten auch viele seiner Mithäftlinge. Die Zeit würde dort gefühlt schneller vorbeigehen.

In Berufung zu gehen bedeutete auf der anderen Seite aber, dass sie Karl auf jeden Fall nach zehn Monaten erst mal rauslassen müssen (sieben hatte er jetzt schon hinter sich gebracht). Ob er dann nochmal wegen dem Bewährungswiderruf rein müsse, darüber müssten dann andere Strafkammern entscheiden, da Karl sein Urteil nicht akzeptieren wollte.

»Was machst du, wenn die dich später wieder reinstecken wollen, wenn du dann schon draußen bist?«, fragte ihn Ramon, der bereits die richtige Antwort für Karl parat hatte.

»Keine Ahnung«, sagte Karl.

»Wenn ich du wäre, würde ich mich in dem Fall einfach verpissen. Scheißegal wohin. Thailand vielleicht, dort ist es billig, oder sonst irgendwohin. Zu verlieren gibt es ja dann sowieso nichts mehr, und man könnte zumindest versuchen so lange durchzuhalten wie es eben geht. Klappt es dann nur drei Monate oder so, ist's ja auch egal, dann kommst du halt etwas verspätet zum Hafttermin.«

Alle drei Gefangenen mussten lachen, weil sie sich vorstellten, wie Karl schon nach drei Monaten völlig verwildert wieder zurückkommen würde, um verspätet bei der Haftanstalt doch noch um Einlass zu bitten.

Dann ging die Zellentür auf und das nächste faule Ei wurde den Dreien von den Beamten hineingelegt. Luca betrat die Manege, und sie waren wieder zu viert. Luca war Bodybuilder und seine Muskeln platzten aus allen Nähten. Anfangs hatten sich die drei schon ein bisschen über Lucas Anblick erschrocken, da dieser erst auch nicht sonderlich freundlich rüberkam. Er hatte draußen im großen Stil Koks vertickt und wurde irgendwann erwischt.

Als die Zellentür hinter ihm zuging, merkte man aber schnell was Luca wirklich für einer war. Berlin Tag und Nacht und ähnliches mochte er gern. Das war ihm wichtig. Erstmal kamen die Vier eigentlich gut zurecht und lachten auch viel. So hatten sich Fiedler und Meyer das bestimmt nicht vorgestellt. Doch Lucas Fernsehprogramm nahm langsam Überhand.

»Weißt du Luca, wir haben hier auf Zelle eigentlich einen etwas produktiveren Alltag«, sagte Dennis irgendwann mal zu Luca. »Statt uns immer von dieser Verblödungsmaschine berieseln zu lassen, machen wir lieber Sport, spielen Schach, schreiben, lesen, kommunizieren und so weiter. Hierzu hören wir eigentlich auch lieber Musik, und das Radio läuft eben nur über den Fernseher.«

Für Luca ging die Welt spätestens jetzt unter: »Ihr könnt das doch auch alles machen, während ich fernsehe. Was stört euch das denn?«

Luca schaute zu Ramon und Karl rüber.

»Luca, wir haben das jetzt ein paar Tage toleriert, weil du noch neu und angeschlagen bist, aber eigentlich würden wir wirklich viel lieber Musik hören und mehr kommunizieren. Ganz ehrlich, ich fand Berlin Tag und Nacht auch noch nie gut«, sagte Ramon.

Luca schaute jetzt Karl an.

»Luca, ich seh das ganz genau so«, schloss sich Karl an.

Berlin Tag und Nacht durfte Luca zwar noch ansehen, aber das war es dann auch schon für die anderen. Luca entschloss sich bald ein Einzelzimmer zu nehmen, und die Beamten gaben es ihm. Wenige Wochen später lebte Lucas Bodybuilderfigur auch nur noch in der Erinnerung weiter. Sein Bauch war gewachsen, die Schultern geschrumpft. Von seiner einstigen Erscheinung war nichts mehr übrig. Und sein Knastalltag richtete sich nun komplett nach dem Fernsehprogramm. Mittlerweile schaute er auch noch Sendungen wie Richter Alexander Hold. Karl schickte ihm auch mal ein Buch rüber, das er aber nach zwei Wochen ungelesen wieder zurückgab.

Dann kam die Fußball-EM. Und eine merkwürdige Stimmung machte sich in der ganzen Anstalt breit. Gefangene und Beamte kommunizierten nur noch darüber. Und miteinander. Man hätte das schon fast als familiäres Beisammensein beschreiben können. Ganz so, als wären jetzt alle Freunde geworden und hätten nach so langer Zeit des gemeinsamen Eingesperrtseins nun endlich etwas gefunden was sie verbindet. Karl stand überhaupt nicht auf Fußball. Ihn packte der Ekel. Ramon ebenso. Und auch Dennis hatte man es quasi schon abgewöhnt, indem man mit ihm über das Brot-und Spiele-Prinzip der alten Römer diskutierte.

Anfangs nahm er sich immer noch extra einen Stuhl und setzte sich so nahe es nur ging direkt vor das Fernsehgerät, um bei Fußballspielen richtig mitfiebern zu können.

Ramon und Karl spielten derzeit immer Schach, machten Sport, oder befassten sich mit Schreiben. Irgendwann wurde es Dennis zu blöd alleine Fußball zu schauen. Es machte ihm keinen Spaß mehr.

Auch Dennis fand es zunehmend eklig, wie sich Gefangene und Knastbeamte gegenseitig vollschleimten, wenn es um das ewig werdende Fußballthema ging.

Der winzig kleine Röhrenfernseher, den sie in der Zelle hatten, lief nicht immer störungsfrei. Es war ein sehr altes Gerät. Das war Karl und den anderen eigentlich gleich, schließlich nutzten sie den Fernseher ohnehin fast nur um Musik zu hören. Ein Extraradio gab es ja nicht. Einen Discman hätte man sich noch im Knasteinkauf teuer bestellen können, aber da konnte ja immer nur jeweils einer Musik hören. Dazu durfte man auch nur ausgewählte CDs vom Verlag erhalten. Also nichts mit selbstgebrannten CDs, die einem Freund:innen von draußen zuschicken konnten oder ähnliches. Genauso lief es auch mit den Büchern. Nur nicht zu viel politisch relevante Kost für den Gefangenen. Damit konnte Karl mit den Genoss:innen draußen aber gut umgehen, indem sie die gewünschten Bücher einfach über den Verlag selbst bestellten, und dieser sie direkt in die Anstalt zu Karl schickte – einfach damit der Absender stimmte. So konnte Karl alles lesen worauf er Lust hatte.

Jedenfalls gab es während eines laufenden Fußballspiels eine Störung am Fernseher, die einige Minuten andauerte. Für Karl und die anderen beiden gab es nur kurzzeitig keine Musik mehr. Jedoch wurde auf einmal eine Energie in der gesamten Haftanstalt frei, wie sie die drei Zellengenossen vorher noch nicht erlebt hatten. Alle Gefangenen drehten durch, weil das Fußballspiel gerade so spannend war. Sie schrien, traten gegen Fenster und Türen, sprangen auf und ab. Alles was ihnen so einfiel. Es entstand ein Lärm in der Anstalt als ob das gesamte Knastgebäude in sich zusammenfallen würde.

Nach knapp zwei Minuten lief der Fernseher wieder, und alles war ruhig.

Wahnsinn!, dachte Karl.

»Wenn man diese Energie auch mal außerhalb des Fußballs spüren würde, das wäre schön« sagte er zu den anderen.

»Deswegen gibt es ja hier auch Fernseher«, sagte Ramon garstig, der nicht zum ersten Mal im Knast saß, und schon mehr mitbekommen hatte als Karl und Dennis. »Früher als es hier noch keine Fernseher gab, haben sich die Anwohner ständig über den Lärm der Gefangenen beschwert. Die Lösung war dann Fernsehgeräte für jede Zelle anzuschaffen, und prompt war auch alles ruhig, und es gab keine Beschwerden mehr.«

Interessant war, dass die umliegenden Wohngebäude des Knastkomplexes auf ihren Balkonen meist eine Trennwand eingebaut hatten. So mussten die Anwohner:innen nicht den düstersten Ort ihrer Stadt direkt vor Augen haben, wenn sie auf ihren Balkon traten.

Ganz so als gebe es gar keinen Knast nebenan.

Knastkampf ist Klassenkampf

Ein paar Wochen vergingen, als Dennis die anderen zwei auf einmal ans Zellenfenster rief:

»Kommt mal schnell her, hier unten geht irgendwas ab!«

Die anderen zwei kamen hinzu und blickten durch das Zellenfenster hinunter in den großen Arbeiterhof. Zu sehen war dort, wie die arbeitenden Gefangenen auf dem großen Hof einen Sitzstreik veranstalteten. Immer wieder kamen Beamte, die versuchten auf sie einzuwirken, um sie wieder in das Gebäude hineinzubringen und von ihrem Sitzstreik abzuhalten. Es sollte alles nichts helfen, die Arbeiter blieben stur. Eine unumstößliche Mauer des Protests stand da nun mitten auf dem Arbeiterhof, die den Beamten große Sorgen machte. Das Ganze ging mindestens eine halbe Stunde. Irgendwann kam die Anstaltsleiterin höchstpersönlich und versuchte mit den Arbeitern zu verhandeln. Sie unterhielt sich mit einem der Streikenden, den sie für deren Rädelsführer hielt. Als sie sich auf irgend etwas einigten, standen alle auf und gingen wieder hinein.

Karl hörte Hilfssheriff Meyer draußen vor der Zellentür irgend etwas herumnörgeln. Was genau verstand er nicht.

»Ey, das ist doch ein richtiges Arschloch! Habt ihr das gehört? «, fragte Dennis, der auf seinem Bett etwas näher an der Zellentür saß.

»Was hat er denn gesagt?«, fragte Karl.

»Wegen dem Affentheater komm ich jetzt ne Stunde später nach Hause«, äffte Dennis Meyer nach.

»Ja, Arschloch wie eh und je«, sagte Karl. »Andere hier kommen erst Monate, oder Jahre später wieder nach Hause, aber das kümmert den feinen Herrn natürlich nicht.«

Am nächsten Morgen beim Hofgang sollten die drei herausbekommen worum es bei dem Sitzstreik genau ging. Einer der Arbeiter hatte wohl während der Arbeit einen Koran neben sich auf dem Tisch liegen. Einer der Beamten stieß das Buch im Vorbeigehen mit voller Absicht runter, so dass das Buch auf dem Boden landete.

»Was willst du mit dem Scheiß eigentlich?«, soll er den Gefangenen noch gefragt haben.

Hier wurde Akkordarbeit für Daimler Chrysler verrichtet. Wofür draußen Studierende einen recht guten Stundenlohn für sich einstrichen, konnten die Knackies von dem Knastlohn sich ein bisschen mehr Tabak und Kaffee kaufen. Das war alles was sie daran verdienten. Sie mussten mit ihrem Gehalt auch noch ihre eigene Stromrechnung, Heizungskosten, Wasserverbrauch und Fernsehgebühren bezahlen, die ihnen praktischerweise gleich von ihrem Knastkonto abgezogen wurden. Ganz so, als würden sie hier wohnen.

Karl dachte an die Kommerzialisierung von Knästen, insbesondere an das Knastsystem in den USA, wo IBM, Apple und so weiter Milliarden Dollar Umsatz nur mit Gefangenenarbeit machten. Die Knackies sind froh über ein paar kleinere Annehmlichkeiten und darüber, dass ihr Tag endlich Struktur hatte. Genau das nutzen die Großkonzerne aus.

Die drei Zellengenossen wurden vom Hofgang wieder zurückgebracht und stellten fest, dass während ihrer Abwesenheit die Knastbeamten mal wieder ihre Zelle durchsucht und auf den Kopf gestellt hatten. Das hatten sie schon öfters gemacht. Meistens während des Hofganges. Manchmal wurden aber auch alle drei herausgebeten und mussten dann vor ihrer Zellentür warten bis alles fertig durchsucht war. Dabei gaben sie sich keinerlei Mühe es in irgend einer Weise zu verschleiern. Dezenter, das heißt ohne allzu offensichtliche Spuren zu hinterlassen und in Abwesenheit der Gefangenen wurden die Zellenrazzien seltener durchgeführt. Dann erkannte man nur anhand von kleinsten Indizien, dass die Knastbeamten mal wieder herumgeschnüffelt haben mussten. Im Schnitt kam es alle zwei Wochen mal vor, dass die Zellen durchsucht wurden. Der

Rekord für die drei Zellengenossen lag bis dahin bei zwei Zellendurchsuchungen in nur einer Woche. Völlig willkürlich, und man hätte besonders gutgläubig sein müssen, um das mit einer Logik irgendwelcher Sicherheitsargumente begründen zu können. Es ging nicht um Sicherheit, sondern einzig und allein darum, dass sich die Gefangenen bloß nicht heimisch fühlen sollten.

Einzelne Zeitungsseiten, welche sich die drei Gefangenen um die große, grellweiß scheinende Leuchtstoffröhre oben in der Mitte der Decke gehängt haben, damit diese nicht so stark leuchtete, lagen nun auf dem Boden verteilt. Es machte gewaltig was aus, ob man auf Zelle gedämpfteres Licht hatte oder nicht. Es wirkte fast schon gemütlich , wenn sie das grell scheinende Neonlicht abgehängt hatten.

»Ja, ja, wegen der Sicherheit«, sagte Dennis zynisch, als er die am Boden verteilten Zeitungsseiten sah.

Die Beamten begründeten generell jeden willkürlichen Schritt gegen die Gefangenen mit irgendwelchen Sicherheitsgedanken. Nun hieß es Brandgefahr.

Wegen der Sicherheit gab es in der Haftanstalt auch nur Zäpfchen statt Kopfschmerztabletten.

»Weil sich manche auch Aspirin-Tabletten durch die Nase hochziehen und all so ein Quark«, begründete das mal ein Beamter im Aufzug – der ein Gespräch darüber von Karl und einem anderen Gefangenen mitgehört hatte – als Karl gerade zu seinem Besuch gebracht wurde.

Was daran so gefährlich sein soll, blieb Karl schleierhaft. Und umgekehrt könnte man sich theoretisch ja auch ein Zäpfchen in die Nase stecken.

»Und dann? Was soll denn dann passieren?«, fragte Karl den Beamten verärgert.

Der Beamte zuckte nur mit den Achseln.

Wie vieles in der Haftanstalt machte auch diese Regelung keinen Sinn, und es war allen klar, was die eigentliche Intention war. Die

Gefangenen sollten erniedrigt und gebrochen werden. Dadurch, dass sie anstatt eine Tablette zu schlucken sich etwas in den Arsch stecken mussten, wenn sie Kopfschmerzen hatten.

»Also ich werd die Zäpfchen später draußen weiter benutzen, wenn ich mal Kopfschmerzen habe«, scherzte Dennis und alle drei lachten.

Auch einige Poster, die ihnen nicht sonderlich gefielen, hatten die Beamten in ihrer Zelle abgerissen.

»Das muss der Wind gewesen sein«, begründeten sie.

Ein ziemlich antipolitischer Wind muss hier geweht haben, denn es wurden nur Karls Poster weggerissen. Und diese hatten politische Statements. »Weg mit dem Paragrafen 129« stand zum Beispiel auf einem. Ramons Poster mit nackten Frauen und dergleichen hatte der Wind hingegen verschont gelassen. Ebenso die Poster und Bildchen von Dennis. Ein Öllämpchen, das sich die drei aus einer alten Thunfischbüchse und dessen Deckel gebastelt hatten, und als Kerze verwendet wurde, hatten sie auch zerstört. Schränke waren durchwühlt – Kleidung, Papierkram, alles durcheinander. Die drei Zellengenossen machten sich sofort an die Arbeit, um alles wieder in die gewohnte Ordnung zu bringen und so zu gestalten, wie es ihnen gefiel. Am Abend sollten sie auch schon wieder bei Kerzenschein und gedämpftem Neonlicht Schach spielen, Witze reißen und die Lage erneut analysieren.

»Genau deswegen lassen sie einen auch ständig die Zelle wechseln, diese Arschlöcher«, sagte Karl zu den anderen.

Sie bewohnten in dieser Konstellation mittlerweile schon die dritte Viererzelle, in welche man sie verlegt hatte. Immer wieder hieß es, dass die Zellen neu renoviert werden müssten.

»Man soll sich hier an nichts gewöhnen, sondern sich voll und ganz auf seine Strafe konzentrieren«, führte Karl weiter aus.

Die anderen zwei, denen es auch klar war, was hier ständig versucht wurde, und es hierbei auch weder um Sicherheit noch Renovierungsbedarf ging, gaben ihm Recht.

Alle drei waren froh, dass sie sich bis dahin schon einige Tricks und Überlebensstrategien im Knast angeeignet hatten. Mit denen konnten sie sich drinnen das Leben ein wenig angenehmer gestalten. Und so prallten die ständigen Angriffe frustrierter Knastbeamter mittlerweile völlig an ihnen ab und beeindruckten sie nicht mehr. Das war nicht immer so. Für Karl fühlten sich die ersten drei Zellendurchsuchungen genauso an wie damals die Erstürmung seiner Wohnung durch maskierte Staatsschützer. Wie eine alte Wunde, die noch ein paar Mal aufgerissen wurde, bevor sie verheilen konnte. Narben auf der Seele blieben, aber weitere Zellendurchsuchungen ließen ihn von da an kalt.

»Freiheit für alle politischen Gefangenen!«, tönte es von unten vor den Knastmauern des großen Arbeiterhofes.

Alle drei sprangen auf, versuchten etwas durch die Fenstergitter zu sehen, und schrien Parolen zurück.

»Wir sind nicht alle, es fehlen die Gefangenen!«, schallte es von unten erneut.

Es wurden laute Böller über die Knastmauern geschleudert und Silvesterraketen gezündet, die den großen Arbeiterhof in verschiedensten Farben erleuchten ließen.

Kurzzeitig wurde so Abwechslung in den tristen Knastalltag der Gefangenen gebracht. Diese waren froh. Wie immer wenn so etwas passierte. Bei den lautesten Feuerwerkskörpern gab es immer am meisten Beifall und Geschrei. Es war in jener zuvor recht stillen Nacht auch dermaßen laut, dass man das Gefühl hatte es würden bald Risse oder gar Brüche dadurch im endlosen Mauerwerk der Haftanstalt entstehen. So nahmen es viele der Gefangenen vor ihrem geistigen Auge wahr. Das war es, was sie sich wünschten.

»Immer wieder schön diese Besuche von deinen Genossen«, sagte Dennis zu Karl.

»Ja«, antwortete Karl, der aus derartigen Besuchen auch immer viel Kraft schöpfte.

Mittlerweile waren die Genoss:innen bestimmt schon über zwölf Mal da gewesen. Diesmal hätte es auch gar nicht passender sein können, nach ihrer vorherigen Zellendurchsuchung. Das war für Dennis, Ramon und Karl der perfekte Zeitpunkt.

Karls Berufungsverhandlung sollte eine Woche später stattfinden. Seine Zellengenossen wünschten ihm alles Gute bevor er zum Landgericht gebracht wurde.

»Die lassen dich heute raus nach der Verhandlung, das wirst du sehen«, sagte Ramon zu Karl.

Ein Beamter, den Karl schon kannte, brachte ihn zum Transportbus, der ihn zum Gerichtsgebäude befördern sollte. Marke Daimler.

»Sehen sie, in der DDR hätten sie jetzt nicht in so einem schönen und zuverlässigen Gefährt zum Gericht gekutscht werden können«, versuchte der Beamte zu provozieren, als sie die Gefangenen aussteigen ließen.

»Da bin ich aber froh, dass ich jetzt mit nem Daimler zu meinem Schauprozess gebracht werde«, antwortete Karl.

Dann wurden die Gefangenen, die ihrem Prozess beiwohnen sollten, auf verschiedene Zellen innerhalb des Gerichtsgebäudes verteilt.

Karl wurde aus seiner Zelle geholt, um bei der folgenden Veranstaltung als Angeklagter aufzutreten. Er wurde in den Gerichtssaal gebracht. Mit Ausnahme der Richterin und des Staatsanwaltes applaudierte der gesamte Saal als die Besucher:innen Karl sahen. Dieser hatte sich nicht gerade in Schale geworfen und betrat sportlich in kurzen Basketball-Hosen und T-Shirt den Gerichtssaal.

Er nahm neben seinem Anwalt Platz und schaute sich um. Viele Freund:innen, Genoss:innen und auch ein paar Familienangehörige waren wieder anwesend. Einzelne suchten den Blickkontakt zu ihm und winkten ab und an mal. Der Saal war voll. Die Richterin bat schon gleich zu Anfang um Ruhe und Zurückhaltung während der Verhandlung. Es folgte genau die selbe Show wie zuvor schon vor dem Amtsgericht.

Man befand, dass trotz immer noch widersprüchlicher Aussagen der Zeugen und Geschädigten, einem bis dahin ebenfalls immer noch nicht auffindbarem Facebook-Eintrag indem Karl Zeugen bedroht haben soll, und auch den zweiten, verfassungswidrig mit Karls Gefangenenpost begründeten, Haftgrund einer konstruierten Fluchtgefahr, alles für richtig. Das Urteil des Amtsgerichts wurde bestätigt.

»Wir haben Sie als Menschen mit verschiedenen Gesichtern kennengelernt«, maßte sich die Richterin, die Karl gerade mal eineinhalb Stunden kannte, dann noch an ihrer Urteilsbegründung beizufügen.

Wo haben sie denn eigentlich Psychologie studiert?, dachte Karl ironisch, der die erneute Enttäuschung, auch diesmal nicht entlassen zu werden, wegstecken konnte.

Lange konnten sie ihn nicht mehr festhalten. Drei Monate waren es noch, dann war seine komplette Haftstrafe verbüßt.

Karl ging mit seinem Anwalt in Revision. Das Oberlandesgericht brauchte immer besonders viel Zeit um nur ein paar Zeilen zu schreiben, die sich nicht mal auf eine ganze DIN A4-Seite erstreckten. Das war bekannt. Es sollten dann auch ungefähr sechs Monate werden, bis etwas kam. In der Zwischenzeit war er schon wieder draußen. Wie die Entscheidung ausfallen würde war jetzt schon klar. Gibt sich das Oberlandesgericht mit derartig kleinen Fällen doch gar nicht erst ab und überließ die Verantwortung einfach den niederen Gerichten.

So konnte jedenfalls sichergestellt werden, dass sie Karl nach der Verbüßung seiner Haftstrafe auch entlassen mussten. Formell lief das Verfahren ja noch.

Karl wurde wieder auf eine Zelle innerhalb des Gerichtsgebäudes gebracht, wo er auf seine erneute Abreise in die JVA warten sollte. Dort versuchten ein paar Genoss:innen von draußen erfolgreich Kontakt zu Karl aufzunehmen. Sie konnten sich nur schlecht verstehen und mussten laut schreien, aber es reichte, um sich gegenseitig Kraft zu geben. Schon fünfzehn Minuten später ging die Zellentür auf und man brachte Karl rasch durch einen anderen, unüblichen Ausgang, wo der Transportbus auf ihn wartete. Statt wie zuvor den direkten Ausgang neben den Zellen zu nutzen, durchquerten sie hierfür im Schutze einiger Beamten nochmals das Innere des Gerichtsgebäudes. Als hätte man Sorge vor einer möglichen Gefangenenbefreiung.

Als sie abfuhren, hörte und spürte man Gegenstände hart gegen den Transportbus aufprallen, die gegen diesen geschmissen wurden. Einer der beiden Beamten die vorne saßen sagte etwas. Er hatte Angst bekommen. Sie gaben Gas, um dieser, für sie brenzligen Situation, zu entkommen.

In der JVA angekommen standen im Erdgeschoss ein paar Beamte zusammen, die laut Musik hörten und sich zu amüsieren schienen. Hatten sie schon Karls mögliche Entlassung gefeiert? Dass sie ihn nun endlich los sind? Es sah jedenfalls danach aus, denn als sie ihn erblickten, und damit klar wurde, dass er doch noch verweilen würde, ging deren Stimmung ziemlich runter.

»Alter sag nichts, ich seh's schon an deinem Gesicht was los ist«, sagte Ramon, als Karl wieder die Zelle betrat.

»Komm, mach erst mal deinen Sport und lass Dampf ab«, versuchte Dennis Karl aufzumuntern. »Wir haben heute ein paar neue Übungen gemacht. Bauch, Beine und Po stand auf dem Programm. Kuck mal, ich hab schon voll den Knackarsch bekommen. Magst mal fühlen?«

Karl lachte schon wieder, und machte tatsächlich noch abends gegen 21:00 Uhr seine Übungen, die er an diesem Tag versäumt hatte und den anderen noch schuldig war.

Der gemeinsame Sport war ihnen heilig geworden, genauso wie die Selbstverständlichkeit, dass seine Zellengenossen für Karl das

Mittag- und Abendessen vom Tag aufbewahrt hatten. Karl freute sich hierüber. Gab es doch im Gerichtsgebäude nur ein vertrocknetes Käsebrot zum Mittag. Abgesehen davon hatte er den ganzen Tag nichts, außer dem Frühstück in der Anstalt, gegessen. Und auch das war nur ein weiteres vertrocknetes Brot mit Ei.

»Was meinst du?«, fragte Ramon Karl, der gerade beim Essen war: »Heut Abend kommt doch bestimmt nochmal Besuch für dich, oder?«, anspielend darauf, dass sich die Genoss:innen womöglich nachts wieder blicken lassen würden um Rabatz zu machen.

»Mal sehen«, sagte Karl. »Waren ja eigentlich erst vor einer Woche da. Lassen wir uns mal überraschen.«

Und die Genoss:innen kamen.

»Karl, Karl, wir sind da! Deine rote Antifa!«, riefen sie.

Diesmal konnten Karl, Ramon und Dennis vom Fenster aus, an welches sie sofort wieder stürmten, auch ein paar dunkle Silhouetten von Menschen erkennen, die sich als Gruppe den Knastmauern von außen gerade näherten. Es gab dann reichlich Feuerwerk und es wurde ordentlich rumgeballert, was auch die übrigen Gefangenen erfreute. Ganz knapp, bevor die Bullen kamen, entfernten sich die Genoss:innen. Diesmal konnte man sich nicht sicher sein, ob sie nicht doch noch geschnappt wurden. Denn die Cops waren schneller da als sonst. Auch sie hatten geahnt, dass Karl in jener Nacht noch Besuch bekommen würde.

»Karl, waren das wieder deine Leute?«, schrie Fadil von unten aus dem Arbeiterstockwerk heraus, als alles vorbei war.

»Ja!«, erwiderte Karl. »Hatte heute Berufungsverhandlung, und die wollen mich wohl noch ein bisschen länger hier drinnen behalten!«, fügte er noch hinzu.

»Mach dir keine Sorgen, Bruder, bald wird der Scheiß für dich vorbei sein!«, rief Fadil, der selbst noch mindestens zwei Jahre Knast vor sich hatte.

»Das hoffe ich!«, rief Karl zurück.

Sie wünschten sich gegenseitig alles Gute, und gingen schlafen.

Am nächsten Morgen auf dem Hofgang musste Karl seinen anderen Knastgenossen vom Stockwerk ausführlich Rechenschaft über den gestrigen Verlauf der Verhandlung ablegen und erzählen wie alles ablief. Bei derartiger Berichterstattung auf dem Hof hingen die anderen Gefangenen den Erzählern besonders an den Lippen. Immer hoffend, dass sie dadurch wertvolle Infos für sich selbst und ihre Prozesse abgreifen könnten. Am Ende gab jeder seine persönliche Einschätzung über den weiteren Verlauf ab, und was wohl am wahrscheinlichsten sein wird. Ganz so, als wären sie selbst schon Rechtsberater geworden.

»Du bist sowieso in drei Monaten draußen. Länger dürfen sie dich nicht festhalten«, meinte einer.

Karl, der wusste, dass der Knastgenosse theoretisch Recht hat, antwortete:

»Ja, aber was die dürfen und was die tatsächlich machen, sind ja immer zwei Paar Schuhe.«

Es hätte ihn nicht mehr gewundert, wenn die Justiz noch irgendwas gegen ihn aus dem Ärmel schütteln würde.

Ramon hatte mittlerweile in Absprache mit seinem Anwalt sein erstes Urteil akzeptiert und sollte in Strafhaft verlegt werden. Er war gut gelaunt. In Strafhaft kann man Päckchen mit Lebensmitteln zugeschickt bekommen, mehr Besuch empfangen, tagsüber selbst bestimmen wann die Zellentür auf oder zu ist, und vieles mehr.

Dazu war er bereit das Risiko einzugehen am Ende vielleicht ein halbes Jahr länger sitzen zu müssen, als wenn er in Berufung gegangen wäre. Ramon glaubte aber nicht daran, dass sich an seinem Urteil noch in irgendeiner Weise etwas ändern würde. Und, er hatte die Schnauze gestrichen voll von der ganzen U-Haft-Situation im Hochsicherheitstrakt.

Zu oft saß er schon wegen Drogen- oder Körperverletzungsdelikten im Knast, so dass er formell kein unbeschriebenes Blatt mehr war und daher nichts erwarten konnte, so dachte er. Er war auch der Meinung, dass er noch relativ gut wegkam mit seinen eineinhalb Jahren Strafhaft, die sie ihm für sein letztes Delikt gaben.

Auf dem restlichen Stockwerk gab es viele Gefangene die sagten: »Egal was ich für ein Urteil bekommen werde, ich werde es einfach akzeptieren und dann geht es umgehend in Strafhaft.«

Das hörte sich bei manchen so an, als würden sie bald schon in den wohlverdienten Urlaub reisen.

»Jungs, ich wünsch euch alles Gute«, verabschiedete sich Ramon am Tag seiner Abreise. »Hat mich sehr gefreut euch kennengelernt zu haben. Lasst uns in Kontakt bleiben.«

Sie umarmten sich fest, und Karl und Dennis waren dann doch etwas betrübt darüber, dass sie sich nun von jemandem trennen mussten, der ihnen in kurzer Zeit sehr ans Herz gewachsen war. Das ging im Knast immer schnell und im Sinne der Leidensgenossenschaft waren viele Dinge möglich. Da unterschätzten die Gefangenen insgesamt oft ihre eigenen Kräfte. Gut, dass die drei noch Zeugen von dem Sitzstreik der arbeitenden Gefangenen werden konnten. Das machte ihnen nochmal vieles bewusst. Jetzt wussten sie, wie es geht.

Ramon verließ die Zelle, und die anderen zwei wurden nachdenklich.

»Bin mal gespannt was die uns jetzt für nen Typen in die Zelle stecken werden. Da sollten wir auf alles gefasst sein, nicht wahr Dennis?«

»Mit Sicherheit kommt da jetzt nichts Gutes«, antwortete Dennis.

Ein paar Tage waren sie nur zu zweit in der Viererzelle und gewöhnten sich recht schnell an den erweiterten Platz, den sie jetzt genießen konnten. Beide schrieben gleich Briefe an Ramon, um ihn auf dem Laufenden zu halten was in seinem »alten Zimmer« so vor sich ging.

Dann wurde Mario zu ihnen auf Zelle gebracht. Er saß wegen Einbruch und Diebstahl. Bei Tschibo soll er eingebrochen sein und dort eine Kaffeemaschine geklaut haben, die er dann verkaufen wollte. Karl und Dennis hatten Glück, denn Mario war ein sehr lustiger Typ. Er saß scheinbar auch nicht zum ersten Mal. Als einer der Knastbeamten am nächsten Nachmittag die Gefangenenpost brachte, fragte er:

»Darf ich Sie mal was fragen?«

»Was denn?«, fragte Mario zurück.

»Wir kennen uns doch schon, oder?«, fragte der Beamte.

»Ja, das kann sein«, sagte Mario.

Der Beamte freute sich, dass sein Gedächtnis noch funktionierte und verschloss wieder die Zellentür.

»Oh Gott, wie ich sie hasse«, sagte Mario. »Und dann grinst der noch so dämlich. Dafür alleine könnte ich ihm schon die Schnauze polieren.«

Die anderen zwei lachten.

»Richtig so Mario, lieber Dampf ablassen als in Depressionen zu versinken, ich glaub du passt hier gut bei uns rein«, sagte Dennis.

Ganz so einfach, wie es nach außen hin den Anschein hatte, war es aber für Mario auch nicht. Er dachte oft an seine zweijährige Tochter und seine Frau, mit der er jetzt schon sieben Jahre verheiratet war. Es fiel ihm anfangs schwer einen Mittagsschlaf zu halten, so wie es sich die anderen zwei nach dem Essen angeeignet hatten. Neben den knastinternen Schikanen der Beamten und anderem Psychoterror den sie dort aushalten mussten, war ihr größter Gegner die Zeit selbst. Und so konnte man mit einem ein- bis zweistündigen Mittagsschläfchen der bürgerlichen Freiheit schon wieder ein kleines Stück näher sein. Immerhin machte das in der Woche schon um die zehn Stunden aus, die man sich so einfach erschlafen, und dem Knastalltag dadurch entkommen konnte.

Über ihre Träume, die sie sich dort alle bewahrt hatten, unterhielten sie sich oft, wenn sie wieder wach wurden.

»Boah, ich hatte gerade voll den guten Traum«, sagte Karl zu den anderen, als er nachmittags wach wurde. »Ich war mit vier Kumpels in einem geklauten Auto unterwegs. Ramon war auch dabei, und es war ein sehr heißer Tag. An der Straßenseite stand Meyer, der per Anhalter mitgenommen werden wollte. Wir hielten an, und kurz bevor der seltenblöde Meyer das Auto erreichen konnte, sind wir einfach wieder mit Vollgas abgedüst! Was glaubt ihr wie blöd der gekuckt hat?«

Dennis blickte stirnrunzelnd zu Karl rüber: »Alter, was ich gerade für'n Scheiß geträumt hab, das darf ich überhaupt gar niemandem erzählen.«

»Los jetzt, verzapf schon was abging«, bestand Karl auf weitere Ausführungen.

»Ich war mit meiner Ex daheim, und wir wollten uns gerade fertig machen zum Weggehen«," erzählte Dennis. »Dann hat sie sich den knappsten Minirock angezogen, den sie finden konnte. Ich habe ihr dann gesagt, dass wenn sie so aus dem Haus geht, ich dafür dann im Schottenrock rausgehen werde. Ohne Unterwäsche. Es war ihr egal, und so haben wir es eben gemacht. Ich musste dann im Club in einem Schottenrock ohne Unterhosen tanzen, und kam mir dabei reichlich dämlich vor, aber wollt es mir nicht anmerken lassen.«

Alle drei lachten. Mario konnte mal wieder keinen Mittagsschlaf halten. Seine Gedanken drehten sich ständig im Kreis und raubten ihm den inneren Frieden.

»Du musst hier drinnen schnell wieder lernen deine Gedanken und somit auch deine Gefühle zu kontrollieren«, sagte Karl zu Mario, als ihm das auffiel. »Sonst haben sie dich hier in der Hand. Du kennst das doch alles schon.«

Mario schaute zu Dennis rüber, der ganz entspannt auf seinem Bett lag, noch seinen Disco-Traum verdaute, und gerade in einem Buch über Training mit dem eigenen Körpergewicht schmökerte.

»Kuck dir den an. Wie macht der das?«, fragte Mario, und deutete auf Dennis. »Immer ist er so ganz die Ruhe selbst. Man könnte den Eindruck bekommen es geht ihm glatt am Arsch vorbei, dass er eigentlich gerade im Knast sitzt.«

Sie lachten.

Dann offenbarte Dennis das Geheimnis seiner Gelassenheit, und wie er selbst zu innerem Frieden fand:

»Weißt du Mario, ich hab draußen Drogen vertickt, und hab eigentlich immer damit gerechnet, dass das irgendwann mal schief gehen kann. So war es am Ende auch und ich akzeptierte das einfach.«

Die anderen zwei hörten Dennis gespannt zu, denn auch Karl fand es beeindruckend wie Dennis in der Haftzeit scheinbar gar nichts aus der Ruhe bringen konnte.

»Jetzt bin ich hier«, fuhr dieser fort, »Weg vom Heroin. Hab so viele Bücher gelesen, die ich so draußen nie gelesen hätte. Hab mich fit gemacht, und hier drinnen sehr viele tolle Menschen kennengelernt, die ich draußen so wohl auch nie getroffen hätte. Menschen, wie den Penner da drüben.« Er zeigte auf Karl.

»Ich komm gleich rüber, dann gibt's was mit der groben Kelle!«, erwiderte Karl scherzend.

»Nein«, sprach Dennis weiter, »Was ich meine ist, so scheiße wie das alles hier auch sein mag, machen wir doch irgendwie das Beste draus. Weil wir uns entschieden haben. Es gibt hier nur zwei Möglichkeiten. Entweder du kommst später gebrochen oder stärker wieder raus.«

Mario, der nach vorangegangenen Knastaufenthalten das Konstrukt des Repressionsapparates doch schon längst kannte, machte sich bald wieder frei von allen negativen Gedanken, die ihn nur zusätzlich belasteten. Er akzeptierte die Situation und wurde ruhiger. Machte mit den anderen Sport und fing auch an zu lesen. Er wurde wieder Herr seiner eigenen Gedanken.

Dann sollte den Dreien nach ein paar Tagen ein faules Ei auf die Zelle gelegt werden und Mario hasste den Neuankömmling sofort.

»Wegen was sitzt du denn?«, fragte Mario den Neuen, als hinter ihm die Zellentür zu ging.

Mario wartete nur darauf, dass der Neue, der weißer europäischer Herkunft zu sein schien, jetzt irgend etwas Falsches sagt.

»Die behaupten, ich hätte jemanden abgestochen, aber das ist Schwachsinn«, erklärte dieser. Mario, und im übrigen auch Karl und Dennis, kauften ihm diese Story nicht ab.

Mario löcherte ihn weiter, und der Neue verstrickte sich zudem in politische Diskussionen, die ihn langsam in ein ungünstiges Licht rückten. Es wurde transparenter, wie er tickt. Er schien ziemlich rechts zu sein. Man warf ihm vor am Bahnhof jemanden mit migrantischem Hintergrund abgestochen zu haben.

»Freundchen, du machst jetzt gleich mal Folgendes«, sagte Mario und nahm eine bedrohliche Haltung an. »Du klingelst jetzt an der Sprechanlage und sagst denen, dass du auf eine andere Zelle verlegt werden willst.«

Der Neue schrak auf, wollte aber dennoch herausfinden wie weit er bei Mario noch gehen könne, bevor er von ihm mit physischer Gewalt zurechtgewiesen werden würde.

»Und was willst du machen, wenn ich das nicht tue?«, fragte er Mario.

»Dann schlag ich dich durch die komplette Zelle, das ist mir scheißegal. Such's dir aus!«, wurde Mario bestimmter in seiner Tonlage.

Der Neue sah ein, dass es wirklich besser wäre gleich wieder seine Sachen zu packen und zu verschwinden.

Nachdem er die Sprechanlage betätigte und die Beamten um eine Zellenverlegung bat, holten sie ihn auch schleunigst ab und brachten ihn in eines der unteren Stockwerke. Vielleicht zu dem anderen Fascho. Die zwei hätten sich sicher gut verstanden.

»Also den sind wir los, Jungs!«, freute sich Mario über den Erfolg seiner psychologischen Kriegsführung.

Die Anderen waren auch froh. Nicht zuletzt auch über den zurückgewonnenen Platz in ihrer Zelle.

Mario versank in Gedanken. Er hoffte nur, dass es seiner Familie gut geht. Auf seine Gerichtsverhandlung musste er aber gar nicht so lange warten wie andere. Insgesamt waren es etwa sechs Wochen. Und dann haben sie ihn auch schon wieder entlassen. Karl und Dennis freuten sich sehr für Mario und verabschiedeten sich, als er nochmal kurz zurückkam um seine Sachen zu holen.

Für Dennis sollte kurz darauf auch endlich der alles entscheidende Tag kommen. Sechs Monate wartete er auf seine Verhandlung. Die Nacht davor spielten sie noch ein letztes Mal Schach im Kerzenschein des Öllämpchens, dass sie sich standardmäßig immer wieder neu aus einer leeren Thunfischbüchse, dessen Deckel und einem abgeschnittenen Handtuchstreifen bastelten, wenn die Beamten es mal wieder zerstört oder konfisziert hatten. Sie erschafften mit der Zeit immer bessere und schönere Konstruktionen, und die Kerze brannte ewig.

»Und, wirst du den Geruch von angebranntem Sonnenblumenöl vermissen?«, fragte Karl.

Gestunken hat das Lämpchen nämlich manchmal ganz schön. Je nachdem wie weit der Docht draußen war, rauchte er dann manchmal etwas. Diesen mussten sie durch die kegelförmige Metallkonstruktion des Büchsendeckels innerhalb der mit Öl befüllten Thunfischbüchse immer wieder etwas nachziehen, wenn die Flamme wieder kleiner zu werden und bald auszugehen drohte. Für die Atmosphäre, die sie sich nachts dort schaffen konnten, die für die Zwei fast schon luxuriöse Qualität hatte, war ihnen der gelegentliche Gestank es wert.

»Oh ja total«, antwortete Dennis, »das ist für mich ab jetzt der Duft von Liebe und Freiheit.«

Beide lachten, und ließen nochmal die gemeinsame Zeit, die sie zusammen dort durchlebt hatten, Revue passieren.

»Weißt du noch der eine Alkoholiker, den wir da nachts dabei erwischt haben wie er unser Rasierwasser saufen wollte?«, erinnerte Karl an eine ihrer spektakulärsten Geschichten, die sie dort erlebt hatten.

Und so ging es für den Rest des Abends weiter zwischen den beiden.

»War echt cool dich kennengelernt zu haben«, sagte Dennis zu Karl.

Es war als müssten sie sich jetzt gegen ihren Willen trennen, da für beide ein neues Kapitel in ihrem Leben anbrach. Dennis war sich jetzt fast sicher, dass er sein Urteil in jedem Fall akzeptieren, und sich in Strafhaft um einen Therapieplatz bemühen wird.

Das würde für ihn eine Unterbringung im Knackiwohnheim für die restliche Zeit bedeuten, wo er sich freier bewegen könne. Auch die Wahrscheinlichkeit nach zwei Dritteln der verbüßten Strafe auf Bewährung entlassen zu werden, wurde dadurch größer.

Am nächsten Tag war Karl ganz allein auf der Viererzelle, bis Dennis so gegen 17:00 Uhr wieder zurückkam. Und der sah glücklich aus. Man hatte ihn seine Freundin vor Gericht küssen lassen, bevor es wieder zurück in den Transportbus ging. Scheinbar richtig mit Zunge wie Dennis berichtete.

»Soll ich dir helfen deine Sachen zu packen?«, fragte Karl.

»Nein, das dauert jetzt sowieso noch etwa zwei Stunden bis zum nächsten Transport, haben die gesagt«, antwortete Dennis. »Karl, ich hab ne Überraschung mit dabei, aber dazu muss ich erst mal auf's Klo. Ich hab es mir schon sehr lang verhoben.«

Er nahm hierzu eine Plastikschüssel mit auf die Toilette, und Karl dämmerte nichts Gutes. Kam es ihm doch ohnehin etwas merkwürdig vor, dass Dennis jetzt nur wegen dem Kuss seiner Freundin so gut gelaunt war, mit der er schon seit geraumer Zeit Schluss machen will.

Dann noch für eine Überraschung extra auf's Klo gehen zu müssen? Was hatte Dennis vor?

»Du, das war kein normaler Kuss, oder?«, fragte Karl Dennis, der sich gerade hinter der Schamwand auf dem Klo befand.

»Natürlich nicht, du Depp, was denkst du denn?«, antwortete Dennis.

Karl wurde klar was los war. Durch den Kuss wurden offensichtlich berauschende Substanzen in Dennis' Mund transferiert, die er geschluckt hatte und nun versuchte in die Schüssel auszuscheiden, um sie dann von seinen Kot zu trennen und konsumieren zu können.

Mehrmals musste Dennis, beim Versuch das Päckchen von seinen Fäkalien zu trennen, lachen.

»Alter, das stinkt voll nach Scheiße, ey!«, schrie er irgendwann immer noch lachend.

Karl musste auch lachen.

»Schau uns mal an, was aus uns geworden ist!«, sagte Dennis.

»Ja nicht aus mir. Aus Dir!«, entgegnete ihm Karl ohne zu zögern. »Was hast du da überhaupt? Heroin nehm ich nicht.«

»Weiß ich selber noch nicht so genau, kucken wir mal«, erwiderte Dennis, der noch mehrmals das gerade ausgeschiedene Päckchen, aus dem dann ein Stück Haschisch entsprießen sollte, mit Seife abwaschen musste.

»Willst du bauen?«, fragte Dennis, und hielt Karl den freigelegten Haschklumpen in seiner geöffneten Hand hin.

»Ich fasse bestimmt nichts an, was bei dir aus dem Arsch kommt.«, antwortete Karl. Wohlwissend, dass er es trotzdem gleich rauchen würde.

Beide lachten.

Am Ende war die Lunte an und beide genehmigten sich. Das Radio lief und sie genossen die Musik und die letzte gemeinsame Stunde. Nebenbei packte Dennis nach und nach langsam auch all seine Sachen, und dann ging schon die Zellentür auf.

»Sie können auch ihre Sachen packen«, sagte Fiegler zu Karl.

»Für was denn?«, fragte Karl.

»Diese Viererzelle wird nun aufgelöst und sie kommen auf Einzelzelle in den anderen Flügel des Stockwerks«, so Fiegler weiter.

»Warum denn?«, fragte Karl weiter.

»Weil ich das als Stockwerksleiter so will. Packen sie ihre Sachen, ich hol sie in fünfzehn Minuten ab«, war Fieglers letztes Wort, der ihn auch in eine andere Viererzelle hätte verlegen können. Doch war es ihm ein besonderes Anliegen Karl endlich wieder auf Einzelzelle schmoren, und von anderen Gefangenen getrennt zu sehen.

Karl hatte mit Fiegler nichts mehr zu reden, und er hätte ihn erst recht niemals gefragt ob er nicht auf eine andere Viererzelle verlegt werden könnte. Wäre Karl einer von Fiedlers Lieblingsgefangenen gewesen, hätte er sich sicherlich auch Gefangene aussuchen können, mit denen er auf Zelle sein konnte. Aber es war zu spät, als dass die beiden noch Freunde werden könnten. Nach all den Knastberichten und das alles. Es passte Fiegler überhaupt nicht, wie Karl von drinnen, und seine Genoss:innen von draußen, den Laden ständig in ungewollte Bewegung brachten. Nun war Fiegler wieder am Drücker, so dachte dieser zumindest, um es Karl endlich mal wieder heimzuzahlen.

Der nächste Knastbericht sollte bald darauf folgen.

Als auch Karl seine Sachen gepackt hatte, verabschiedeten sich Dennis und er. Sechs Monate gemeinsame Haftzeit hatten sie nun hinter sich gebracht. Für sie fühlte es sich an wie drei Jahre.

In der Einzelzelle angekommen bestand für Karl überhaupt kein Zweifel mehr daran, dass es sich hier um einen persönlichen Racheakt der Beamten gegen ihn handeln müsse. Ihre »nobelste« Zelle hatten sie für ihn ausgesucht. Komischerweise handelte es sich auch um eine Doppelzelle mit Stockbett, die eigentlich für zwei Gefangene gedacht war. Karl wunderte sich nicht darüber. Es gab derzeit noch einige andere freie Einzelzellen im selben Flügel des Stockwerks, aber schnell wurde klar warum es genau diese Zelle im anderen Flügel des Stockwerks sein musste. Nachts schien hier das Flutlicht vom inneren Hof auf das Kopfende im Bett, so dass es einem direkt in das Gesicht schien. Aber Karl wusste sich zu helfen und hing ein paar Laken an das Fenster, um die Zelle etwas abzudunkeln. Auch die Akustik der Geräusche der anderen Gefangenen, die sich gegenseitig Dinge zuriefen, oder herumpolterten, war hier viel intensiver als in der Viererzelle zuvor. Konnte man von der Viererzelle noch ein bisschen Natur vom Fenster aus sehen, war jetzt alles nur grau.

Karl machte sich Musik an und richtete sich ein. Seine Poster mussten natürlich gleich als Erstes an die Wand. Über das Bett, wie gewohnt und auch nur dort erlaubt. Er wollte sie immer beim Einschlafen und Aufwachen sehen. Auf einem der Poster hatten viele Genoss:innen auf der Rückseite unterschrieben und ihm Kraft und Durchhaltevermögen gewünscht.

Dieses Poster hängte er sich als erstes auf, und versuchte sich vorzustellen was seine einzelnen Freund:innen dabei gedacht und gefühlt haben müssen, als sie ihre persönlichen Kurznachrichten auf das Papier brachten.

Zeitungspapier zu suchen, um damit die grelle Leuchtstoffröhre in der Mitte der Zellendecke abzudämpfen, nahm sich Karl als nächstes vor.

Auch das Öllämpchen, welches für besinnlichen Kerzenschein sorgen sollte, hatte Karl noch retten können. Er platzierte es auf dem Tisch und zündete es an.

Dann fing er an, sich seinen Ärger von der Seele zu schreiben, bis er müde wurde. Das fühlte sich immer gut für ihn an, war es ja auch nicht nur sein persönlicher Ärger allein um den es hier ging, sondern auch um einige entlarvende Fakten über das Innenleben der JVA, die er veröffentlichte. Die Menschen draußen in der kapitalistischen Freiheit konnten sich so etwas oft gar nicht vorstellen. Nachdem er sich erschöpft geschrieben hatte, erfüllte ihn das Gefühl, dass er erneut die Attacken der Knastbeamten abgewehrt hatte. So schuf er sich einen nahtlosen Übergang in einem Raum, in dem er fortan dreiundzwanzig Stunden pro Tag allein mit seinen Gedanken verbringen wird.

Aber auch die Uhr tickte weiter. Jetzt waren es bloß noch zwei Monate, dann müssten sie ihn eigentlich rauslassen. Karl stellte sich vor, was er als erstes machen wird, wenn er endlich wieder draußen ist, und schlief langsam ein.

Er reflektierte im weiteren Verlauf seiner Zeit auf Einzelzelle vieles, was er in seiner Knastzeit bis dahin so alles erlebt hatte. Er versuchte ein Resümee aus allem zu ziehen. Er überlegte wie er einzelne Dinge werten solle und später draußen damit umgehen würde.

Eine gute Überlebensstrategie im Knast ist es unter anderem keine Gefühle zu zeigen. So fiel es den Beamten schwerer ihn einzuschätzen, und ihre Spielchen mit ihm zu treiben. Wenn sie ihm beispielsweise mal wieder tagelang seine Gefangenenpost vorenthielten, die sie mal wieder »vergessen« hatten ihm zu überreichen, zeigte sich Karl stets unbeeindruckt. Obgleich er darüber oft innerlich traurig war. Im übrigen ließ er sich das auch nur selten vor seinen Zellengenossen anmerken, denn nur ein einziger fauler Apfel im Korb kann auch die anderen verderben. Und das wollte er nicht. Sie hatten nicht den Luxus depressiv zu werden, und damit alles nur noch schwerer zu machen. Wenn Karl Post bekam, und das war oft ein beachtlicher Stapel an Briefen, zeigte er umgekehrt den Beamten auch nie seine Freude darüber.

Obwohl ihm die Einzelzelle zu schaffen machte, wollte er sich dies erst recht nicht vor den Beamten anmerken lassen.

Karl organisierte sich. Die erste Hürde, die Zelle ein wenig wohnlicher zu gestalten, um dem äußeren Psychoterror zu entgehen, hatte er jetzt schon geschafft. Wann immer sie kommen werden, um erneut seine Zelle zu durchsuchen und alles wieder auf den Kopf zu stellen, Karl hätte es unbeeindruckt wieder aufgebaut, was auch immer sie kaputt gemacht hätten.

Den Knastkampf hatte er eigentlich schon gewonnen, aber er fragte sich, wie das alles sein wird, wenn er wieder draußen ist.

Vielleicht sollte er versuchen, die zur Schau gestellte Gefühlskälte, die er sich über Monate angeeignet hatte, schleunigst wieder abzulegen. Auf jeden Fall für jene, die ihn liebten und die er liebte.

Was aber, wenn man das dann nicht mehr ablegen kann? Wie wird das für andere sein, wenn sie nicht mehr verstehen können ob ich traurig oder glücklich bin?, fragte er sich weiter.

Derartige Fragen trieben ihn um.

Und dann war da ja auch noch die Frage, wie man mit denjenigen Freund:innen umgehen soll, die einem in dieser Zeit überhaupt gar nicht unterstützten, und in seiner bisher schwersten Zeit nie etwas von sich hören ließen. War es bei manchen nicht ohnehin längst Zeit sie langsam mal »auszusortieren«? Hatten ihm doch ständig Menschen geschrieben, von denen er es gar nicht erwartet hätte, und sogar viele, die ihn nicht mal persönlich kannten. Von manchen, die er schon über fünfzehn Jahre seine Freund:innen nannte, kam gar nichts. Oder nur lauwarmes.

Er hätte es sich einfach machen können und sagen, dass wahre Freund:innen sich nur in schlechten Zeiten erweisen. Und wer ihn jetzt nicht unterstützt hatte, wird aus seinem Freundeskreis ausgeschlossen. Diesen Fehler machen vermutlich viele Gefangene nach ihrer Haftzeit. Aber je mehr Karl versuchte die Dinge aus verschiedenen Perspektiven zu betrachten, um so komplexer wurde es. Allein diese eine Frage beschäftigte ihn längere Zeit.

War es für manche vielleicht einfach nur zu schwer und ungewohnt sich im Social-Media-Zeitalter dazu zu überwinden, auf traditionelle Weise einen Brief zu schreiben? Gab es vielleicht auch viele, die nicht geschrieben haben, aber dennoch oft an ihn dachten und ihn sogar vermissten? Vielleicht hatten viele auch Angst der Haftanstalt ihre Namen und ihre Adressen zu übergeben, weil sie nicht wussten wo diese Daten später noch landen, und womit sie eventuell dadurch künftig noch in Verbindung gebracht werden könnten. Schrieben manche womöglich auch deswegen nicht?

Karl nahm sich vor seine Freundschaften nicht an der Gefangenenpost zu messen.

Sonst hätte er auch eine Statistik machen müssen, wer am meisten geschrieben hat. Und das wäre in dem Fall zweifelsohne Silvia gewesen, die Karl immer ewig lange Briefe schrieb, die teilweise siebzehn Seiten umfassten.

Silvia lebte mittlerweile in einem Dorf und langweilte sich dort. Sie hatte Karl ewig nicht gesehen, und gab irgendwann mal spontan seinen bürgerlichen Namen in eine Suchmaschine ein. Dadurch erfuhr sie, dass Karl gerade im Knast saß, und was passiert war. Sie entschloss sich dann umgehend zu schreiben. Am Anfang brauchten sie erst mal etwas um wieder warm zu werden, da bestimmt zehn Jahre vergangen waren, seit sie sich das letzten Mal gesehen hatten.

Da Silvia auch ein paar sehr private Dinge von sich schrieb, hielt es Karl irgendwann mal für nötig sie darauf hinzuweisen, dass auch Dritte ihre Briefe mitlesen. Derzeit bestand noch richterliche Zensur und manchmal dauerte es bis zu vierzehn Tage, bis die jeweiligen Briefe auch ankamen.

»Ich versuch mir gerade vorzustellen, was manch Dritter wohl denken wird, wenn er oder sie unsere Briefe so mitliest«, schrieb Karl in einem Brief.

Die Briefe wurden immer länger, da sie sich ärgerte, dass sie immer so lang auf Karls Antworten warten musste. Ihre Briefe nahmen schon bald Tagebuchform an, mit sämtlichen Gedanken, die ihr den ganzen Tag so durch den Kopf gingen, und was sie so in ihrem bürgerlichen Leben machte. Oft auch völlig Belangloses. Aber Karl las jede einzelne Zeile. Manchmal sogar zweimal. Besonders gut gefiel ihm wenn Silvia Naturbilder beschrieb und wie sie diese um sich herum wahrnahm. Belanglose Dinge wie das Rauschen der Blätter der Bäume durch den Wind auf der Terrasse, auf der sie sich befand, als sie Karl schrieb, zeichneten vor Karls innerem Auge schöne Bilder, die einen hohen Wert für ihn hatten und ihm gut taten. Seinen Augen waren derartige Bilder schon viel zu lange verborgen. Er versuchte sich vorzustellen, wie sich der Wind auf Silvias Balkon für sie angefühlt haben muss, wenn er ihr durchs Haare wehte, was sie dabei für Kleidung trug, und ob sie dabei Kaffee trank und Zigaretten rauchte.

Silvia, die Karl auch noch aus Punkzeiten kannte, war von ihrem Charakter her eher frech. Und so etwas wie überzogenen Respekt vor irgendeiner Obrigkeit, war ihr schon immer fremd.

»Dafür, dass ich nun schon wieder fast zwei Wochen warten musste, bis von Dir endlich mal eine Antwort kommt, dachte ich mir, dass ich Dir ab jetzt einfach jeden Tag etwas schreibe, an dem ich auf Dich warten muss.

Dann bin ich mal gespannt wie den Herrschaften das schmeckt, wenn sie den ganzen Quark mitlesen müssen. Wenn die uns nerven, nerven wir sie eben auch. Und Du hast gleichzeitig was zu lesen, so haben wir doch alle was davon«, eröffnete Silvia den nächsten Brief von ihr.

Karl freute sich, dass Silvia der Sache nicht müde wurde, und genau auf diese Art von Humor hatte er gehofft.

Das waren die schönen Seiten seiner Gefangenenpost, doch gab es auch noch Briefe, auf die Karl lieber verzichtet hätte. So zum Beispiel jener von Lars, dem Schlagzeuger seiner alten Band:

»Ich möchte Dir mal sagen, dass es mir schon lange auf die Nerven geht, dass sich die ganze Band nur auf dein politisches Handeln und Tun konzentriert, und ich habe das satt.«

Wovon redet der denn?, fragte sich Karl, als er das las.

War es denn nicht in Ordnung, dass man die Dinge mal endlich beim Namen nannte und sich im Kollektiv auch mal zusammen dazu geäußert hatte? Hätte man sich den Rechtsruck innerhalb ihrer Szene lieber noch eine Weile weiter so anschauen sollen?

Und es kam noch besser:

»Deine Märtyrerscheiße, die Du hier abziehst, damit kannst Du vielleicht noch irgendwelche achtzehnjährigen Antifa-Kids beeindrucken, aber nicht mich.«

Das war interessant für Karl. »Märtyrerscheiße« nannte es Lars. Ganz so, als wollte Karl sowieso schon immer mal in den Knast kommen, um dann von dort aus endlich Aufmerksamkeit zu bekommen.

Der Hammer kam aber erst noch, und das sollte Karl ihm nicht verzeihen:

»Und lass Dir noch eines gesagt sein. Für mich ist es keine politische Aktion im Suff irgendwelche Deppen zu verprügeln.«

Spätestens ab da war es für Karl mit der Freundschaft zu Lars aus. Hatte dieser Vorwurf doch direkt mit dem Fall zu tun, weshalb er sich im Knast befand und die Berufungsverhandlung stand derzeit noch an. Somit also auch die richterliche Zensur. Was hatte sich Lars dabei nur gedacht?

Das wird den Richtern mit Sicherheit nicht den Eindruck geben, dass sie hier eine falsche Person festhielten.

»Alter, wie kann man denn neidisch auf Leute sein, die im Knast sitzen? Weil die mehr Aufmerksamkeit bekommen als man selbst? Das will mir nicht in den Kopf«, sagte Karl damals noch zu Ramon und Dennis, als er den Anderen den Brief von Lars vorgelesen hatte.

Die Beiden konnten ihm das natürlich auch nicht beantworten, und merkten zum ersten Mal, dass auch Karl nicht nur gute Freunde hatte. Offensichtlich gab es auch welche, die ihm genau jetzt, wo er im Knast saß, in den Rücken fallen mussten.

Karl schrieb Lars darauf einen einigermaßen sachlichen Brief zurück, in welchem er ihm klarmachte, dass Lars seine kleinbürgerlichen Ansichten zur Sache hier weder irgendjemandem nutzen würden, noch interessieren, und er diese im übrigen auch gern für sich behalten kann.

Mit solchen Freunden braucht man echt keine Feinde mehr, dachte sich Karl im Knast oft, wenn ihm Lars und sein Brief später noch in den Sinn kamen.

Er hatte sich eine Struktur auf seiner Einzelzelle geschaffen. Mit einem unabhängigen Knastalltagsplan, der sich aus all dem Bewährten und Besten zusammensetzte, was er sich bis dahin an Überlebensstrategien im Knast angeeignet hatte.

Der Sportplan wurde gleich als erstes eingebaut. Da er samstags und sonntags keine Post bekam, hob er sich immer zwei bis drei Briefe auf und legte diese ungeöffnet beiseite, so dass er sie über das Wochenende beantworten konnte, falls freitags mal wieder keine Post kommen würde. So hatte er noch irgendwas zu tun und quasi ein Ass im Ärmel, für den perfekten Zeitpunkt, in dem ihm sonst nichts anderes mehr einfallen würde. Sonntags befasste er sich mit Körperpflege. Eines seiner Rituale im Knast. Er kochte sich Wasser auf und nahm ein Fußbad in einem Eimer, schnitt sich die Fußnägel, zupfte sich danach die Augenbrauen und rasierte sich. Alles was ihm bezüglich Körperpflege so einfiel. Mittags nach dem Essen war gewöhnlich ein Buch lesen und ein kurzes Schläfchen angesagt. Karl war wie Dennis geworden, und nichts konnte ihn mehr aus der Ruhe bringen. Wenn er nach etwa einer Stunde Mittagsschlaf wach wurde, las er Zeitung bis das Abendessen schon um 14:30 Uhr kam und für den Rest des Tages die Zelle geschlossen blieb. Dann ging sein Sportprogramm los. Manchmal kam auch noch unverhofft Post, oder sie brachten noch etwas verspätet Karls Tageszeitung. Hin und wieder »vergaßen« die Knastbeamten diese auch und enthielten sie ihm vor.

Karl erinnerte sich zurück, als er noch mit Dennis zusammen auf Zelle war, und die Beamten sie beide mal »vergessen« hatten zum Hofgang abzuholen. Die Tür wurde einfach nicht geöffnet, als sie die anderen Knackies draußen schon hörten, wie sie sich zum Hof begaben.

»Also mir ist das scheißegal, ich will heute eh nicht raus, die können mich mal«, sagte Dennis damals zu Karl, der froh war wie locker Dennis auch diesen Angriff der Beamten nahm, der eigentlich für Karl bestimmt war und Dennis mitbestrafen sollte. Weil er mit ihm befreundet war.

Dennis war aber zum Glück so einer, der dann immer sagte:

»Ok, jetzt erst recht«, und war eher bereit mit Karl zusammen auf das Eine oder Andere zu verzichten, statt sich nur einen einzigen Zacken aus der Krone zu brechen.

Sein Stolz war ihm wichtig, und dafür wusste ihn Karl auch zu schätzen. Dennis, ein Ex-Junkie mit dem Karl sechs Monate lang zusammen auf Zelle verbrachte, und der jetzt bereit war, mit ihm zusammen durch die Hölle in der Hölle zu gehen. Das war schon sehr erstaunlich.

Ihm fiel auch Leon wieder ein. Dieser befand sich zu der Zeit als sie beide nur zu zweit auf Viererzelle waren direkt neben ihnen, ebenfalls auf einer Viererzelle.

Leon war noch relativ neu und mit anderen Gefangenen willkürlich zusammengewürfelt worden, mit denen er nicht sonderlich gut zurecht kam. Die Beamten ließen Leon nicht auf Einzelzelle, weil sie ihn vorerst als selbstmordgefährdet einstuften. Das machten sie anfangs pauschal mit allen Gefangenen, die sich erstmal im knastinternen Klassenbuch diesbezüglich bewähren mussten. Auch ließen sie Leon nicht zu Dennis und Karl auf Zelle. Leon fragte mehrere Beamte ob er nicht einfach zu Dennis und Karl auf Zelle könne, weil er sich viel besser mit ihnen verstehen würde, als mit seinen aktuellen Zellengenossen.

Stockwerksleiter Fiegler entschied aber mal wieder, dass Dennis und Karl »schlechter Umgang« für Leon seien. Das war absurd, da Leon wegen eines Vergewaltigungsvorwurfes saß, Dennis nur wegen Drogen, und Karl wegen einem nicht auffindbarem Facebook-Eintrag. Wer hier also für wen schlechter Umgang wäre, darüber ließe sich sicher diskutieren. Das Einzige was Fiegler damit bewirkte, war, dass Dennis und Karl für Leon um so interessanter wurden. Leon erzählte seinem Vater während dessen Besuchs, dass auf seinem Stockwerk auch Kommunisten sind.

»Genau an diese musst du dich dort halten, mein Sohn«, antwortete dieser, der früher in seiner Jugend auch mal organisiert war.

Leon hatte einen zweijährigen Sohn, der draußen auf ihn wartete. Auch Leon wurde durch seine Verhaftung, wie Karl, aus seinem Studium gerissen. Nun ließen sie ihn nicht mal zu Dennis und Karl auf Zelle. Weil Fiegler, dieses Rindviech, es nicht wollte. Das ging Leon ziemlich an die Nieren. So lernte auch er die Knastbeamten früh zu hassen.

Die drei blieben aber in ständigem Kontakt. Hier ein kurzes Schwätzchen während der Essensannahme, oder da mal was aus dem Fenster rübergebrüllt, und dann gab es ja auch noch den Hofgang und die gemeinsamen Umschlüsse, die Fiegler nicht verhindern konnte. Karl schickte Leon immer seine Zeitung rüber wenn er sie gelesen hatte. Nicht selten tauschten sie sich auf dem Hofgang über internationale Nachrichten und Politisches aus. Leon saß ganze sechs Monate, und bekam später einen Freispruch in erster Instanz. Dann war er auch schon wieder draußen.

Es war mal wieder Freitag, und Karl hatte die Hoffnung schon aufgegeben, dass noch Post für das Wochenende kommt, denn das Abendessen lag schon zwei Stunden zurück. Karl widmete sich gerade seinem Sportprogramm, als die Zellentür doch noch einmal aufgehen sollte. Es klopfte sogar an der Tür, bevor der Schlüssel betätigt wurde. Es stand da ein Beamter, den Karl bisher nur vom Sehen her kannte. Dieser sagte nichts und überreichte Karl vier Briefe.

»Na, ob ich diese Menge an Briefen über das Wochenende schaffen werde zu beantworten weiß ich jetzt noch nicht so genau«, scherzte Karl, als er die Briefe entgegen nahm.

Manchmal kamen freitags zehn bis fünfzehn Briefe, und das eigentlich nicht selten.

»Also sie sind einer, dem trau ich zu, dass er über das Wochenende vier Briefe beantworten kann«, scherzte der Beamte zurück.

»Wir kennen uns noch nicht, ich bin Herr Marx. Den Namen werden sie sich wahrscheinlich gut merken können, so wie ich sie einschätze«, fügte Marx hinzu.

Karl war verdutzt und wusste nicht so recht, was er dazu sagen sollte. Dann fuhr Marx fort:

»Ja, und im Gegensatz zu den meisten anderen meiner Kollegen hier, bin ich auch im Stande Bücher zu lesen. Unter uns: Sie wissen schon, wie die anderen Beamten hier alle über sie reden, oder?«

»Ich kann's mir denken«, antwortete Karl.

»Haben sie ein schönes Wochenende«, sagte Marx und verschloss die Tür.

Marx war tatsächlich anders als die meisten seiner Kollegen. Er war einer von denen, die sich in der JVA noch ihre Menschlichkeit bewahrt hatten. Das lag vermutlich auch an seiner Biografie, denn er hatte nie davon geträumt uniformierter Knastbeamter zu werden.

Eigentlich war Marx mal KFZ-Mechaniker.

Bis seine Firma Insolvenz anmelden musste. Marx war dann arbeitslos und entdeckte in der Zeitung ein Stellengesuch für JVA-Mitarbeiter. So wurde er Beamter.

Tobias war ein recht neuer Gefangener auf dem Stockwerk und wartete zusammen mit Karl auf den Aufzug. Tobias musste zur Kleiderkammer, und Karl hatte Besuch. Meyer, der sie begleitete, sprach Tobias an und würdigte Karl dabei keines einzigen Blickes.

»Was machen Sie jetzt eigentlich?«, fragte Meyer Tobias. »Wollen Sie in ihrer Einzelzelle bleiben, oder woanders hin?«

Tobias verstand nicht ganz.

»Nein, nein, alles gut«, erwiderte Tobias.

»Ich frage, weil der Andere ja morgen rauskommt.« Meyer meinte Karl, ohne seinen Namen aussprechen zu wollen. Er deutete Tobias gegenüber nur mit den Augen auf ihn. »Sonst haben sie ja hier niemanden, wenn ich das richtig sehe. Möchten sie auf irgend eine andere Zelle mit jemandem zusammen, mit dem sie sich sonst noch gut verstehen, oder auf irgendeine Viererzelle?«

Meyer schien drei Kreuze im Kalender zu machen, dass Karl die Anstalt nun endlich verlassen würde und somit bald wieder Ruhe und Frieden an seinem Arbeitsplatz einkehren würden. So musste er sich nicht mehr, wie er glaubte, jedes Wort, drei Mal überlegen, bevor er es ausspuckte, aus Angst Karl würde erneut über ihn schreiben.

Jetzt war es schon mal durch den Hilfssheriff bestätigt.

So ein Depp!, dachte sich Karl, als er im Aufzug an Meyer denken musste. Konnte dieser ihm nicht mal persönlich sagen, dass er morgen rauskommt. So gekränkt und verärgert war dieser Trottel von einem Beamten. Enttäuscht und desillusioniert darüber, dass seine übliche Sheriffnummer auf dem Stockwerk, die er dort in der Anstalt jahrelang so durchzog, bei Karl nie funktioniert hatte. Seine Lieblingsgefangenen, jene die sich dort für den Putzdienst eintragen ließen, das Essen für die anderen Gefangenen brachten, den Tag mit geöffneter Zellentüre genießen konnten und ständig auf dem Gang des Gefangenenstockwerks herumlungerten, waren für Meyer wie seine Haustiere.

»Absitzen, absitzen«, sagte er mal zu einem dieser Gefangenen im Vorbeigehen, der auf dem Gang herumsaß und gerade nichts zu tun hatte. Als wäre der sein Hund, der schön weiter Sitz machen sollte, bis seine Strafe vorbei war.

Karl konnte es nicht fassen.

Sie waren im Warteraum.

»Die sagen, die lassen mich morgen raus«, verkündete Karl dort seinen Mitgefangenen, und alle freuten sich für ihn.

Einer der anderen Gefangenen sprang ihn sogar direkt an. Eine Umarmung mit Anlauf.

»Alter, du kommst raus! Ich freu mich richtig für dich!«, sagte ein anderer.

»Vergiss uns nicht, und lass uns irgendwie in Kontakt bleiben«, ein weiterer.

Karl spürte starke und ehrliche Freude. Und diese Leute freuten sich auch wirklich für ihn. Manche von ihnen hatten noch einige Jahre Haftzeit vor sich. Einer von ihnen, zum Beispiel, war verheirateter Sportlehrer. Eines Tages kam er früher nach Hause als gewöhnlich. Da erwischte er seine Frau mit einem Anderen im Bett und schlug ihn fast tot.

Acht Jahre hatte er auf jeden Fall noch vor sich und konnte sich doch für Karl freuen.

Wie konnten diese ganzen Gefangenen, die Karl ja kaum kannten, sich so sehr für ihn freuen, währenddessen von alten Freunden zum Teil nur Gülle kam?

Die Zellentür des Warteraumes ging auf und Marx bat Karl heraus. Erst dachte Karl, dass Marx ihn in den Besucherraum bringen wird. Aber dieser sagte, nachdem er die Zellentür wieder zumachte:

»Ich wollte mich noch persönlich von Ihnen verabschieden.«

Karl wusste nicht so recht wie er sich verhalten sollte. Er mochte zwar Marx als Menschen, aber betrachtete ihn dennoch als verlängerten Arm des Repressionsapparates.

»Vielleicht schaffen wir es ja irgendwann mal draußen zusammen ein Bier zu trinken. Ich würde mich freuen«, sagte Marx.

»Ja vielleicht«, antwortete Karl knapp, der immer noch überrascht war von diesem persönlichen Abschied durch den einzigen Knastbeamten, der ihn irgendwie mochte.

Marx beugte sich ein Stück näher zu Karl und sagte mit leiser Stimme:

»Tun Sie mir einen Gefallen, und schreiben Sie weiter, das war sehr gut.«

Karl nickte.

Marx schloss daraufhin den Warteraum auf und ließ Karl wieder hinein.

»Ich wünsche Ihnen alles Gute.«

Karl bedankte sich.

Etwa fünfzehn Minuten später kam ein anderer Beamter und brachte Karl zu seinem Besuch. Es war Karls Anwalt, der ihn am letzten Tag auch nochmal sehen wollte und Karl gegenüber bestätigte, dass er am nächsten Tag diesen Affenkäfig endlich verlassen werde. Vermutlich morgens schon.

Karl schlief unruhig in jener Nacht, wälzte sich nur herum und stand öfters nochmal auf um auf's Klo zu gehen oder nochmal zu rauchen. Die Aufregung war nun groß für ihn. Wie wird es sein wenn er wieder draußen ist?

Was hat sich draußen seither so alles abgespielt, während er eingesperrt war? Und wovon hatte er gar nichts mitbekommen? Was würde er draußen alles erfahren, was ihm in der JVA verborgen blieb? Wie würde er sich Lars gegenüber verhalten, wenn er ihn trifft? Und was wird eigentlich dann aus seiner Band? Wie werden sich alte Kommilitonen seiner Universität ihm gegenüber verhalten, wenn er nach gleich zwei eingelegten Urlaubssemestern auf einmal wieder auftaucht? Wussten sie vielleicht schon, dass Karl im Bau war?

Offiziell hatte er ja die Urlaubssemester wegen dem Verbüßen einer Haftstrafe beantragt. Es stand auch jeder und jedem Studierenden zu, zehn Monate Pause wegen einer Haftstrafe zu machen. Wie so vieles war auch das eine Errungenschaft durch die linke Bewegung in den Sechzigern, als Studierende deutscher Universitäten noch nicht entpolitisiert waren und an den Universitäten noch ein rebellischer Wind wehte.

Diese Fragen beschäftigten Karl noch lange, bis er gegen 3 Uhr 30 endlich einschlief.

Morgens um halb sieben ging die Zellentür wie gewohnt auf, und man reichte ihm das Frühstück hinein, was Karl nicht mehr aß. Er gab es an die nächste Zelle weiter. Würde er doch am heutigen Tag noch viel besser speisen können, wenn er dann draußen ist. Zehn Monate Knastfraß hingen ihm wirklich zum Hals raus.

»Sie brauchen nicht mehr mit zum Hofgang«, sagte ein Beamter zu Karl. »Sie können gleich ihre Sachen packen.«

Und? Wie war's eigentlich?

Draußen erblickte Karl von weitem seine Genoss:innen und Freund:innen, die auf dem Bürgersteig vor der JVA schon auf ihn gewartet hatten. Auch Steffen war dabei. Alle begrüßten Karl herzlich und hießen ihn wieder willkommen in der bürgerlichen Freiheit.

»Und, was machen wir jetzt? Worauf hast du Lust?«, fragte Steffen.

»Also erstmal in unsere Stammkneipe von früher, oder? Und davor noch kurz meine Sachen bei mir zu Hause reinschmeißen, damit ich diese Müllsäcke hier nicht überall mit hinschleppen muss«, antwortete Karl.

Er hatte jede Menge Kram, dem sie ihm während seiner Haftzeit vorenthielten, geschultert. Scheinbar willkürlich sind Zeitschriften ausgewählt worden, von denen er aber andere Ausgaben bekam. Briefe mit Stickern, die sie ihm nicht geben wollten, da er sie in der JVA womöglich verkleben würde. Und jede Menge Briefmarken, da er sonst damit dunkle Geschäfte im großen Stil hinter Gittern hätte abwickeln können.

Karl ließ seine Freund:innen von Anfang an wissen, dass sie ihm Briefmarken mitschicken sollen, damit er auch zurückschreiben könne. Diese wurden nicht müde ihm dermaßen viele Briefmarken mitzuschicken, dass auch tatsächlich ein beachtlicher Berg zusammenkam. Selbstverständlich nutzte Karl die Briefmarken im Knast als Zahlungsmittel im Tausch gegen Tabak, Kaffee, oder andere Dinge die sie brauchten, wenn der Knasteinkauf mal knapp war, oder weil seine Mitgefangenen kein Geld auf ihrem Knastkonto hatten.

»Was wollen Sie eigentlich mit den ganzen Briefmarken?«, fragte ihn Meyer mal.

»Na, Briefe schreiben. Sie sehen doch, dass ich viel Fanpost habe, oder nicht?«, erwiderte Karl.

Die Beamten verloren langsam den Überblick bei so viel Gefangenenpost und Briefmarken, dass sie sich entschlossen, dass Karl immer nur zehn Briefmarken auf Zelle haben darf. Wenn er neue bräuchte müsse er das beantragen und wird dann runter in die Kammer gebracht, wo er sie sich abholen könne. Das machten sie eine Weile, bis es den Beamten letztendlich zu blöd wurde Karl vier Mal die Woche runter in die Kammer zu bringen. Für Karl war es gut, da er dadurch nochmal die Zelle verlassen und eine weitere Stunde Haft schinden konnte, in der er sich auf dem Gang, im Aufzug, oder im Warteraum mit anderen Gefangenen unterhielt. Karl war auch nicht blöd, und legte sich ein Briefmarkendepot an, indem er immer ein paar Briefmarken zu Ramon und Dennis in den Schrank wandern ließ.

Steffen und die anderen lachten.

Bert, ein weiterer Freund von Karl, der ihm gerade in den letzten zwei Jahren sehr ans Herz gewachsen war, gab ihm ein kleines Fläschchen Kräuterschnaps.

Karl trank.

Alle zusammen machten sie sich auf den Weg zu Karls Wohnung, die von seiner Mitbewohnerin Maria gerade noch auf den letzten Drücker geputzt und von ihrem Müll befreit wurde, in dem sie monatelang lebte. Auch sie hatte Bescheid bekommen, dass Karl jetzt draußen war. Maria war faul und oft auf Drogen. Karl sah sie damals öfters mal allein in ihrem Zimmer Speed konsumieren. Er fragte sich damals, wo da der Spaß sein soll, wenn man so etwas nur allein macht. Und dann noch unter der Woche an einem Dienstag. Speed war für Karl eine absolute Mülldroge. Nicht umsonst war der Scheiß billig. Die letzten Jahre sah er einige alte Freunde in die Klapse abwandern, die es mit dem Zeug übertrieben hatten.

Auf dem gesamten Weg nach Hause redete Karl mit all den Freund:innen und Genoss:innen, die nun gekommen waren um ihn abzuholen. Er versuchte schnell alles zu erfahren, was er so verpassst hatte während seines Knastaufenthalts. Das war in den fünfundvierzig Minuten, die sie für den Weg brauchten kaum möglich. Aber alle waren bemüht ihm alles in möglichst kürzester Fassung zu erzählen was ihnen an Geschehnissen der letzten zehn Monate am wichtigsten erschien und wovon sie vermuteten, Karl könnte es interessieren und wisse es noch nicht. Manche Geschichten wiederholten sich auch.

Unter anderem wie sich Maria während seiner Haftzeit so verhielt, sollte er noch öfters zu hören bekommen.

Nachdem Karl seine Sachen zu Hause abgelegt und Maria kurz begrüßte, ging es erstmal in die Kneipe. Der Wirt ihrer Stammkneipe war ganz außer sich, als Karl dort endlich wieder an seinem gewohnten Platz saß. Er selbst hatte ihn auch zwei Mal im Knast besucht.

Er bestellte ihm auf Kosten des Hauses ein großes Schnitzel mit Pommes und Salat, das sich Karl schmecken ließ. Ganze zehn Stunden verweilten sie in der Kneipe, und danach ging es zu einem Konzert, wo sich auch Freddy, der Gitarrist seiner Band, und Lars, der Schlagzeuger, aufhielten.

Freddy war sehr interessiert an Karls Geschichte, seiner Verhaftung und dem gesamten Verlauf seiner Haftzeit. Karl gab ihm einen kurzgefassten Abriss im Backstageraum. Die Band, die dort spielte, mit denen Karl und seine Band öfters schon zusammen aufgetreten sind, grüßten Karl während der Show gleich mehrmals von der Bühne aus und feierten, dass er wieder da war und zu ihrem Konzert gekommen war.

Mit Lars, der etwas verspätet auftauchte, wechselte Karl an dem Abend kein einziges Wort. Nicht mal begrüßt hatte er ihn. Lars hielt sich auch während des Konzertes meistens im Hintergrund und auf Abstand zu Karl, was wohl auch vorerst besser für ihn war. Womöglich hätte Karl ihm für seinen Brief, den er ihm geschrieben hatte, an dem Abend noch eine gescheuert.

Freddy hatte Redebedarf und hinterfragte die politische Linie der Band.

»Weißt du Karl, die Leute fragen mich mittlerweile schon was ich denn von dem Staatsmodell Räterepublik halte und sowas. Ich weiß nicht mal was das ist! Weil ich mich für sowas absolut nicht interessiere. Ich will doch nur Musik machen. Und die fragen mich was ich von Kommunismus halte und sowas. Was soll ich denn dazu sagen? Ich habe nicht so viele Bücher gelesen und ich habe mit sowas überhaupt gar nichts am Hut.«

Freddy wollte die Band wieder entpolitisieren und zum gewohnten bequemen Standard zurückkehren.

»Und diese Hammer-und Sichel-Symbolik bei uns in den Videos und so. Ich weiß, ihr wollt damit schon die Richtigen provozieren, du und Sven, aber dann quatschen mich jetzt plötzlich so Leute darauf an, ja selbst mein Vater, die das überhaupt nicht gut finden, verstehst du?«

Karl, der erst mal abwartete bis sich Freddy all seiner Sorgen und Nöte entledigte, fragte ihn dann:

»Sollen wir jetzt nur noch machen was deinem Vater gefällt?«, wohlwissend, dass er Freddy damit hart treffen würde.

Denn so rebellisch wie Freddy sich auf der Bühne geben wollte, war er im Leben eigentlich gar nicht.

Dass er selbst nur noch das gemacht hätte, was seinem Vater gefiel, wäre Freddy auch zu weit gegangen, doch wollte ihm Karl damit transparent machen dass:

a) er offensichtlich gar nicht so wild zu sein scheint, wie er immer tut, und

b) wenn er die Band wieder entpolitisieren wolle, soll er es auch so sagen und nicht mit all so einem Quatsch daherkommen.

»Lass uns wieder reingehen, die Band anschauen und alles andere bei einem bandinternen Treffen klären, ok?«, schlug Karl Freddy nach einer fruchtlosen Diskussion vor.

Der willigte ein und sie begaben sich zurück zum Konzert.

»Ach und Karl, tut mir leid, dass ich dir nie geschrieben oder dich besucht habe«, wollte Freddy noch angemerkt haben.

»Ja, mach dir keinen Kopf«, erwiderte Karl. Auch wenn ihm bewusst war, dass Freddy ihm sofort die Freundschaft gekündigt hätte, wenn es anders herum gewesen wäre.

Am nächsten Morgen wachte Karl zu Hause neben Jessy auf und war erstaunt. Viel zu lang hatte er auf derartige Nähe verzichten müssen. Jessy hatte ihm regelmäßig geschrieben und auch immer Briefmarken mitgeschickt.

Er hatte den Kater seines Lebens und wusste, was er die gesamten zehn Monate Knast überhaupt nicht vermisst hatte. Während er noch im Bett lag und Jessy weiterschlief, schaute er sich in seinem Zimmer um. Eigentlich sah fast alles noch genauso aus wie damals als er verhaftet wurde, nur fühlte es sich jetzt irgendwie nicht mehr so sehr nach Zuhause an. Dass die Wohnungstür aufgebrochen wurde, war noch klar erkennbar und von Maria nur notdürftig repariert worden. Sein Papierkram in den Schränken war auch noch durcheinander gewühlt. Da hatte der Staatsschutz damals geschnüffelt. Und da war ein Loch im PVC-Boden auf dem Flur, welches die Cops mit ihrem schweren Schuhwerk verursacht hatten. Es waren kleine Erinnerungen vom Tag seiner Verhaftung, die für ihn die Narben auf seiner Seele widerspiegelten, die er von diesem Tag davontrug.

Karl ging mit Jessy zum Supermarkt, um noch ein paar Kleinigkeiten einzukaufen. Steffen, der direkt nebenan wohnte, hatte die beiden zum gemeinsamen Frühstück eingeladen. Schon auf dem Weg in den Supermarkt merkte Karl, dass sich seine Augen erst mal daran gewöhnen mussten wieder weiter blicken zu können, statt durch ein Lochgitter am Fenster begrenzt zu werden, wie es im Knast der Fall war. Das war anstrengend.

»Wie fühlt es sich an wieder draußen zu sein?«, fragte Jessy.

»Gut«, antwortete Karl.

Im Supermarkt angekommen fühlte er sich wie erschlagen durch die auf ihn einprallende Werbung. Die vielen Farben und Menschen um ihn herum machten ihn nervös. Im Knast war alles nur grau in grau gewesen. Eine Reizüberflutung prasselte auf ihn ein. Karl musste an seinen Vater denken, der ihm früher von seinem Kuba-Aufenthalt erzählt hatte. Am besten gefiel ihm dort, dass man nicht so mit Werbung zugemüllt wurde.

»Du glaubst gar nicht, was sich auf einmal für eine Ruhe in deinem Kopf einstellt, das ist wirklich schön«, sagte sein Vater damals.

In dem Moment verstand Karl noch nicht so richtig, wovon sein Vater sprach, aber spätestens jetzt wurde es ihm klar. Trotz der sehr schlechten Situation im Knast, stellte sich dort in Karls Kopf auch eine merkwürdige Ruhe ein, die er bisher noch nicht kannte. Und welche ihm irgendwie auch gut tat. Lange verstand er nicht woher diese rührte, doch dann war er sich sicher. Er hatte kein Handy auf Zelle, welches alle fünf Minuten klingelte und Stress verursachte.

Im Supermarkt brauchte er ewig bis er die Sachen fand, die er Steffens Frühstück beisteuern wollte. Er versuchte, sich vor Jessy nichts anmerken zu lassen, aber als er den Supermarkt wieder verließ, war es, als würde ein gewaltiger Ballast von ihm abfallen.

Es dauerte eine Weile, bis Karl sich wieder voll und ganz an alles gewöhnen konnte. Auch sein Handy stresste ihn jetzt wieder. Nach etwa zwei Wochen war Karl schon wieder ganz der Alte. Bald sollte er auch wieder an Demonstrationen teilnehmen und seine politische Arbeit fortsetzen.

Jetzt erst recht!, sagte sich Karl.

Zum Missfallen der Behörden.

Das Revisionsverfahren lief noch, und wurde, wie erwartet, bald als unbegründet abgelehnt. Dann ging es noch um den Bewährungswiderruf. Würden sie darauf verzichten ihn nochmal in den Knast zu stecken, oder nicht? Einige seiner Genoss:innen prophezeiten ihm, dass sie ihn wahrscheinlich erneut einknasten wollen.

Karl hielt Vorträge in anderen Städten, und erzählte seine Geschichte. Auch sein Studium nahm er wieder auf, wodurch er ein paar alte Kommiliton:innen von früher traf, die jetzt ein paar Semester weiter waren als er.

»Wo warst du denn die ganze Zeit?«, fragte ihn eine Mitstudierende.

Karl entschied sich, ihr die Wahrheit zu sagen und überreichte ihr eine der Broschüren, mit seinen Knastberichten, die er mit seinen Genoss:innen produziert hatte. Manche Kommiliton:innen verhielten sich danach ihm gegenüber merkwürdig. Entweder übertrieben und unnatürlich nett oder sie versuchten ihm aus dem Weg zu gehen.

Manchmal, wenn Karl den Computerraum der Universität betrat, um seine Projekt- oder Hausarbeiten zu machen, wurden die anderen schlagartig ruhig. So als hätten sie zuvor über ihn geredet, und jetzt Angst bekommen, dass Karl etwas merken würde.

»Und? Wie war's eigentlich?« fragte mal einer in die Ruhe des Raums hinein, und alle starrten Karl an.

»Nicht so schlimm, wie ich es mir immer vorgestellt hatte«, antwortete er.

Als dann der revolutionäre 1.Mai kam, war auch Leon dabei, der erst einen Monat zuvor seinen Freispruch kassierte. Karl freute sich sehr Leon dort zu sehen.

»Alter, ich habe mich voll gefreut, als du mich da Silvester vor den Knastmauern durch das Megafon gegrüßt hattest«, sagte Leon zu Karl.

Karl war am Silvesterabend zusammen mit seinen Genoss:innen vor dem Knast, um die revolutionäre Silvesterdemo durchzuführen und die Gefangenen zu grüßen. Sie zogen um den gesamten Knastkomplex, zündeten Feuerwerk, riefen Parolen und verlasen einzelne Reden. Nun konnte Karl, endlich auch mal vor den Knastmauern stehen und die Insassen grüßen. Er hatte seine Leidensgenossen dort nicht vergessen. Genausowenig, wie wichtig derartige Veranstaltungen für ihn selbst waren, als er noch einsaß. Am großen Knastgebäude angekommen, in dem Karl selbst zehn Monate saß, grüßte er sein altes Stockwerk über das Megafon.

»Hey! Sechster Stock! Ich bin's Karl! Freiheit für alle!«, leitete Karl seine Rede ein.

Und das wurde auch gleich beantwortet.

»Karl, Karl!«, hörte man seine alten Mitgefangenen aus ihren Zellenfenstern brüllen.

Auch aus anderen Stockwerken kam Lärm.

»Leon!«, schrie Karl in das Megafon: »Auch wir zwei werden uns draußen wiedersehen! Halte durch, ich wünsch dir alles Gute und viel Kraft!«

Die revolutionäre 1.Mai-Demo am Tag der Arbeiter:innen ging los. Schon am Anfang des Aufmarsches, bei dem alle linken Kräfte der Stadt und des Umlandes gebündelt waren, wurden die Demoteilnehmer:innen von Genoss:innen, von einer nahegelegenen Baustelle aus gegrüßt. Vermummt, mit Es-Lebe-Der-Erste-Mai-Transpi, und entfachten Bengalos und Rauchtöpfen.

»Na, da kommt doch Stimmung auf!«, sagte Karl zu Leon.

Der stimmte ihm freudestrahlend zu.

»Lauft jetzt bitte in Achter-Reihen«, sagte eine Genossin. Der Demozug ordnete sich, und die Teilnehmer:innen liefen in Achter-Reihen weiter.

Kurze Zeit später wurde ein riesiges Top-Transpi über die Köpfe der Demoteilnehmer:innen entrollt, auf dem ein großes Hammer-und-Sichel-Symbol, zusammen mit dem Schriftzug »Kapitalismus abschaffen! Für den Kommunismus!« zu sehen war. Für manche Zuschauer:innen muss das, von ihren Häusern aus, sehr gewaltig wirken, dachte Karl. Unter dem Transpi schauten sich die beiden Ex-Knackis an und strahlten.

»Das hättest du nicht gedacht, oder?«, fragte Karl Leon.

»Nö, hätte ich echt nicht gedacht«, antwortete Leon.

Leon hatte zuvor nicht ganz verstanden, was es mit den Achter-Reihen auf sich hatte, und warum das so wichtig war.

Mehrere Rauchtöpfe und Bengalos wurden an den äußeren Seiten des Toptranspis gezündet. Dann marschierten die Cops auf. Sichtlich gestresst davon, dass sie die Demoteilnehmer:innen aufgrund des Toptranspis nicht mehr filmen konnten wie sie wollten. So versuchten sie die Demo aufzuhalten und zu blockieren. Es gab Rangeleien, und das Toptranspi war wieder unten. Karl, der selbst recht weit vorn war, hörte eine Genossin aus der vordersten Reihe schreien, und sah wie einer der Cops an ihr herumzerrte und mit seinem Knüppel auf sie einschlug. Sie hatte eine Platzwunde an der Stirn und ihr Gesicht war schon voller Blut.

Karl ging dazwischen, damit die Genossin weg konnte, worauf der Bulle kurzzeitig erschrak, aber dann weiter zu provozieren suchte. Ohne irgendetwas zu sagen griff er nach Karls roter Fahne, die dieser nicht bereit war einfach so herzugeben. Es ging eine Weile hin und her, bis Karl ihm die Fahne wieder entriss. Für die Staatsanwaltschaft sollte das ausreichen, um gegen Karl ein weiteres Verfahren einzuleiten – Widerstand gegen die Staatsgewalt.

»Wir fordern die Polizei auf ihre Provokationen sofort einzustellen!«, schrie ein Genosse durch das Megafon. »Wir lassen uns den 1.Mai von euch nicht verbieten!«

Da mittlerweile einige Passanten auf die Situation aufmerksam geworden sind, entschlossen sich die Cops den Demozug weiterlaufen zu lassen und zogen ab.

Ein paar Tage später kam die erste Anzeige nach seinem Knastaufenthalt für Karl ins Haus geflattert.

Sie wollten ihn zum 1.Mai befragen und als Beschuldigten anhören. Karl erschien, wie auch sonst, natürlich nicht zum angegebenen Termin. Abgesehen davon, dass er sowieso nicht mit Staatsorganen kooperieren wollte, wusste er auch, dass er zu polizeilich angesetzten Terminen nicht erscheinen musste. Zudem wusste er, dass er damit sowieso nichts bezwecken könne, außer sich im Zweifelsfall noch weiter hineinzureiten.

Sein Anwalt beantragte Akteneinsicht.

Vieles hatten die Cops an dem Tag gefilmt, auch ein paar Fotos von Karl waren dabei. Auf einem war zu sehen, wie er gerade versuchte seine Fahne wiederzuholen. Ein Hieb mit der Fahnenstange hätte dem Cop in seiner Schutzpanzerung im übrigen nichts anhaben können, aber das Problem bei der Sache war eben das Foto. Wie dieses von der Staatsanwaltschaft interpretiert werden würde war absehbar. Man hätte es so auslegen können, dass Karl den Bullen in diesem Moment mit seiner Fahne geschlagen hätte, statt nur an dieser zu ziehen.

Hätte ich ihn bloß wirklich geschlagen, wünschte sich Karl, schon allein dafür, dass dieses Schwein der Genossin einfach so den Knüppel auf den Kopf geschlagen hatte.

Es wäre das Mindeste gewesen, was dieser Bulle verdient hatte. Am Ende hätte es keinen Unterschied für Karl gemacht, denn angeklagt wurde er trotzdem.

Parallel dazu lief Karls Bewährungsverfahren über zwei Strafkammern, die darüber entscheiden sollten, ob er deswegen nochmal in den Bau muss oder nicht. Die eine Strafkammer hatte recht zügig entschieden, dass Karl mit seiner zehnmonatigen Haftstrafe, die er ja schon abgesessen hatte, schon genügend verbüßt hatte und sie deswegen auf einen Bewährungswiderruf verzichten würden.

Die andere Strafkammer jedoch wird das anders sehen. Diese wird die Meinung vertreten, dass ihm weitere neun Monate Knast recht gut tun würden, damit er zur Besinnung kommt und sein Rebellentum endlich aufgibt. Aber das wird Karl erst später erfahren.

Es vergingen ein paar Wochen, und Karl war gerade mit einigen Genoss:innen feiern, als die Nachricht kam, dass die NPD am nächsten Tag in ihrer Stadt einen Infotisch plane.

Karl und die Genoss:innen beschlossen das gemeinsam zu verhindern. Mit Erfolg. Bevor die Faschisten ihren Infotisch überhaupt erst aufbauen konnten, mussten sie auch schon wieder vor den Genoss:innen wegflitzen. Sie flüchteten sich direkt zurück zu ihrem Auto und fuhren mit Vollgas davon.

Einer der besorgten Bürger, die die Cops riefen, wollte jemanden mit einem Tattoo im Nacken gesehen haben. So stand es später im Polizeibericht. Karl hatte so ein Tattoo.

Der Staatsschutz ermittelte, und Karl ahnte noch nicht, dass sie ihn bald wieder zu Hause besuchen würden.

Nachdem sie an dem Tag auf dem Rückweg noch NPD-Plakate abgerissen hatten, löste sich die Gruppe auf und Karl ging nach Hause. Es war gegen 16:00 Uhr nachmittags, als er völlig erschöpft und verkatert vom Vortag wieder heimkehrte.

Er machte es sich auf seiner Couch gemütlich und wollte gerade ein Nickerchen abhalten. Da klingelte es auf einmal Sturm.

Wer kann das denn jetzt sein?, dachte Karl und beschloss vorerst nicht aufzumachen. Bestimmt die Cops, Mist...

Es klopfte draußen weiter unaufhörlich an die Jalousie und dann hörte er Katrin, eine seiner Genossinnen rufen:

»Karl, mach auf! Es ist wichtig!«

Karl sprang sofort von der Couch und öffnete die Tür. Katrin hatte noch zwei weitere Genossen mitgebracht. Bruno und Hans.

»Wir müssen jetzt dringend reden«, sagte Katrin zu Karl.

Sie gingen auf sein Zimmer. Sie zeigten Karl den aktuellen Polizeibericht, um ihm zu verstehen zu geben dass es langsam wieder brenzlig für ihn wurde. Karl verstand, und versuchte nachzudenken was er jetzt am besten tun könnte. Es war eine zeitlang still. Katrin legte ihre Hand auf Karls Schenkel, um seine Aufmerksamkeit zu bekommen. Sie schaute ihn durchdringend an, als wollte sie ihm sagen

»Komm, mach dich vom Acker und lass dich bloß nicht nochmal abhaften.«

Immer noch hatte keiner von ihnen gesprochen, dann sagte Bruno:

»Auf, du kommst jetzt erst mal mit zu mir. Pack deine Sachen. Du schläfst heute auf gar keinen Fall zu Hause.«

»Muss das denn wirklich sein?«, fragte Karl, der irgendwie immer noch nicht so ganz wahrhaben wollte was jetzt passierte.

Sie packten seine wichtigsten Sachen und Karl verbrachte die darauf folgenden Nächte bei Bruno. Wenn er was von zu Hause brauchte, gab er seinen Schlüssel Steffen, damit dieser die gewünschten Sachen holte. Sie beschlossen erstmal in den Urlaub nach Italien zu fahren.

In der Zwischenzeit fand die bereits erwartete zweite Hausdurchsuchung in Karls Wohnung statt. Für Maria ein weiteres unerwartetes Spektakel, das sie zum Auszug aus Karls Wohnung motivieren wird. Diesmal hatten sie freundlicherweise geklingelt und Maria ihren Durchsuchungsbefehl gezeigt, bevor sie eintraten. Beschlagnahmt wurden eine Jogginghose, ein Baseballschläger, Karls Rechner, ein paar Datenträger und einige Notizen. Den Rechner hatten sie schon ein Jahr zuvor mitgenommen, weil sie seine »Gedankenwelt erforschen« wollten, wie sie sagten. Seitdem wurde er nicht mehr benutzt. Während sich Karl in den italienischen Bergen beim Zelten befand und dort die Natur genoss, wurde ein weiteres Verfahren gegen ihn eingeleitet.

Zusätzlich erreichte ihn die Nachricht der anderen Strafkammer, dass diese nicht auf einen Bewährungswiderruf verzichten wolle. Schon kurze Zeit später folgte der Hafttermin, der für den darauf folgenden Monat angesetzt war. Freigang wegen seinem Studium gaben sie Karl nicht.

Für das Wochenende vor dem angesetztem Hafttermin organisierte Karl eine Abschiedsparty für seine Genoss:innen und Freund:innen. An dieser nahm er selbst gar nicht mehr teil, da er mittlerweile längst über alle Berge war…

Haftantritt ausgesetzt

Um die siebzehn Stunden waren sie nun schon auf der Autobahn unterwegs. Martin schlief, und so langsam packte auch Karl die Müdigkeit. Die Scheinwerfer des Gegenverkehrs begannen zu verschwimmen und für eine kurze Zeit dachte Karl, dass ihm ein Geisterfahrer direkt auf seiner Spur entgegenkam. Er zog ruckartig nach rechts.

»Wenn du müde bist können wir jederzeit irgendwo rausfahren und etwas schlafen«, sagte Martin, der dadurch aufwachte.

»Ok, lass uns für ein paar Stunden pausieren«, willigte Karl ein.

Sie fuhren an einer Tankstelle raus und parkten das Auto. Nach etwa zwei Stunden ging es weiter. Sie waren fast an der europäischen Außengrenze angelangt.

Karl hätte auch innerhalb der EU Unterschlupf finden können, oder auch in seiner Stadt. Er dachte aber und hoffte es auch, dass er sich außerhalb der EU etwas freier bewegen könnte. Wenn ihn die Cops kontrollieren würden, könnten sie ihn zumindest nicht sofort einsperren, so wie es innerhalb der EU der Fall gewesen wäre.

Sie durchquerten dschungelartige Landschaften und fuhren auf abenteuerlichen brüchig gewordenen Straßen der vermeintlichen Freiheit entgegen. Oft scherzten sie und redeten über dies und das. Die Stimmung war gut, doch früher oder später schob sich wieder der Ernst dazwischen, der beide in unbarmherzige Art und Weise in die Realität zurückholte und sie daran erinnerte, dass sie hier nicht zum Spaß waren. Sie mussten das jetzt schaffen und sich zusammenreißen.

»Was machen wir, wenn die uns aus irgendwelchen Gründen nicht reinlassen werden?«, fragte Karl.

»Das sehen wir dann«, sagte Martin, »jetzt mach dich locker, wir sind gleich da.«

Die Straßen wurden immer schlechter und wiesen teilweise große Schlaglöcher auf, die umfahren werden mussten. Schneller als achtzig Kilometer pro Stunde war beim besten Willen nicht möglich. Auf der letzten Etappe zur Grenze wurden sie ständig von irgendwelchen Jeeps begleitet, die neben, vor, oder hinter ihnen herfuhren. Was es damit konkret auf sich hatte, sollten sie nicht erfahren.

Der Grenzübergang tauchte vor ihnen auf, und der Blutdruck beider stieg an. Hinter sich ließen sie einen Berg, auf dem ein großes Kreuz angebracht worden ist und hinter der Grenze lag ein weiterer Berg vor ihnen, auf dem eine Moschee stand. Ganz so, als würden sich hier zwei unterschiedliche Kulturen gegenüberstehen, die sich hassen und mit religiöser Symbolik versuchen ihr Territorium im Grenzgebiet abzustecken.

Nach dem Überqueren der europäischen Außengrenze erreichten sie die türkische Grenze, wo sie kontrolliert wurden. Erst sollte Karl Führerschein, Ausweis und Fahrzeugpapiere zeigen. Dann wollten sie auch alles von Martin sehen. Es dauerte eine Weile bis die Grenzbeamten der Meinung waren, dass es ein Problem wäre, dass im Fahrzeugschein ein anderer Name statt Karls stand.

Das Auto war auf einen Freund angemeldet. Ein Beamter kam wieder und sagte, dass er die beiden so nicht über die Grenze lassen darf, wegen eventuellem Autoschmuggel. Man bräuchte irgend etwas Schriftliches. Eine Art Bestätigung durch den Fahrzeughalter, dass Karl das Auto auch fahren darf.

Damit hatten Martin und Karl nicht gerechnet.

»Was machen wir jetzt?«, fragte Karl, als der Beamte sie an Ort und Stelle stehen gelassen hatte und nicht über die Grenze lassen wollte.

»Keine Ahnung, ich muss nachdenken«, antwortete Martin.

»Den Freund kann ich jetzt nicht anrufen und nach irgend etwas Schriftlichem fragen. Ich hab noch nicht mal ein Telefon dabei. Komm, ich fahr dich ein Stück Richtung Deutschland und versuch dann in Italien mein Glück«, wollte Karl tatsächlich schon aufgeben.

Das wiederum hielt Martin vom Nachdenken ab.

»Willst du mich eigentlich verarschen?«, fragte Martin. »Ich bin hier nicht siebenundzwanzig Stunden mit dir durch die Gegend gefahren, damit wir jetzt beim ersten Gegenwind gleich das Handtuch schmeißen.«

Martin fragte sich, wie Karl so schnell aufgeben konnte.

Karl versuchte sich indessen zu beruhigen und merkte, dass er sich wie ein aufgescheuchtes Huhn verhielt. Martin kam dann eine Idee.

»Ich probiere jetzt mal was, und wenn das nicht klappt können wir wieder wegfahren. Ich gehe jetzt rein und rede nochmal mit dem. Du wartest hier einfach ab.«

Martin erzählte dem Beamten irgend eine Story, worauf dieser Karls Studentenausweis sehen wollte.

»Karl! Komm mal kurz!«, rief ihn Martin zu dem Gebäude der Grenzbeamten.

Zufällig hatte Karl seinen Studentenausweis auch dabei. Der Beamte sah ihn sich an und war dadurch von irgend etwas überzeugt worden, so dass er die beiden über die Grenze ließ. Freundlich verabschiedete er sich von ihnen.

Wieder im Auto, und mit dem nötigen Stempel auf dem Dokument, um die Grenze passieren zu können, fragte Karl:

»Alter, wie hast du das denn jetzt gemacht? Was hast du dem erzählt?«

»Ich habe ihm gesagt, dass wir nun schon seit mehr als siebenundzwanzig Stunden mit dem Auto unterwegs sind, du Architektur an der technischen Universität studierst, und ich dir Istanbul zeigen wollte«, antwortete Martin. »Da wollte er dann deinen Studentenausweis sehen und war überzeugt. Er würde das auf seine Kappe nehmen, sagte er, aber wir sollen uns dringend um irgend etwas Schriftliches vom Fahrzeughalter kümmern, sonst könnte es Probleme geben.«

Die beiden passierten die Grenze und atmeten auf.

»Ey, ich glaub das nicht! Wir haben es tatsächlich geschafft! Freiheit!«, rief Karl, und drehte die Musik auf.

Martin schmunzelte, und war auch ein bisschen stolz auf sich selbst.

»Lass das Auto immer vollgetankt und mit etwas Geld auf der Seite in deiner Nähe geparkt«, sagte Martin. »Damit du jederzeit auch schnell wieder abhauen kannst, falls irgendwas komisch wird.«

Karl nickte.

Sie näherten sich Istanbul, und die Ausmaße der riesigen Metropole wurden langsam sichtbar.

»Das ist jetzt deine neue Heimat«, sagte Martin. »Und? Was sagst du?«

Karl wusste nicht, was er dazu sagen sollte. Einerseits freute er sich, dass er nun seiner Haftstrafe entkommen war, wusste aber andererseits auch wieder, dass er trotzdem isoliert sein wird von jenen, die ihm wichtig waren. Und das müsse er mindestens fünf Jahre so aushalten.

»Komm jetzt, hier hast du tausend Möglichkeiten, du wirst schon klarkommen«, beruhigte Martin Karl. »Und verhungern wirst du hier sicher auch nicht.«

Nachdem sie gegessen hatten sollte Karl Martin am nächsten Flughafen absetzen. Der musste am nächsten Morgen schon wieder bei der Arbeit antanzen.

»Ab jetzt bist du auf dich allein gestellt. Pass gut auf dich auf«, sagte Martin.

Karl nickte.

»Hey Martin… Nochmal vielen Dank für alles.«

Martin stieg aus.

Karl verlor nicht viel Zeit damit, Martin noch lange hinterherzusehen. Ihm war die ganze Flughafenatmosphäre unangenehm, und die Wahrscheinlichkeit dort eventuell noch kontrolliert zu werden war zu hoch. Dies war ein Ort an dem er sich die nächsten Jahre besser nicht aufhalten sollte.

Er fuhr stadteinwärts und hatte noch überhaupt keine Ahnung was er jetzt machen sollte. Noch nicht mal einen Schlafplatz hatte er. Nachdem er das Auto geparkt hatte, schaute er sich mehrere Hostels an, bis er eines für zehn Euro die Nacht fand. Dort ließ er sich in einem Achtbettzimmer nieder.

Am nächsten Tag besorgte er sich ein Wörterbuch, ging ans Meer und fing an die ersten türkischen Wörter zu lernen. Als er so auf einem Felsen am Meer saß, winkte ihm ein älterer Herr in Badebekleidung zu, und rief irgend etwas rüber, was Karl nicht verstand.

»I don't speak Turkish«, rief Karl zurück, aber der ältere Herr blieb hartnäckig und kam näher. Er winkte. Und hatte irgend etwas in der Hand, worauf er deutete.

Die Sonne blendete so, dass er erst nicht sehen konnte was der Mann da in der Hand hatte. Es war ein Joint, den der ältere Herr offensichtlich mit Karl zusammen rauchen wollte. Karl lehnte nicht ab und probierte auch gleich sein Wörterbuch an dem Herrn aus. Sie unterhielten sich dann teilweise mit Händen und Füßen, konnten sich jedoch nicht wirklich verstehen. Aber sie hatten irgendwie Spaß miteinander. Dass die Menschen, dort wo er jetzt war, sehr kommunikations- und gastfreundlich sind (zumindest gegenüber weißen privilegierten Europäern) wird Karl später noch oft zugute kommen. Nachdem sie fertig geraucht hatten und müde von der doch erschwerten Art der Kommunikation waren, ging der Mann wieder an seinen Platz zurück und legte sich in die Sonne.

Karl hingegen überlegte, wie er jetzt weiter verfahren soll.

Nachts, als Karl schon eingeschlafen war, torkelten nach und nach die anderen Hostelgäste herein. Die Tür ging ständig auf und zu, so dass er mehrmals aus dem Schlaf gerissen wurde und keine Ruhe fand. Bis auch der letzte Gast endlich im Bett war. So sollten die Abende öfters verlaufen und Karl versuchte es dadurch auszugleichen, indem er sich mittags nochmal hinlegen wollte. Diese Idee hatten aber auch andere. Also versuchte er immer etwas später heimzukommen, wenn zumindest die meisten schon im Bett waren.

Die Gezi-Proteste gingen gerade dem Ende zu. Trotzdem wehte noch oft genügend Tränengas in die vollbesetzten Kneipen oder Cafés, in denen man saß, herüber, wenn in der Nähe mal wieder protestierende Menschen von den Cops angegriffen wurden. Fünf hauptsächlich junge Menschen hatten sie während der landesweiten Proteste bis dahin schon auf dem Gewissen. Ein Vierzehnjähriger, der von einer abgeschossenen Tränengaskartusche am Kopf getroffen wurde, lag derzeit noch im Koma. Nach insgesamt 269 Tagen Intensivstation sollte auch er sterben. Dafür sollte später noch die Rache folgen.

Das Smartphone-Zeitalter begann und alle hingen nur noch an ihren Telefonen. Karl, der sich ein Billigtelefon besorgt hatte, mit dem er nur SMS-Nachrichten schreiben und telefonieren konnte, kam das gelegen. Er würde weniger auffallen wenn alle nur mit ihren Telefonen beschäftigt waren. Später sollte er noch herausfinden, dass er sich dadurch oft ausgeschlossen fühlte. Doch nun galt es sich erstmal besser schnell an die neuen Bedingungen zu gewöhnen – wenn alles klappen sollte und er nicht auffliegen wollte. Dennoch war es für Karl im Laufe der Zeit eine allzu große Versuchung, der er natürlich widerstehen musste, sich in seinem Facebook-Account einzuloggen, um zu schauen was seine Freund:innen so machten. Zu fremd fühlte sich alles für ihn an und Karl war ganz allein.

An einem der Tage, an denen er ziellos durch die Stadt schlenderte, fand er sich auf einer Kundgebung der Samstagsmütter wieder. Dort angekommen und nachdem er verstand worum es ging, setzte er sich mit dazu, was die anderen Teilnehmer:innen sehr freute. Schlau war das selbstverständlich nicht, da sehr viele Kameras die Kundgebung fotografierten und filmten.

Die Samstagsmütter waren ein Zusammenschluss von Angehörigen, die nach dem Verbleib ihrer vermissten Familienmitglieder fragten, die während ihrer Arrestzeit auf dem Revier oder während bzw. nach ihrer Haft im Gefängnis einfach verschwunden waren. In den Neunzigern kam es in der Türkei oft vor, dass Festgenommene gefoltert und getötet wurden. Ihre Leichen warf man aus Hubschraubern über Waldgebiete, oder verscharrte sie in Brunnen oder Massengräbern. Oder man verbrannte sie in Öfen.

Seit 1995 fanden die Kundgebungen der Samstagsmütter jeden Samstag in Istanbul statt. Vier Jahre lang. Nach einer zehnjährigen Unterbrechung waren die Samstagsmütter seit vier Jahren wieder aktiv. Auf den großen Plakaten, die sie auf ihren Kundgebungen hoch hielten, waren die Gesichter ihrer vermissten Angehörigen. Und das waren richtig viele. Karl hielt auch eines vor sich, was sie ihm gegeben hatten. Für ihn persönlich hatte das auch den Vorteil, dass er sich damit etwas vor den vielen Kameras schützen konnte.

Fünf Jahre später wird die 700. Samstagsmütter-Kundgebung schließlich von Sicherheitskräften mit Wasserwerfern und Tränengas gewaltsam auseinander getrieben und verboten werden.

»Hey, ich hab dich gestern im Internet gesehen.«,

sagte einer der Mitarbeiter des Hostels, als Karl gerade die Treppen herunter kam um zu frühstücken.

»Echt jetzt? Wo denn? Und in welchem Zusammenhang?«, fragte Karl.

Der Arbeiter zeigte ihm das auf Facebook hochgeladene Bild. Es ging um die Kundgebung der Samstagsmütter. Und Karl war dort in voller Pracht und unzensiert zu sehen.

Scheiße! Wie unnötig und fahrlässig, dachte sich Karl. Ich sollte besser nicht mehr an offenen politischen Veranstaltungen teilnehmen, sonst schicken die mich schneller wieder zurück als ich kucken kann, und dann geht's erstmal hinter schwedische Gardinen.

»Ich wusste gar nicht, dass du auch links bist«, sagte der Mitarbeiter des Hostels. »Wir sind hier auch alle links. Sogar der Chef.«

Karl staunte.

So dumm wie das mit dem Foto auf Facebook auch war, aber dass die Arbeiter:innen dieses Hostels nun um seine politische Identität wussten, sollte später noch sehr hilfreich sein.

Als nämlich ein paar Wochen später die Cops vorbeikamen, um zu kontrollieren wer sich alles im Hostel aufhält und aufgehalten hatte. Das machten sie alle Halbjahre mal – Routine. Dafür sahen sie sich alle kopierten Ausweispapiere der Hostelgäste an, die in einem Ordner abgeheftet waren und fotografierten sie ab.

Normalerweise wären sie dabei auch auf den kopierten Ausweis von Karl gestoßen, doch das Personal des Hostels hatte das Papier in weiser Voraussicht im Vorfeld verschwinden lassen. Sie hatten verstanden, dass Karl kein normaler Urlauber ist wie die anderen Gäste. Er war ja auch schon überdurchschnittlich lange dort. Ganze vier Wochen. Und sie mochten ihn.

»Hey, die Bullen waren gestern da«, sagte Umut, der gerade an der Rezeption saß, als Karl vorbei lief. »Die wollten alle Ausweise sehen, deinen haben wir ihnen nicht gegeben.«

»Vielen Dank, ihr seid echt gute Menschen«, antwortete Karl, der es kaum fassen konnte, wie sich das Personal des Hostels in nur kürzester Zeit mit ihm solidarisiert hatte.

In der Stadt gab es eine Textilfabrik. Diese Fabrik wurde von Arbeiter:innen seit dem Sommer 2013 besetzt gehalten und kollektiviert. Schlechte Arbeitsbedingungen, niedriger Lohn und erzwungene Überstunden hatten die Arbeiter:innen dort zuvor schon wütend gemacht. Während sie dort bei bis zu sechzig Grad schuften mussten, hatte das Stockwerk des Managements als einziges eine Klimaanlage. Es gab auch keine Aufzüge. So mussten die Angestellten die Waren immer hoch- und runterschleppen.

Die Eigentümer des Betriebes, die den Beschäftigten bis dahin schon mehrere Monate Lohn schuldeten, wollten neun Monate zuvor die Produktion einstellen und die Maschinen abtransportieren lassen. Daraufhin gingen die Arbeiter:innen in die Offensive und organisierten sich. Um zu verhindern, dass die Eigentümer die Maschinen abtransportieren lassen konnten, campierten sie vor der Fabrik. Ein paar Monate später besetzten sie die Fabrik. Nachdem sie die notwendigen Reparaturarbeiten an den veralteten Maschinen selbst durchgeführt hatten, nahmen sie die Produktion selbstorganisiert wieder auf. Im Rahmen ihrer Kampagne organisierten sie unter anderem Modeschauen, bei denen statt abgemagerter Models Streiktransparente zu sehen waren und es Lieder der Arbeiterklasse zu hören gab.

In dieser Fabrik legte auch Karl mal ein paar Nachtschichten ein. Dort lernte er Hülya kennen, seine spätere Freundin, die öfters Nachtwache vor der Fabrik hielt. Das Projekt kam gut an bei der Nachbarschaft. Es war ein Arbeiter:innenviertel. Die Nachbarn brachten spät nachts noch was zu essen vorbei, oder auch Tee. Dass man überall im Viertel Wanted-Plakate mit den Gesichtern der Fabrikeigentümer aufgehängt hatte, fanden sie klasse. Auch auf die Solidarität der revolutionär militanten Linken, die im Viertel stark vertreten war, konnten sich die Arbeiter:innen der Textilfabrik verlassen. Für sie war klar: Wenn die Textilfabrik von irgend jemandem angegriffen werden sollte – von wem auch immer – wird hier notfalls auch geschossen.

Die Arbeiter:innen hatten später einen Prozess mit den Eigentümern der Fabrik, den sie gewannen. Die Textilfabrik gibt es heute noch. Später sollten dort die Fußballtrikots für die kubanische Nationalmannschaft hergestellt werden. Unentgeltlich. Als Geschenk der Arbeiter:innen aus der kollektivierten Fabrik.

»Wo warst du denn die ganze Zeit?«. fragte Umut, als Karl von seiner ersten Nachtschicht zurückkam.

»War in der besetzten Textilfabrik«, antwortete Karl.

»Was? Du warst dort? Cool! Da wollte ich auch schon immer mal hin und mir das endlich mal anschauen«, sagte Umut ganz aufgeregt.

Trotz der mittlerweile sehr warm gewordenen Atmosphäre zwischen dem Personal und Karl machte ihm das Achtbettzimmer langsam zu schaffen. Irgendwie hatte es auch einen Knastcharakter, mit den ganzen fast durchgehend belegten Stockbetten und dem recht begrenzten Platz, den sie dort hatten. So konnte er nicht zur Ruhe kommen. Und um ihn herum gab es ständig nur die belanglosen Smalltalks der anderen Hostelgäste, deren einzige Sorge es war, wie sie ihren Urlaub am besten verbringen können.

Eure Sorgen möchte ich haben, dachte Karl oft.

Manchmal trennten sich auch Paare, die es nicht gewohnt waren auf einmal so eng aufeinander zu sitzen, und sich von ihrem Urlaub etwas jeweils anderes erhofften. Die Einen gingen, andere kamen. Ständig wechselnde Tourist:innen, aber am Ende die immer gleichen Gespräche. Nichts, an das sich Karl gewöhnen konnte und wollte.

Früher schon nervte Karl, als er mit seiner Band noch von Stadt zu Stadt reiste, dass sie nie richtig Zeit hatten sich mal etwas anzuschauen, oder mal etwas tiefer in andere Gegebenheiten eintauchen konnten. Dafür hatten sie nie Zeit, und im Grunde war ein Konzert dann auch wie das andere. Sie kamen, machten Soundcheck, mussten immer ewig lang warten bis sie endlich auftraten, ließen sich danach mit ihren Fans zusammen volllaufen, und am nächsten Morgen ging es schon wieder weiter in die nächste Stadt. Immer die gleichen vier Leute, mit denen er viel zu viel Zeit zusammen auf der Autobahn verbrachte.

Die immergleichen Witze. Die immerselben Gespräche.

Mittlerweile versuchte Karl im Hostel abzuwägen was eigentlich schlimmer ist:

Knast, oder der Scheiß hier?

Wenn er dann raus ging, war er umgeben von einer anderen Kultur und einer Sprache, die er nicht verstand. Oft irrte er durch die Straßen und erkundete die Gegend – einfach nur um Zeit totzuschlagen und Bewegung zu haben. Oder um neue Freund:innen zu finden. Gleichzeitig musste er sich unauffällig touristenmäßig verhalten, was ihm zunehmend schwer fiel.

»Hey, du bist aber schon ganz schön lang hier. Was machst du eigentlich?«, kamen nach ein paar Wochen auch die ersten Fragen neugieriger Nachbarn.

War es überhaupt eine richtige Entscheidung gewesen abzuhauen? Was, wenn ihm jetzt demnächst auch noch das Geld ausgehen würde? Es war absehbar, dass seine paar Kröten, die er hatte, nicht ewig reichen würden. Wie sollte es weitergehen? Zusätzlich war auch der Kontakt zu seinen Genoss:innen, aufgrund technischer Probleme, derzeit abgebrochen.

Es war an der Zeit weiterzuschauen, das Hostel endlich zu verlassen, und in einer normalen Wohnung zu leben. Aber wie? Konnte er doch froh sein, überhaupt ein Dach über dem Kopf zu haben. Einen Mietvertrag auf seinen Namen abzuschließen, und dadurch sichtbar für die Behörden zu werden, das konnte er sich beim besten Willen nicht leisten. Wo sollte er hin?

Karls Gedanken drehten sich im Kreis und er fühlte ein immer stärker werdendes Gefühl der Isolation. Er vermisste seine Genoss:innen, Freund:innen und Familie. Er bekam Heimweh und drohte abzubrechen.

Dermaßen unter Druck machte er den nächsten großen Fehler. Er richtete sich ein Fake-Profil auf Facebook ein und kontaktierte ein paar alte Freunde. Auch Genoss:innen. Obgleich die Intention des Entkommens aus seiner gefühlten Isolation durch die Nutzung von Facebook verständlich erscheinen mag: Gefühle waren in solchen Situationen oft der größte Feind, und gerade in seiner jetzigen Situation sollte er eigentlich nüchterner handeln.

Diese Leichtfertigkeit von ihm steckte einige seiner Freunde an und sie begannen über Karl zu reden. Einige wenige, von denen er es eigentlich auch nie erwartet hätte, brüsteten sich sogar vor anderen damit, exklusiven Kontakt zu ihm zu haben. Viele wussten jetzt wo er war, und die Genoss:innen auf der anderen Seite hatten alle Hände voll zu tun den Schaden wieder gutzumachen und falsche Fährten zu legen. Gerüchte über andere Orte zu streuen, wo sich Karl jetzt angeblich aufhielt.

Nachdem er endlich verstand, dass die Bullen Freundschaftsprofile auf Facebook abgleichen und dadurch sehr leicht herausfinden können, wer sich hinter dem Fake-Account verbirgt, löschte Karl das Profil wieder.

Neben dem Eingeständnis seiner eigenen Dummheit, ärgerte er sich auch über diejenigen, die so leichtfertig mit anderer Leute Sicherheit umgehen, nur um sich zu profilieren. Wieder waren es Freunde, die er teilweise schon sehr lang kannte. Auch andere, die er eigentlich als politisch einstufte. Aber auch wenn sie nicht geredet hätten: So oder so war es einfach nur dumm gewesen, dass er überhaupt erst Kontakt zu alten Bekannten über Facebook aufbaute.

Trotzdem wollte es der Zufall so, dass ihm auch diese Dummheit mehr in die Hände spielen als schaden sollte.

Schon abgefahren, was die sozialen Medien mittlerweile aus einem gemacht haben, dachte sich Karl, als er feststellte dass er dem Gefühl der Isolation kurz entkam, während er Facebook nutzte, dass ihn beinahe tatsächliche Nähe fühlen ließ.

Er beschloss, sich ein weiteres Profil einzurichten, in welchem er aber nur ortsansässige Freund:innen hinzufügen wollte. Über dieses Profil fand er nach acht Wochen Hostel sein erstes Zimmer in einer WG, auf der anderen Seite der Stadt.

Wenn Liebe wehtut

So ergab es sich, dass er mit Hazal zusammenlebte. Hazal studierte Kunst, war aber eigentlich nur an Drogen und Parties interessiert. Als Karl einzog bat sie ihn, nicht ständig Besuch mitzubringen. Aber unterm Schnitt hatte immer nur sie Besuch. Zum Beispiel Can, der ständig auf der Couch im Wohnzimmer präsent war, egal um welche Uhrzeit. Karl wusste lange Zeit nicht mal seinen richtigen Namen und nannte ihn nur »den Typ von der Couch«, wenn sie über ihn redeten. Wann auch immer Karl das Haus verließ oder wieder heimkam, Can lag bekifft auf der Couch und lebte so eine ganze Weile auf Hazals Kosten. Außerdem waren da noch weitere Freund:innen von Hazal, die ständig kamen und gingen. Ein reger Verkehr in der Zweier-WG, aber immerhin hatte Karl jetzt wieder ein eigenes Zimmer, wo er zumindest die Tür hinter sich zu machen und durchatmen konnte.

In dieser Zeit traf er sich auch öfters mit Hülya, die er von der Textilfabrik kannte. Das erste Mal trafen sie sich privat auf einem Punkkonzert. Von dort lud Hülya Karl auf eine Party ein, zu der sie beide mit dem Taxi fuhren und sie seine Hand hielt. Im weiteren Verlauf wurden die beiden ein Paar.

Hülyas Vater war früher strammer Faschist und Mitglied der MHP. Angeblich soll er dem Revolutionär Deniz Gezmiş, der in den Siebzigern auf Anordnung des türkischen Präsidenten hingerichtet wurde, zu Schulzeiten mal die Nase gebrochen haben. Zumindest war das eine seiner »Heldengeschichten« die er manchmal erzählte. Auch er war schon mal im Knast. Das musste schon was heißen, denn so schnell wurden Rechte auch in der Türkei nicht eingeknastet. Waren sie der herrschenden Klasse doch oft nützliche Idioten dafür gewesen, die alte Ordnung und die Besitzverhältnisse mit Terror aufrechtzuerhalten und die revolutionäre Bewegung zurückzudrängen. Heute war er Anwalt und kein Parteimitglied mehr, aber seine Gesinnung blieb.

Hülya hasste ihren Vater. Schon allein dafür, dass er sie als Kind oft geschlagen hatte.

Hülya erzählte Karl, dass die MHP eigentlich von den USA im Kalten Krieg gegründet wurde, und seither immer wieder von dieser unter anderem finanzielle Unterstützung erhielt. Bis dahin wusste er das nicht und für ihn schloss sich damit der Kreis. Er musste an westliche NATO-Mitglieder und ihre faschistischen Geheimarmeen denken. Und an die Kubakrise, die eine Reaktion auf die Nuklearraketen war, die von der Türkei aus auf die Sowjetunion gerichtet waren. Das wusste Karl erst seitdem er es mal im Knast gelesen hatte. In keiner der zahlreichen Schulen, die Karl in seinem Leben besucht hatte, wurde das je angesprochen.

Unter dem Eindruck der unveränderten faschistischen Einstellung von Hülyas Vater, entwickelte sich Hülyas sozialdemokratische Mutter – Rechtsberaterin wie der Vater – im Laufe der Jahre auch immer strammer nach rechts.

Das waren nur einige der Gründe warum Hülyas Eltern unter keinen Umständen erfahren durften, dass Hülya mit Karl etwas am laufen hatte. Andernfalls wäre ihr vermutlich der Geldhahn abgedreht worden. Wenn sie ihn besuchen kam, sagte sie ihren Eltern immer sie würde bei einer Freundin übernachten.

Schließlich kam der Moment in dem Karl kein Geld mehr hatte. Er behalf sich damit, dass er sich morgens zu Hülya nach Hause schlich, um dort zu frühstücken, während ihre Faschisteneltern schon in ihrer Kanzlei waren. Hülya bedeutete Karl durch Zeichen, dass die Luft rein war, sowie sie das Haus verlassen hatten. Ihre Schwester und deren Haushälterin waren hingegen eingeweiht und mochten Karl auch. In diesen Momenten tischte Hülya immer großzügig auf. Für ihn, der mittlerweile nicht mal mehr wusste wie er Hazal die nächste Miete zahlen soll. Nach wie vor gab es technische Probleme mit Karls politischen Kontakten in Deutschland, was bedeutete, dass er fast zwei Monate ohne Geld auskommen musste. Hülya unterstützte Karl in diesen harten Zeiten.

Karl hatte zwar seine Tattoomaschine mit in die Türkei gebracht, aber derzeit noch keinen Kund:innenkreis etabliert. In seiner Stadt wollten viele von ihm tätowiert werden, doch hier kannte ihn niemand. Hazal war die Erste, der er sein erstes Tattoo im Exil machte. Auch als Entschuldigung für die unbezahlte Miete. Hazal war mittlerweile in seine wahre Geschichte eingeweiht. Es erschien Karl weniger kompliziert und eventuell sogar hilfreich, wenn sie wüßte was Sache ist. Auch musste er ja irgendwie erklären, warum er die Miete momentan nicht zahlen konnte.

Allen anderen Personen, die fragten was er hier mache, erzählte er ungefähr folgende Geschichte:

»Eine Freundin hatte mich eingeladen hier bei ihr im Studio zu tätowieren, und da dachte ich mir, warum nicht.«

Eine einigermaßen glaubhafte Story hielt er für wichtig, um unbequemen Nachfragen aus dem Weg zu gehen und nicht selber noch nervös zu werden. Zudem dachte er sich, dass diese Infos Neugierige schon zufrieden stellen sollte. Anfangs stellte er sich noch etwas schusselig an seine Story wirklich glaubhaft rüberzubringen, doch nach einigen Malen hatte er es schon richtig gut drauf. Und manchmal trug er sogar richtig dick auf:

»Ihr glaubt ja gar nicht was das für ein gutes Geschäft ist. Ich arbeite manchmal nur drei bis vier Monate am Stück und kann von diesem Geld dann den Rest des Jahres leben!«

Alles erstunken und erlogen. Karl musste halt irgendwie erklären warum er immer so oft zu Hause war, oder auch so viel Zeit für die schönen Dinge im Leben hatte. Schließlich hätte das manchen komisch vorkommen können.

Da Karl selbst auch nicht geringfügig tätowiert war, kauften ihm alle seine Story ab. Für manche, wäre auch gar nichts logischer als diese Story gewesen. Die meisten von uns sind einfach gestrickt, und zählen nur eins und eins zusammen. Und etwas musste er erzählen, sonst wäre Karl zumindest suspekt erschienen.

Hülya übernachtete etwa zwei Mal die Woche bei Karl, und die restlichen Tage bei ihren Eltern. Sie war mitten in ihrem Jurastudium und fügte sich dem Willen ihrer Eltern ebenfalls Anwältin zu werden. Die besten Kontakte bis ganz nach oben hatte sie ja schon.

Hülya bezeichnete sich selbst als Anarchistin. Sie klaute gewöhnlich was sie brauchte im Supermarkt. Nicht weil sie kein Geld hatte, sondern aus Überzeugung. Einmal klaute sie ein Glas Honig im Supermarkt, das damals dreißig Lira kostete. Niemand hätte sich ein Glas Honig für dreißig Lira gekauft.

Für Studierende und Arbeiter:innen war das unbezahlbar.

Gebunkert wurde der teure Honig in Karls Küchenschrank.

Eines Nachts kam Karl heim und wollte sich über den Honig hermachen, weil außer Toastbrot nichts mehr da war. Er öffnete den Küchenschrank und Hülyas Honig war weg. Erst dachte er noch, dass ihn jemand woanders hingetan haben musste, aber Karl fand ihn nirgendwo. Im Mülleimer fand er dann das leergekratzte Glas.

Das war ein volles Glas. Wie war das möglich?, dachte Karl.

Im Wohnzimmer lag »Der Typ von der Couch« und schnarchte.

Karl aß zwei trockene Scheiben Toastbrot und ging ins Bett.

Als Hazal langsam schon genervt war, dass Karl bereits die zweite Monatsmiete nicht bezahlen konnte, kamen endlich ein paar Genoss:innen zu Besuch, die Karl etwas Bargeld mitbrachten. Somit war das Geldproblem vorerst gelöst. Aber in der WG wurde es zunehmend ungemütlicher.

Während eines morgendlichen Gangs auf die Toilette trat Karl, wie unzählige Male zuvor auch, mal wieder in Katzenscheiße. Irgendwas stimmte nicht mit Hazals Katzen. Sie machten grundsätzlich neben das für sie vorgesehene Katzenklo. So, als wollten sie wegen irgend etwas protestieren.

Aber irgendwas stimmte auch nicht mit Hazal, dachte Karl, als er ein paar benutzte Tampons in die Heizung neben dem Klo hinein gestopft fand.

Die Atmosphäre in der WG verschlechterte sich zusehends und Hülya und Karl waren einfach nur noch genervt von Hazal und ihren Freund:innen. Oft, wenn sie beide nach Hause kamen und entspannen wollten, war schon wieder die nächste Party im Wohnzimmer. Oder wenn sie abends zusammen waren und ihre Zweisamkeit genießen wollten, platzten auf einmal Leute rein, drehten die Musik im Wohnzimmer auf und feierten.

Hinzu kam der ständig anwesende »Typ von der Couch« und andere Typen, die gut nehmen konnten und auf Hazals Kosten lebten, aber überhaupt nichts zum Leben der WG beitrugen. Hülya, die Hazal von Anfang an nicht leiden konnte, schlug vor eine eigene Wohnung zu suchen.

»Wir könnten den Mietvertrag über mich abschließen«, sagte sie zu Karl »Du zahlst die Miete und ich die Nebenkosten. Komm, ich hab morgen Zeit, dann schauen wir gleich ein paar Wohnungen an.«

Karl willigte ein. Er ahnte noch nicht, worauf er sich damit eingelassen hatte und was bald noch auf ihn zukommen sollte.

Am nächsten Morgen verließen sie das Haus, frühstückten auswärts, und liefen ein paar Viertel ab, um nach zu vermietenden Wohnungen zu suchen. Nachdem sie ein paar Wohnungen abtelefonierten, die jedoch alle zu teuer waren, wurden sie nach dem Mittagessen fündig.

Es war eine ziemlich heruntergekommene Eineinhalb-Zimmerwohnung, die erst noch renoviert werden musste, um dort überhaupt wohnen zu können. Aber sie war bezahlbar und zentral gelegen. Durch eines der Fenster hatte man, durch einen kleinen Spalt zwischen zwei Häusern, sogar ein wenig Meerblick. Als weiterer Vorteil erwies sich, dass in dem Viertel viele Auslandsstudent:innen wohnten, so dass Karl dort nicht weiter auffiel. Hülya sollte sich schon am nächsten Tag mit dem Vermieter treffen, um die Kaution zu bezahlen und den Mietvertrag zu unterschreiben.

Am gleichen Tag informierte Karl Hazal über seine Umzugspläne. Die wirkte überrascht und wie aus dem Schlaf gerissen. Nicht, weil sie Karl noch gern weiter bei sich gehabt hätte, aber ihr wurde bewusst, dass Karls Miete fortan fehlen würde. Außerdem stellte sich später heraus, dass Hazal für die gesamte Wohnung 950 Lira Miete zahlte. Davon bezahlte Karl 800 Lira.

Hülya und Karl renovierten die neue Wohnung. Erst wurde alles frisch gestrichen, dann ein Boden verlegt, und noch die Küchenecke gekachelt. Laminat und Kacheln holten sie sich vom Baumarkt und transportierten das Material per Taxi. Kerim, ein Freund von Hülya, war auch mit dabei und half. Er war einer von Hülyas Anarchistenkumpels. Früher war er mal kurzzeitig Mitglied in einer marxistisch-leninistischen Untergrundorganisation. Aber er fühlte sich dort, bei allem was er tat, immer zu sehr wie ein Soldat der Partei, wie er Karl erzählte. Deswegen verließ er die Gruppe wieder. Ihm fehlte der Individualismus. Jetzt ging er containern, um sich was zu essen zu besorgen und klaute ebenfalls im Supermarkt. Er und Hülya nannten das liebevoll »verstaatlichen«.

Das rief Einwände von Karl wach.

»Es hat doch nichts mit verstaatlichen zu tun, wenn du nur für dich Dinge klaust, um den eigenen Kühlschrank voll zu machen. Erst wenn du es klaust und den Armen zugänglich machst, kannst du es so nennen.«

Die Elektrizität in einem nahe gelegenen Park, in dem das erste Forum zu den Gezi-Protesten gegründet wurde, hingegen, wurde tatsächlich verstaatlicht. Da man die Straßenlaternen innerhalb des Parks anzapfte, wenn dort verschiedene politische Gruppen Veranstaltungen wie Filmabende oder sonstiges machten.

Im Gegensatz zu Hülya war Kerim ein Kind der Arbeiterklasse, der im Ghetto lebte. Er hatte keine reichen Eltern, die zu Hause vom Balkon aus den Bosporus erblicken konnten und eine Haushälterin hatten. Mit Kerim konnte man viel lachen und dieser machte sich auch Gedanken um Karl.

»Du kannst mich jederzeit anrufen wenn dir langweilig ist«, bot Kerim Karl an. »Außer meinen Job in der Kneipe, den ich nicht jeden Tag mache, habe ich gerade nicht viel anderes zu tun. Du kannst mich aber auch immer gern in der Kneipe besuchen kommen.«

Dann war da noch Emre, ein weiterer Anarchistenkumpel von Hülya. Emre hatte den selben Lebensstandard wie Hülya. Auch er hatte reiche Eltern und musste sich um das Morgen weniger Gedanken machen. Er musste aber, genau wie Hülya, zu Hause bei seinen Eltern den Anschein wahren, ein anständiges Kind der Familie zu sein, sonst wäre auch ihm der Geldhahn abgedreht worden. Das war der Unterschied zwischen Emre und Hülya und Kerim. Sie waren abhängig, hatten aber dafür relative Sicherheiten. Währenddessen Kerim frei war, aber keinerlei Sicherheiten hatte.

Kerim lebte in einer Wohnung im Ghetto. Diese hätte er nicht mal haben können, wenn nicht zufällig ein Freund von ihm, dem die Wohnung gehörte, gerade durch die Weltgeschichte reiste. So musste Kerim nur die Nebenkosten zahlen. Auch damit hatte er aber nicht mehr viel übrig von dem Lohn, den er bei seinem Kneipenjob verdiente.

Für Hülya und Emre war die Sache mit dem Containern und Klauen im Supermarkt eine unterhaltsame Freizeitbeschäftigung, für Kerim war das existenziell.

Karl jedenfalls war froh, dass er endlich wieder ein kleines soziales Umfeld hatte, auf welches er sich verlassen konnte. Soziale Kontakte hatten für sein neues Leben in der Illegalität ohnehin eine ganz besondere Bedeutung bekommen.

Es kam der 1.Mai und alle vier wollten sich an den Demonstrationen und Protesten hierzu beteiligen. Karl, der aus Sicherheitsgründen das Haus von Anfang an vermummt mit Schal und Helm verlassen hatte, entschloss sich mit Hülya im Hintergrund zu bleiben, und dort die Teilnehmer:innen der Demo, die in den vordersten Reihen von den Cops mit Pfefferspray malträtiert wurden, mit Augenspülung zu versorgen.

Kerim und Emre drangen weiter nach vorn.

Eine Gruppe sozialistischer Student:innen griff in einer Nebenstraße ein dort geparktes Räumfahrzeug der Cops mit Molotow-Cocktails, Steinen, und alles was sie sonst noch so finden konnten, an. Einen Teil des Materials hatten sie in der Nacht zuvor im Nachbarhaus von Karl gebunkert. Dort war die Haustür immer offen, so dass sie jederzeit uneingeschränkten Zugang hatten. Morgens um halb acht holten sie alles an passiver und aktiver Ausrüstung ab, was sie dort gehortet hatten. Karl rutschte schier das Herz in die Hose als er nachts aus dem Fenster blickte und sah wie die Cops umliegende Häuser wahllos durchsuchten. Zum Glück, hatten sie weder seines, noch das Nachbarhaus auf dem Plan.

Die Cops hatten allergrößte Mühe ihr Räumfahrzeug, welches mittlerweile an mehreren Seiten brannte, überhaupt noch aus der Nebenstraße weg zu bekommen, da es weiterhin Steine und Molotows regnete. Die Demoteilnehmer:innen applaudierten als diesen schließlich die Flucht gelang. Das waren die kleinen kollektiven Momente frischer Hoffnung, die einem immer wieder Kraft gaben – und von denen Karl im Laufe der Jahre noch einige mehr erleben wird.

Die Cops waren ziemlich sauer, und zogen im Anschluss an die Demo in Gruppen durch die Straßen des Viertels, um ihrem Zorn freien Lauf zu lassen. Bei einem Nachbarn schossen sie eine Tränengasgranate durch das Fenster in sein Schlafzimmer, als dieser dort gerade mit seiner kleinen Tochter schlief. Hülya und Karl kamen gerade nach Hause, als sie ihn mit rot unterlaufenen Augen draußen vor seiner Haustür vorfanden. Sie spülten ihm die Augen, was er dankend annahm. Seine Tochter kam nochmal mit dem Schrecken davon. Er schickte sie unmittelbar aus dem Zimmer und schloss schnell wieder die Tür, um die immer noch vor sich hinsprühende Gasgranate zu entsorgen.

»Wisst ihr, wenn die Jugendlichen nicht immer die Polizei angreifen würden, dann würde so etwas auch nicht passieren«, sagte er.

Genau das schien die Intention der Cops gewesen zu sein. Sie hofften, dass sich die Anwohner:innen auf diese Weise von den Demonstrant:innen entsolidarisieren würden. So einfach war es jedoch nicht bei allen, denn bei vielen anderen Nachbar:innen wuchs dadurch die Solidarität und sie waren zudem jetzt richtig wütend.

So war es auch bei Steve, dem Nachbarn von Karl, der über ihm wohnte.

Sie trafen ihn vor ihrem Haus.

»Hey, ich wollte gerade raus um mir die 1.Mai-Demonstration anzuschauen, und schon kamen hier die Cops die Straße entlang und fingen wie wild an in die Häuser und durch die Straßen zu schießen. Unser Haus stand zwar nicht unter Beschuss, aber oben strömte genug Gas hinein, so dass ich jetzt erstmal meine Wohnung verlassen musste«, erzählte Steve den beiden. »Wie das bei euch ist weiß ich nicht. Habt ihr eure Fenster alle zu gemacht?«

Sie betraten ihre Wohnung, aber da sie die Fenster vorher verschlossen hatten, lag zwar etwas Schärfe in der Luft, aber diese verzog sich recht schnell, nachdem sie die Fenster nun wieder öffneten.

Sie luden Steve zu sich ein. Kerim und Emre sollten sich später auch noch dazu gesellen. Um etwa vier Uhr nachmittags war der 1.Mai für sie eigentlich schon wieder vorbei und sie tranken eine Flasche Whiskey, die Emre zuvor im Supermarkt geklaut hatte. Aus der Ferne hörte man noch ab und an ein paar abgeschossene Tränengasgranaten und etwas Geschrei. Dann war alles ruhig.

Zwölf Tage später ereignete sich die Katastrophe von Soma, bei der über 300 Arbeiter in einer Kohlemine durch einen »technischen Defekt« sterben würden. Eine schon länger vorher von der Opposition angemahnte Sicherheitskontrolle des Bergwerkes, wurde aber von der Regierung abgelehnt.

»Arbeitsunfälle sind eben normal«, wird derjenige Premier zum opferreichsten Unglück in der Geschichte des türkischen Bergbaus zu sagen wissen, der ein paar Monate zuvor seine Wiederwahl mit Eisenstangen, Dönermessern und Tränengas durchgesetzt hatte.

Die türkische Linke hingegen wird von den Opfern eines systematischen Mordes beziehungsweise eines Massakers reden.

Die Eisenstangen und Messer, mit denen seine Unterstützer bewaffnet waren, sowie das Tränengas der Polizei brauchte der Premier damals, um seine Wiederwahl zu sichern. Zuvor wurde ein geleaktes Telefonat mit seinem Sohn öffentlich, indem er diesen dazu aufforderte das veruntreute Geld, dass sie in einem ihrer Anwesen in Schuhschachteln gebunkert hatten, woanders zu verstecken.

»Was sagen Sie dazu, dass der Premier Geld von den eigenen Leuten stiehlt und bei sich zu Hause in Schuhschachteln versteckt hält?«, wurde unter anderem eine Frau durch Fernsehjournalisten auf der Straße befragt.

»Ich finde es nicht gut, dass er das Geld von den Menschen gestohlen hat. Aber ich bin mir ganz sicher, dass er das Geld für einen guten Zweck ausgeben wird«, antwortete sie.

So sahen das bei weitem nicht alle und der Unmut über den Premier und die Verhältnisse im Land wuchs zunehmend.

In dem Viertel, wo Karl und Hülya wohnten, gab es ein paar leer stehende Gebäude, die gänzlich ungenutzt waren. Unter anderem gab es eine alte griechische Schule, die seit über zwanzig Jahren leer stand. Diese wollten sie zusammen mit ihrer Gruppe besetzen, um das Gebäude als ein Stadtteilzentrum zu nutzen. Sie planten dort Hausaufgabenhilfe für die Kinder der Nachbarn, Sprachkurse, Vorträge, Konzerte und ähnliches.

Die Gruppe, der sie sich angeschlossen hatten, war bunt gemischt und setzte sich aus Sozialist:innen, Kommunist:innen und Anarchist:innen verschiedenster Couleur zusammen. Da er sowieso nicht alles verstand, was gesprochen wurde und Hülya nicht zusätzlich mit der Übersetzung für ihn beschäftigen wollte, besuchte Karl nicht alle Plena.

Als bei einem Plenum, an dem er teilnahm, die Genossin Büşra Essen für alle besorgen wollte und in die Runde fragte ob jemand mitkommen könnte, meldete er sich, da auch er Hunger hatte. Da Büşra auch über etwas Englischkenntnisse verfügte, konnten sie sich auf dem Weg über eine Diskussion lustig machen, die einer auf dem Plenum angezettelt hatte. Dort vertrat einer die Meinung, dass es nicht in Ordnung sei nach der Besetzung die Flöhe und anderes Ungeziefer zu töten, da diese ja auch Lebewesen seien.

Als er mit Büşra zurückkam, hatten sie reichlich Essen für alle dabei, aber Hülya machte ein Gesicht, als ob ihr irgend etwas nicht passte. Erst dachte Karl noch, dass auch Hülya die Diskussion über das Entfernen von Ungeziefer und Pilzen im Gebäude auf die Nerven ging, doch zu Hause sollte sie dann konkreter werden. Es gefiel ihr nicht, dass Karl zusammen mit Büşra weg war, um das Essen zu organisieren.

»Spinnst du eigentlich? Was glaubst du wer du bist?«, schrie sie Karl aus heiterem Himmel an.

»Was ist denn?«, fragte dieser.

»Na weil du mit der da zusammen einfach weggegangen bist während dem Plenum!«, schrie Hülya weiter. »Findest du das auch noch cool? Und überhaupt, wie seh ich denn dabei vor meinen Freunden aus?«, machte Hülya ihrem Ärger weiter Platz.

»Wir haben doch nur Essen für alle geholt«, stellte Karl klar. »Wir hatten Hunger, und sie hatte gefragt ob jemand mitkommt. Wo ist das Problem?«

»Na und!?«, schrie Hülya unvermindert weiter und kam noch mehr in Rage. »Dann soll jemand anderes mitgehen. Warum musst du denn da mit? Stehst du auf die, oder was?«

»Ist das jetzt dein Ernst?«, fragte er sie.

Hülya ging in sich und etwas später entschuldigte sie sich.

»Ja, du hast ja Recht. Es tut mir leid. Schätze es war einfach nur ein anstrengender Tag und ich bin etwas übermüdet.«

Als sie gekocht und gegessen hatten, legten sie sich zusammen auf die Couch.

»Kannst du mir einen Gefallen tun?«, setzte Hülya nochmal an.

»Was denn für einen?«, fragte Karl.

»Na, wenn nochmal so eine Situation ist, dann lass jemand anderen mitgehen.«, sagte Hülya. »Ich mag das einfach nicht.«

»Was magst du nicht?«, fragte Karl. »Dass ich mich hier an kollektiven Dingen, wie das Essen für uns alle besorgen, beteilige? Du hattest doch auch Hunger, oder nicht?«

»Ich mag nicht wenn du mit anderen Frauen weggehst, und außerdem kann ich Büşra nicht leiden«, antwortete Hülya, die innerlich schon wieder hochkochte.

»Karl, ich habe hierfür meine Gründe, du kennst diese Frau nicht«, stichelte Hülya weiter. »Die steigt mit jedem ins Bett, und jeder und jede weiß das auch.«

»Schön, aber was interessiert mich das?«, fragte daraufhin Karl.

»Was glaubst du wie ich mich dabei gefühlt habe, als du ausgerechnet mit der zusammen weggegangen bist?«, fragte Hülya.

»Hülya, ich bin mit ihr für zehn Minuten weg gewesen um Essen für dich, uns und die anderen zu holen«, unterstrich Karl erneut.

»Versprich mir jetzt einfach, dass du mit der nicht mehr zusammen weggehst. Kannst du das?«, forderte Hülya.

Karl, der Hülya liebte, sollte ihr dieses Versprechen um des Friedens Willen geben. Sie waren gerade erst mal zwei Monate zusammen, und Karl hoffte, dass er so ihr Vertrauen gewinnen könnte, und Hülya ihre Eifersucht bald in den Griff bekommen würde. Leider war da nur der Wunsch der Vater seiner Gedanken und Hoffnungen.

Es kam der Tag der Besetzung. Etwa zwanzig Leute kamen zusammen um die Haustür der alten griechischen Schule aufzubrechen und diese dann einzuweihen. Das Ganze wurde von einer kleinen Musikkapelle begleitet, die im Vordergrund spielte, während die Genossin Büşra, mit der Karl fortan nicht mehr zusammen weggehen durfte (und am besten auch nicht reden) im Hintergrund das Schloss aufknackte und die Tür öffnete. Die ganze Aktion scheiterte, da sie aus den umliegenden Läden heraus angegriffen wurden.

Bewaffnet mit Dönermessern und Knüppeln kamen sie auf sie zu, um zu drohen und einzuschüchtern. Ein paar von ihnen kamen direkt ins Gebäude und schrien dort die Besetzer:innen an.

»Ich schlitz euch alle auf, kommt nur her! Von euch lass ich mir mein Geschäft nicht kaputt machen!«

»Was glaubt ihr wer ihr seid? Stellt euch vor das würde jeder machen!«, sagte ein weiterer, der etwas schlichten wollte und den anderen am Arm festhielt.

Draußen vor der Tür sammelten sich weitere Wutbürger und Faschisten. Die Lage spitzte sich zu und stand kurz vor einer Eskalation. Wie aus dem Nichts trat auf einmal der Eigentümer des Gebäudes auf und fragte was hier los sei und wer die Haustür aufgebrochen hat.

»Das Gebäude gehört mir und ihr verschwindet jetzt alle mal ganz schnell!«

Ein paar der Aktivist:innen versuchten zwar noch den Eigentümer von ihrem geplanten Projekt zu überzeugen, aber es war vergebens. »Nein, ich will sowas hier nicht haben, und wenn ihr nicht verschwindet ruf ich die Bullen.«

Diese waren jedoch schon da und hatten sich in zivil unter die Wutbürger gemischt. Man erkannte sie an ihren offen zur Schau getragenen Walkie-Talkies.

Enttäuscht und resigniert zogen sie, der Überzahl von Gegnern nicht gewachsen, wieder ab. Eine Weile wurden sie noch von bewaffneten Wutbürgen verfolgt, die sich vor dem Gebäude so rasant vermehrt hatten.

»Versucht sowas nicht nochmal! Das ist unser Viertel!«, schrie einer von ihnen, der ein Messer in der Hand hielt.

Sie flüchteten zunächst in einen nahegelegenen Park, ließen alles nochmal Revue passieren und analysierten, warum die Aktion womöglich schon von vornherein zum Scheitern verurteilt war.

»Ich hab euch doch von Anfang an gesagt, dass es reiner Selbstmord ist so etwas mit nur zwanzig Leuten zu machen!«, rief Kerim in die Runde, der öfters dafür plädiert hatte, erst einmal die Nachbar:innen für sich zu gewinnen, bevor man in das Gebäude eindringt. Zunächst wollte er auch gar nicht mehr an der Aktion teilnehmen, kam dann aber doch.

»Ja, wenn wir mehr Zeit damit verbracht hätten die Nachbarschaft zu mobilisieren, statt Stunden mit Diskussionen über Flöhe zu verlieren, wäre das vielleicht möglich gewesen«, warf Karl in die Runde, wofür ihm die meisten anderen auch Recht gaben.

Nach einigen Grundsatz-Diskussionen, die sich daran anschlossen, löste sich die Gruppe wieder auf.

Onur, ein weiterer Genosse sagte noch:

»Diejenigen, die damals die irrelevante Diskussion über Flöhe vom Zaun brachen, scheinen zudem nichts besseres zu tun zu haben als jede Gelegenheit zu nutzen, die revolutionäre Bewegung und dessen Geschichte anzugreifen. Das scheint ihre einzige Aufgabe zu sein. Ich habe schon vor Wochen vorgeschlagen, dass wir uns Unterstützung von revolutionären Gruppen holen. Das wäre kein Problem gewesen, denn die Kontakte sind da. Daraufhin hieß es, man wolle von außen nicht als rein kommunistische Gruppe wahrgenommen werden und sowas. Aber was kam als Alternative? Diese Personen haben nichts Produktives beizutragen gehabt, stattdessen blockieren sie die politische Arbeit der eigenen Gruppe! Euer Antikommunismus widert mich an, ich bin raus!«

Karl gab dem Genossen recht.

Denjenigen, die immer wieder versucht hatten die Gruppe zu spalten, zu blockieren, oder für sich einzunehmen, überließ man am Ende die Gruppe. Als sie dann endlich ihr eigenes Ding machen konnten, bestand die Gruppe nur noch aus vier Leuten. Dann löste sie sich ganz auf, denn selbst diese vier Personen konnten sich auf keine gemeinsame politische Linie einigen. Die Anderen hingegen sind heute noch im Viertel aktiv.

Kurze Zeit später gingen Karl und Hülya eine große Einkaufsstraße entlang, um ein paar neue Klamotten für Karl zu finden. Der sollte am nächsten Tag die Tante von Mert, ein Freund von Hülya, und ihre Tochter tätowieren.

Als er hinter sich Gelächter hörte und sich umdrehte, sah er vor einem Café ein paar junge Leute, die sich gut zu amüsieren schienen.

»Achtung Kamera«, sagte Hülya, und Karl bemerkte, dass ein paar Meter vor ihnen ein ZDF-Team filmte. Sie wechselten die Straßenseite, damit Karl nicht im deutschen Fernsehen landet.

»Darf ich dich mal etwas fragen?«, durchdrang dann Hülya den allgemeinen Lärm auf der Einkaufsstraße.

»Na klar. Was denn?«, fragte sie Karl.

Hülya zögerte etwas, und schien sich nicht sicher zu sein, ob sie wirklich fragen soll oder nicht, entschloss sich aber schließlich dazu:

»Warum hast du dich da vorhin umgedreht?«

»Was meinst du?«, wollte Karl wissen.

»Na, die Schlampen, die dir vorhin die ganze Zeit hinterher geschaut und gelacht haben«, führte Hülya weiter aus. »Warum hast du dich zu denen umgedreht?«

»Keine Ahnung, ich hab Gelächter gehört und dann einfach gekuckt«, sagte Karl, dem schwante, dass Hülya deswegen jetzt ein größeres Fass aufmachen wird.

»Aha, einfach gekuckt«, äffte sie ihn nach. »Und ich, als deine Freundin, laufe dabei noch wie ein Idiot neben dir her und muss so eine Scheiße auch noch akzeptieren, dass du jetzt sogar vor mir mit anderen flirtest, oder was?«

»Hülya, du spinnst!«, entgegnete Karl, der sich zu Unrecht verurteilt fühlte.

Langsam war für ihn die Toleranzgrenze für Hülyas Eifersucht erreicht, die immer mehr übergriff und ihm langsam die Luft zum Atmen nahm.

Ein paar Tage vorher hatte er Kerim auf Arbeit in der Kneipe besucht. Hülya rief ihn dort mehrmals an und schickte ihm zusätzlich ständig Nachrichten. Die beiden hatten in den drei Stunden, die sie zusammen in der Kneipe waren, quasi keine ruhige Minute für sich.

»Was macht ihr?« »Wo seid ihr jetzt?« »Seid ihr allein?« »Was sind da noch so für Leute?« »Sind da auch Frauen mit dabei?«, waren Hülyas Standardfragen.

Letzteres hätte sie auch gleich als erstes fragen können, dann hätten sie sich Zeit gespart. Schlussendlich ging es ja darum. Karl fing an die Zeit zu kalkulieren, die sie bereits mit derart Sinnlosem verloren hatten.

Ganz zu schweigen von der ganzen Energie, die sie das kostete.

Es fühlte sich für Karl an, als würde Hülya eigentlich nur nach Indizien suchen, die Karl endlich überführen würden, dass er sie nämlich mit anderen Frauen betrügt. Sie konnte ihm einfach nicht vertrauen. Das lag nicht daran, dass Karl tatsächlich Frauen hinterher schaute, oder gar mit ihnen geflirtet hätte, oder aber auf eine offene Beziehung aus war. Hülya schien einfach ein unsicherer Mensch zu sein, und konnte sich einfach nicht vorstellen dass einer wie Karl ausgerechnet eine wie sie lieben würde.

An jenem Abend war die Kneipe völlig leer. Karl saß an der Theke und Kerim dahinter. Durch Hülyas ständige Interventionen konnten die beiden kein vernünftiges Gespräch führen und waren zuletzt reichlich genervt von ihr.

Es gab unzählige ähnliche Situationen in denen Hülya ihrer Eifersucht freien Lauf ließ. Lange machte sich Karl vor, dass Hülya nur eifersüchtig ist, weil sie ihn so unendlich lieben würde. Dass Eifersucht auch Besitzansprüche beinhalte, blendete er aus.

Karl hätte unter normalen Bedingungen die Beziehung mit Hülya beendet. Scheinbar genoss sie es zudem, endlich Macht über jemanden zu haben. Sie hatte viele Fäden in der Hand, die Karls Situation jederzeit verschlechtern konnten, wann immer sie das für richtig hielt. Sie hatte auch den Mietvertrag unterschrieben und dadurch, dass sie in Karls Geschichte eingeweiht war, konnte sie ihn fertig machen und wusste, dass er auf Hilfe angewiesen war. Sie wusste auch um die Wichtigkeit sozialer Kontakte, die nun einen besonderen Stellenwert in seinem Leben hatten. Die meisten seiner Freund:innen waren auch Hülyas Freund:innen. Karl hatte mit ihrer Hilfe endlich etwas mehr Stabilität für sich schaffen können. Eine Wohnung, ein neues soziales Umfeld, und auch das langsame Anlaufen seiner Tattoojobs. Das alles wollte Karl nicht so leicht aufs Spiel setzen. Und Hülya schien das genau zu wissen.

Was hätte er machen können? Wieder zurück ins Achtbettzimmer im Hostel? Wieder zurück zu Hazal? Er wusste, dass er derzeit keine Alternativen hatte und war froh, dass er das bisherige hinter sich gelassen hatte. Zudem waren sie gerade erst in die neue Wohnung eingezogen und hatten viel Geld für die Renovierung ausgegeben.

»Warum hast du dich zu diesen Schlampen umgedreht?«, bohrte Hülya weiter.

»Weil ich sie geil fand!«, eskalierte nun auch Karl.

Es reichte ihm, dass Hülya versuchte das Universum einzig und allein ihren persönlichen Gefühlen anzupassen, die auch ständig schwankten. Manchmal wünschte er sich, dass auch er sich nur mit derartigen »Problemen« im Leben befassen müsste, statt jetzt den Druck zu fühlen, dass sie ihn theoretisch jederzeit aus der Wohnung rausschmeißen könne, er wieder auf der Straße stand und wieder bei Null anfangen müsse.

Hülya schrie Karl mitten auf der belebten Einkaufsstraße an und die Leute begannen sich nach dem streitenden Paar umzudrehen. Das war unangenehm, aber auch gefährlich. Wollte und musste er doch unauffällig bleiben so gut es ging, und nun richteten sich alle

Augen auf sie. Hülya war das völlig egal, sie ließ ihren Gefühlen freien Lauf:

»Du bist der größte Hurensohn mit dem ich jemals zusammen war!«

Karl blieb ruhig, weil er sie nicht weiter auf die Palme bringen wollte und versuchte Hülyas folgende Tirade zu ignorieren. Anschließend bog Hülya an der nächsten Seitenstraße ab und verschwand. Stinksauer.

Eine Weile lief Karl umher und überlegte wie es jetzt weitergehen soll als auch schon die ersten Nachrichten von Hülya kamen.

Er antwortete nicht, und ging stattdessen ans Meer. Dort dachte er nach.

Hatte er von derartigen Verhaltensweisen am Anfang ihrer Beziehung noch nichts gemerkt, schlich sich langsam etwas ein, das für ihn, schon allein aus Sicherheitsgründen, zum Problem wurde.

Gegen Abend begab sich Karl nach Hause. Hülya muss schon vor ihm da gewesen sein, denn Karls Zimmerpflänzchen lag herausgerissen und platt getrampelt auf dem Boden. Scheinbar hatte sie eine Weile auf ihn gewartet und darauf gehofft, dass er bald kommen oder zumindest ihre Nachrichten beantworten würde. Als weder das eine noch das andere geschah, ließ sie ihre Wut an der Zimmerpflanze aus.

Sehr sinnbildlich, dachte er, als er das sah und entsorgte was von der Pflanze noch übrig war.

Hülya schien nicht gewohnt zu sein, nicht das zu bekommen was sie wollte oder dafür zumindest etwas Geduld aufzubringen. Das allein schon machte die Beziehung der beiden schwierig. Hinzu kamen kulturelle Unterschiede und dadurch entstehende Missverständnisse bezüglich Sprache, Mimik und Gestik.

Es klopfte an der Tür. Da Karl niemanden erwartete, öffnete er nicht. Dann hörte er wie das Schloss betätigt wurde und hinein kam Hülya mit verweintem Gesicht.

»Karl, es tut mir so leid«, sagte sie. Karl war wie versteinert und konnte und wollte sie nicht in den Arm nehmen. Zu tief saß der

Ärger darüber, dass Hülya ihrer Eifersucht mehr Raum gab, als seiner Sicherheit.

Karl versuchte das Bild seiner zertrampelten Zimmerpflanze im Kopf zu behalten, um nicht weich zu werden, und blieb auf Abstand zu Hülya. Auf keinen Fall wollte er ihr das Gefühl geben abhängig von ihr zu sein. Vielmehr wollte er ihr langsam zu verstehen geben, dass er an einem Punkt angelangt war, seine Sachen zu packen und irgendwo anders einen neuen Anfang zu suchen.

»Hör mal, ich denke, es ist jetzt das Beste, wenn wir uns beide einfach etwas Zeit und Raum geben, um über alles in Ruhe nachzudenken«, sagte Karl.

Hülya nickte und blieb ruhig.

»Ich kann aber nicht in Ruhe nachdenken, wenn du mich weiter bedrängst«, fügte Karl hinzu.

Er spielte auf ihren Wohnungsschlüssel an und darauf, dass sie ihm in einer ihrer letzten Nachrichten damit drohte seine Tattoomaschine zu zerstören, wenn er nicht augenblicklich nach Hause kommen würde. Karl hatte die Maschine gerade erst für viel Geld erstanden und war sehr glücklich, da diese um einiges besser lief als sein veraltetes Gerät.

»Also entweder werde ich jetzt meine Sachen packen und irgendwo anders hingehen oder du gibst mir deine Schlüssel und ich bleibe hier. Aber so wie es gerade ist, kann ich nicht mehr weitermachen«, brachte es Karl für sich auf den Punkt.

Hülya gab ihm ihre Schlüssel.

»Und was ist mit Merts Tante und ihrer Tochter? Wirst du sie morgen tätowieren?« fragte Hülya noch.

»Nein, werde ich nicht, dafür habe ich gerade keine Energie mehr«, antwortete Karl. »Und jetzt lass mich bitte allein.«

»Ok, ich gehe«, sagte Hülya.

Sie öffnete die Wohnungstür, blieb dort stehen und schaute ihn an.

»Karl, kannst du mich wenigstens noch einmal umarmen?«, fragte sie.

Karl wurde weich und umarmte sie.

»Sollen wir nicht noch wenigstens die heutige Nacht zusammen verbringen?«

Karl ließ sich darauf ein.

Zu gut erinnerte er sich an ihre erste gemeinsame Nacht und wie gut ihm die körperliche Nähe zu Hülya tat. Lange musste er auf solche Nähe verzichten. Am Anfang seines Exils, fühlte er sich oft wie ein Stück Treibholz, das von den Launen der Strömung mal hierhin, mal dorthin gespült wurde.

Am nächsten Morgen waren beide wieder recht gut gelaunt und versuchten ihren Ärger, der sich Tags zuvor Bahn gebrochen hat, vorerst beiseite zu schieben. Doch dies dauerte nicht lange. Schon auf dem Weg zu Merts Tante gab es den nächsten Streit, weil Karl offenbar die falsche Person angeschaut haben soll. Er ließ Hülya an der U-Bahn-Haltestelle stehen und machte sich wieder auf den Heimweg. Fast zu Hause angekommen rief ihn Mert an.

»Hör mal Karl, ich weiß, dass ihr gerade Streit habt, aber meine Tante und meine Cousine warten schon seit heute morgen auf dich. Die sind total aufgeregt. Sei doch bitte so gut und komm du zumindest mit deinem Tattookram.«

Karl war einverstanden und machte sich auf den Weg zu Mert, der auf der anderen Seite der Stadt wohnte. In dem Moment, als er aus dem Bus ausstieg, rief Hülya schon bei Mert an und wollte sämtliche Informationen über seine Tante und Cousine einholen. Besonders über Merts Cousine, die gerade erst achtzehn geworden ist.

»Was wollte sie?«, fragte Karl.

»Du, das war voll komisch, sie wollte wissen wie alt meine Cousine ist und ob sie gut aussieht und sowas«, antwortete Mert.

Danach rief Hülya Merts Freundin Selin an, die bei der Session auch dabei war. Sie telefonierten eine ganze Weile, und Mert hatte schon mitbekommen, worum es ging.

»Karl, was immer heute noch passiert, mach dich einfach locker und bleib ruhig.«

Dann sagte Selin:

»Hey, Hülya hat mich gerade gefragt, ob sie dazu kommen kann und ich hab ihr gesagt, dass es ok ist. Bitte streitet euch nicht und bleibt ruhig. Wir können die Sache doch gemeinsam zum Abschluss bringen und am Ende wird jeder glücklich sein.«

Sie warteten auf Hülyas Bus und gingen anschließend gemeinsam zu Merts Tante. Diese war ganz aus dem Häuschen als Karl endlich eintraf. Ebenso ihre Tochter. Als erstes sollte Merts Cousine tätowiert werden. Es war ihr erstes Tattoo. Sie hatte sich einen Phönix auf dem Nacken ausgesucht. Hülya, mit der Karl seit ihrer Ankunft kein einziges Wort gewechselt hatte, setzte sich mit dazu und beobachtete wie Karl Merts Cousine tätowierte. Offensichtlich plagte sie ihre Eifersucht und sie fing an Karl zu provozieren:

»Na? Es gefällt dir die kleinen Mädels zu tätowieren, nicht?«

Das sagte sie auf Deutsch, damit die Anderen es nicht verstehen können, die alle auch Englisch konnten.

Karl, der schon halb fertig war, sagte nichts.

Hülya provozierte weiter:

»Ich wusste gar nicht, dass du so ein Kinderficker bist. Das hätte ich nie von dir gedacht.«

Karl entschloss sich auf Englisch zu antworten, damit jeder im Raum verstand, worum es hier eigentlich ging:

»Hülya, ich versuche hier meinen Job zu machen und wenn du jetzt schon eifersüchtig auf achtzehnjährige Frauen bist, dann ist das dein und nicht mein Problem, also stress mich nicht.«

Hülya fühlte sich vor den Anderen bloßgestellt und wurde kreidebleich. Das war zu viel für sie. Sie begann, Karl körperlich anzugreifen, so dass Mert und Selin dazwischen gehen mussten.

Mehrmals schlug Hülya Karl ins Gesicht, da sie es immer wieder schaffte sich von Mert und Selin loszureißen. Merts Cousine fing an zu weinen. Hülya gab dann den Anschein, dass sie sich wieder beruhigt hatte und alle versuchten sich locker zu machen. Aber unmittelbar darauf schlug sie Karl nochmal ins Gesicht. Karl, der sich nicht mehr halten konnte, knallte ihr nun auch eine mit der flachen Hand auf die Wange. Das war der traurige Showdown ihrer Beziehung.

Hülya hielt sich die Wange mit der linken Hand, verzog dabei aber keine Miene und schaute Karl mit einem Blick an, als hätte sie nun endlich was sie wollte.

Alle waren still, rührten sich nicht mehr und versuchten zu verstehen was gerade ablief.

Karl, der über seinen eigenen Kontrollverlust erschrocken war, fragte so ruhig es noch ging:

»Was machen wir jetzt?«

Er schaute Merts Tante an, die ja auch noch tätowiert werden sollte.

»Was du jetzt machst?«, schrie ihn Hülya an. »Du packst jetzt deine Sachen und haust ab, weil du mich geschlagen hast, das ist das, was du jetzt machst!«

Karl schaute die Anderen an. Keiner sagte irgendwas und Mert nickte. Das war für Karl das Zeichen, dass es wirklich besser wäre zu gehen. In dieser ewig werdenden Ruhe packte er seine Sachen so schnell es ging und verabschiedete sich.

Ist das jetzt gerade wirklich passiert?, fragte er sich, als er endlich draußen war.

Karl hätte sich gewünscht, nur schlecht geträumt zu haben, und konnte nicht fassen, was sich da gerade abspielte, und wie sich alles so blitzartig hoch geschaukelt hatte. Er fühlte sich schlecht, weil er Hülya geschlagen hatte. Sie hatte ihn zwar auch schon einige Male zuvor angegriffen, einmal auch mit einem Messer, aber bisher hatte er nie zurückgeschlagen.

Ihm fielen einige schlimme Szenen wieder ein, zu denen es nicht gekommen wäre, wenn die beiden früher Schluss gemacht hätten.

Karl ging zum nächsten Kiosk und holte sich ein paar Bier, die er auf dem Heimweg nach und nach leer trank. Auch wenn es von dieser Ecke der Stadt bis nach Hause über zwei Stunden zu Fuß waren, wollte Karl jetzt laufen und nur noch den Klang des rauschenden Meeres hören, an welchem er jetzt entlang lief. Er war gerade mal eine halbe Stunde unterwegs, da rief ihn Hülya an. Diesmal nahm er ab.

»Hey, es tut mir so…«, hörte er noch, bevor er sein Telefon ins Meer warf.

Er dachte an seine Genoss:innen, Freund:innen und Familie in Deutschland.

»Wenn die wüssten was hier gerade abgeht…«

Karl kam zu Hause an. Eigentlich hätte sein Plan vorgesehen, seine Sachen zu packen und wieder zurück ins Hostel zu gehen. Als er daran dachte, dass er dafür seine Taschen packen musste und mit all seinem Hab und Gut mitten in der Nacht noch auf die andere Seite der Stadt müsste, entschied er, dass er zu müde sei und ging doch erst mal schlafen.

Am nächsten Morgen nahm er seine Sachen und verschwand. Er verließ Hülya nun endgültig und ging ans andere Ende der Stadt. Hier quartierte er sich in einem anderen Hostel ein.

Neuanfang

Karl brauchte eine Veränderung. In das alte Hostel oder zu Hazal zurück wollte er nicht. Er entschied sich für ein Hostel, in dem ein Freund von ihm arbeitete und in dem zahlreiche andere gestrandet waren, die wie er, nicht vorhatten so schnell wieder irgendwo anders hinzugehen.

Es ging dort auch etwas alternativer als in dem anderen Hostel zu. Manchmal spielten sie abends im Garten Gitarre, rauchten Joints, tranken Wein und sangen zusammen Lieder von Freiheit oder über die Liebe. Karl war froh, dass er es hierher geschafft hatte und endlich weg von Hülya war. Da er ihr misstraute, und ihre impulsiven Gefühle ein Sicherheitsrisiko für ihn darstellten, teilte er ihr nicht mit, wo er war. Er hatte weder einen Abschiedsbrief hinterlassen, noch versucht organisatorische Dinge bezüglich der Wohnung zu klären. Hülyas Rache dafür sollte noch folgen und Karl daran erinnern, dass sie ihm das mehrmals schon angedroht hatte:

»Wenn du mich verlässt, erzähl ich jedem, dass du mich geschlagen hast.«

Genau das tat sie und zerstörte damit sein bisher mühsam aufgebautes soziales Umfeld. Sie wusste, dass sie ihn damit treffen konnte. Und es traf ihn hart. Da nun alle seine neu gewonnenen Freund:innen und auch ein Teil seiner Kund:innen weg waren, fühlte er sich allein und versank in Depressionen.

Wochen später ging Karl mit ein paar Freund:innen zu einem Punkkonzert. Zuvor entdeckte er zufällig in einer Kneipe auf der europäischen Seite der Stadt Clement und Emma aus Frankreich. Clement und Karl kannten sich noch aus seiner Bandzeit, da auch Clement in einer Band spielte. Sie hatten sich vor ein paar Jahren auf einem Festival in Manchester kennengelernt. Beide waren überrascht sich auf einmal in der Türkei zu sehen. Clement vor allem, weil er wusste dass Karl eigentlich woanders sein müsste, als hier in dieser Kneipe. Nämlich hinter schwedischen Gardinen. Er hatte zwar mitbekommen, dass Karl sich damals aus dem Staub gemacht hatte, aber hätte ihn niemals hier erwartet.

»Erzähl bitte niemanden, dass du mich getroffen hast«, bat ihn Karl , als sie sich zum ersten Mal trafen und Clement gab ihm sein Wort.

Emma war Clements Partnerin, und wollte ein paar Auslandssemester hier studieren. Da auch Clement eine andere Kultur kennenlernen und nicht so lang von Emma getrennt sein wollte, begleitete er sie. Es war ein kleiner Lichtblick für Karl, zu wissen, dass da Freunde waren, die er kannte. Ein weiterer alter Freund, den er wiedertraf war Barış, den er von der Türkeitour mit seiner Band kannte. Barış war mittlerweile mit seiner Mutter nach Dänemark gezogen und war gerade für ein paar Wochen zu Besuch.

Auch Hülya kannte Barış und war scheinbar informiert, dass er sich mit Karl traf:

»Hängst du noch mit diesem Arschloch rum, der Frauen schlägt? Falls ja, brauchst du dich bei mir nicht mehr blicken lassen.«

Barış wollte von Karl wissen was vorgefallen war, und Karl erzählte ihm alles. Barış versuchte sich aus diesem Konflikt, der ihm zu undurchsichtig war, herauszuhalten und sich diplomatisch zu verhalten, aber im Zuge der sich entfaltenden Dynamik schien Neutralität nicht möglich zu sein. Nachdem die vier bei Emma und Clement zu Hause ein paar Wein getrunken hatten, wollten sie zum besagten Konzert gehen.

Hülya hatte Barış zuvor gewarnt, falls Karl dort auftauchen sollte.

Dort angekommen, stellten sie fest, dass Hülya, seit Karl und sie sich das letzte Mal gesehen hatten, vielen Leuten ihre Version der Geschichte erzählt hatte, wonach Karl sie geschlagen hatte, ohne aber ihre Schläge zu erwähnen. Karl hätte gern auch seine Version des Vorfalls daneben gestellt, zumal sich viele seiner neuen

Freund:innen, nachdem sie mit Hülya gesprochen hatten, von ihm abwandten, aber für die meisten war es verständlicherweise nicht relevant, was die Erzählung des Mannes zu der Geschichte war.

Nachdem abzusehen war, dass es nur Stress auf dem Konzert geben würde, beschlossen sie weiter zum nahegelegenen Reggae-Nighter zu gehen, wo an diesem Abend Ipek, eine alte Freundin von Karl und Barış, DJane sein sollte. Aber auch dort stellten sie fest, dass im Vorfeld für kühle Atmosphäre gegen Karl gesorgt wurde. Ipek fühlte sich sichtlich unwohl als Karl dort auftauchte.

Die anderen boten Karl an zusammen woanders hinzugehen, doch Karl war die Lust vergangen und er verabschiedete sich, da er den anderen, die ja eigentlich zum Punkkonzert gehen wollten, den Abend nicht weiter versauen wollte. Er ging nach Hause und dachte über die Scherben seines sozialen Umfeldes nach.

»Hey, du bist ja eigentlich ganz cool«, wird Jahre später mal einer, den Karl spontan in irgendeiner Kneipe kennengelernt hatte, zu ihm sagen.

»Was heißt hier eigentlich?«, fragte Karl.

»Naja, Hülya wollte mich früher mal gegen dich aufhetzen und wollte, dass ich dich zusammenschlage. Ich hätte mich auch fast dazu hinreißen lassen. Jetzt habe ich aber irgendwie den Eindruck, dass es nicht richtig gewesen wäre. Tut mir leid«, antwortete der junge Mann.

Auch digital verlor er viele Freund:innen, die ihn auf Facebook gelöscht, oder blockiert hatten, wie Karl auffiel. Nicht, dass er sich so viel aus Facebook gemacht hätte, doch sprach das alles eine deutliche Sprache. Sie wollten nicht mehr mit ihm reden. Karl war für sie gestorben.

Für Karl nahm dadurch das Gefühl der Isolation zu und er wusste nicht, wie er sich verständlich machen konnte. Natürlich war es falsch gewesen, dass er Hülya geschlagen hatte, aber es fühlte sich gleichzeitig auch ungerecht an, dass die Schläge und Bedrohungen von ihrer Seite scheinbar keine Rolle spielten. Später wird er Hülya für das Zuschlagen der Tür zu diesem eingeschränkten Kreis der Subkultur sogar noch dankbar sein, denn nun konnte er in andere Sphären ausschwärmen.

Er bewohnte ein Einzelzimmer im Hostel. Zusammen mit dem neu erworbenen Tattoo-Equipment und seinen persönlichen Sachen, waren mittlerweile schon ein paar Sporttaschen an Hab und Gut zusammen gekommen, die er nur schwer in einem Acht-Bettzimmer hätte verstauen können. Das wäre auch das Letzte gewesen, was er gerade brauchte. Karl musste sich sammeln und frische Energie tanken.

Die ersten zwei Wochen konzentrierte er sich erstmal nur auf sich. Sorgen um das Morgen blendete er so gut es ging aus. Es war zwar klar, dass er hier nicht ewig bleiben würde, da ein Einzelzimmer auch entsprechend kostet, doch musste er sich das jetzt erstmal gönnen. Alternativen dazu hatte er ja grad nicht.

Viele weitere Male wird er die nächsten Jahre noch umziehen. Und noch einiges bis dahin erleben.

Karl lernte dann Cansu kennen. Als Tutku, eine gemeinsame Freundin der beiden, Karl zu einem Umtrunk in einem Park nahe am Meer eingeladen hatte, trafen sich Cansu und Karl dort zum ersten Mal. Als Cansu merkte, dass Karl, im Gegensatz zu ihren Freundinnen, noch andere Gesprächsthemen hatte, als Beziehungen, Mode, Parties und Konsum, entwickelte sie Interesse für ihn. Cansu war politisch. Und während sich die Gesprächsthemen der Anderen dann zum x-ten Male wiederholten und Cansu auch schon etwas angetrunken war, legte sie ihren Kopf an Karls Schulter und sie kamen sich näher.

Sie beide wurden ein Paar. Und Genoss:innen.

Zusammen gingen sie auf Demos oder schlossen sich spontan welchen an, bei denen sie annahmen, dass sie nicht all zu gefährlich für Karl werden konnten. Karl suchte hierbei besonders die großen Veranstaltungen auf, bei denen er es aussehen lassen konnte, als sei er ein Tourist, der sich nur zufällig hierher verirrt hatte. Nicht immer konnten sie das so machen. Manches Mal, wenn sie auftauchten und vom weiten schon erkannten, dass unverhältnismäßig viele Cops vor Ort waren, die Karl womöglich kontrolliert hätten, oder zu viele Kameras die Demo filmten, trennten sie sich und er ging einfach weiter. Entweder wartete er dann in irgendeinem nahe gelegenen Café auf Cansu, bis diese wieder von der Demo zurückkam, oder er ging nach Hause und sie trafen sich dort.

Durch ihre häufigen Teilnahmen hatten die beiden viele politische Kontakte geknüpft, und neue Freund:innen gefunden.

Dadurch wurden sie einmal auf ein Konzert in einem der revolutionären linken Viertel der Stadt von Deniz eingeladen, den sie zusammen auf einer Demo kennengelernt hatten. Sie staunten nicht schlecht, als sie dort zum ersten Mal auftauchten. Hier hatte die Guerilla das Sagen, so wie man es auch in der Zeitung lesen konnte, wenn dort etwas über derartige Arbeiter:innenviertel, die sich politisiert hatten, stand.

Aber im Gegensatz zur Meinung der Journalist:innen, standen hier offensichtlich die meisten Anwohner:innen geschlossen hinter ihren linksradikalen Milizen. Weil sie ihnen halfen. Und sie beschützten.

So etwas hatten Karl und Cansu zuvor noch nie gesehen. Ein politisiertes Viertel, mit Menschen, die sich aufeinander verlassen konnten. Hierhin wagten sich die Cops nur schwer gepanzert, weil sie damit rechnen konnten unmittelbar angegriffen zu werden. Viele der hier verankerten Milizen marxistisch-leninistischer oder maoistischer Prägung, mit ihren legalen und illegalen Strukturen, wurden von den Anwohner:innen mit offenen Armen empfangen.

»Endlich seid ihr da!«, sagten viele, als die ersten Milizen eintrafen, um die Menschen dabei zu unterstützen sich selbst im Kampf gegen staatlichen Terror und Verelendung zu organisieren und Gegenmacht aufzubauen.

Dort lebten Menschen, die man vergessen und im Stich gelassen hatte oder jene, die durch Aufwertungsprozesse aus den zentraleren Vierteln der Stadt verdrängt wurden. Die meisten von ihnen waren Kurden, Aleviten und nicht-privilegierte Türken. Auf Unterstützung vom Staat brauchten diese Menschen nicht hoffen – im Gegenteil. Also halfen sie sich selbst und bauten eigene Strukturen auf. Vor allem organisierten sie den Selbstschutz.

Am Eingang des Konzerts war eine Barrikade aufgebaut, hinter der bewaffnete, und mit roten Tüchern vermummte Milizen standen, die beobachteten wer sich dem Konzert näherte. In umliegenden Häusern waren zudem einzelne von ihnen auf Balkonen postiert, die sich dort mit Ferngläsern einen Überblick verschafften und auch feuerbereit waren. Zwar sah das für Cansu und Karl schon martialisch aus, aber nur so konnte auch ihre eigene Sicherheit gewährleistet werden. Diese Menschen meinten es ernst.

Die Regierung versuchte, die dort gewachsene revolutionäre Kultur, die sie selbst provoziert hatte, zu zerschlagen. Hierbei orientierte man sich an dem US-amerikanischem Vorbild, als man dort gegen die Black Panther-Bewegung vorging – Drogen und Prostitution. Hierzu schleuste die Regierung Gangs in die Viertel, die zerstören sollten, was sich in den Kiezen an sozialem Fortschritt über die Jahre entwickelt hatte. Im Jahr zuvor gab es auf dem gleichen Konzert eine Schießerei. Mehrere Gangmitglieder drangen auf das Gelände ein und schossen fünf der Konzertbesucher nieder. Damit ihnen das dieses Jahr nicht mehr gelingen sollte, wurden diese Sicherheitsvorkehrungen getroffen.

Dass die Menschen, die selber nichts hatten, ihr letztes Brot mit Cansu und Karl teilten und ihnen dabei schier unglaubliche Geschichten erzählten, die sie in diesem Viertel bisher erlebten, ließ Cansu und Karl nicht kalt. Immer wieder, wenn Cansu und Karl von diesem und ähnlichen Vierteln zurück kamen, wurde ihnen klar, in welch einer Plastikwelt sie selbst eigentlich lebten. Und welch privilegierte Probleme sie in ihrem Leben zu lösen hatten, während andere froh sein mussten nicht erschossen zu werden. Vorher war ihnen das in solcher Unmittelbarkeit nicht bewusst.

Später sollten sie noch ein anderes Viertel, das ähnlich organisiert war, besuchen. Dort gab es einen Friedhof auf dem revolutionäre Linke begraben waren, die im bewaffneten Befreiungskampf, in Hungerstreiks in den Knästen, oder anderen Formen von Widerstand gefallen sind. Ihre Gräber waren mit roten Fahnen oder Symbolen ihrer Organisationen geschmückt. Wenn es im Viertel Demonstrationen gab, bei denen sämtliche linken Kräfte des Viertels vereint wurden, schien es als wäre das gesamte Viertel auf der Straße. Verkehr war dann nicht mehr möglich. Die Demonstrationszüge wurden aus sämtlichen Häusern heraus gegrüßt und gefeiert. Selbst aus einer Zahnarztpraxis heraus zeigte das Ärztepersonal Victory-Zeichen aus ihren Fenstern, als bei einer der Demonstrationen offen auftretende Kommunist:innen die Hauptverkehrsstraße des Viertels blockierten, um gemeinsam traditionell zum revolutionären Friedhof zu gelangen. Das war einer der vielen Momente, in denen die beiden Gänsehaut bekamen.

Cansu und Karl spürten konkrete Gegenmacht.

Manchmal waren bei diesen Aufmärschen auch bewaffnete Milizen an den äußeren Enden aufgestellt, die auch mitliefen und für die Sicherheit des Marsches sorgten. Sie waren einheitlich gekleidet und vermummt. Ihre Nachricht nach außen war klar: Falls Gangs oder die Staatsmacht auf die Idee kommen sollten irgendwelche Faxen zu machen und beispielsweise auf Demonstrant:innen schießen, würden sie zurück schießen und den Klassenfeind in seine Schranken weisen.

Um die Milizen zu bewaffnen gab es Aufrufe an die Bevölkerung ihre Waffen bei den Revolutionär:innen abzugeben, beziehungsweise sie zu spenden.

In der Nähe des Friedhofs gab es eine Bullenwache, die erst vor kurzem dort eröffnet wurde und um die keiner gebeten hatte. Diese Wache glich einer Festung, oder einer Militäranlage. Provokativ wehte dort die größte und wahrscheinlich auch einzige Nationalfahne im Viertel. Es glich dem Vorgehen einer Besatzungsmacht, die versuchte sich langsam Land anzueignen, welches ihr nicht gehörte.

In jedem dieser Viertel waren es die gleichen Kämpfe zwischen oben und unten und es war der bürgerliche Staat selbst, der die Politisierung der Bewohner:innen überhaupt erst verursachte.

1995 töteten Todesschwadronen hier einen Taxifahrer, um anschließend mit dessen Taxi einen »Drive By« gegen unliebsame Personen der alevitischen Gemeinde zu veranstalten. Aus dem gestohlenen Fahrzeug heraus eröffneten sie das Feuer auf die Menschen im Viertel. Spätestens ab da verstanden die Anwohner:innen, dass sie selbst zu den Waffen greifen müssen, um Selbstschutz für sich und andere zu garantieren. Aber davor schon wies das Viertel eine lange Geschichte des revolutionären Widerstandes auf.

Nach seinem letzten Hostelaufenthalt lebte Karl mittlerweile in einer Studenten-WG mit anderen privilegierten weißen Europäer:innen. So manches Mal heulten diese rum, wie sehr sie ihre Heimat vermissten oder beschwerten sich, dass sie im Supermarkt nicht dieses oder jenes Produkt kaufen konnten, das sie in Europa gewohnt waren kaufen zu können. Ihre einzige Sorge schien außerdem darin zu bestehen, keine der Studentenparties zu verpassen, bei denen sie meist nur andere weiße Europäer:innen trafen. Manche von ihnen blieben zwei Semester lang bloß unter sich und hatten am Ende keinen einzigen türkischen Freund, oder Freundin. Schicksalsgemeinschaften, die keinerlei Substanz hatten. Viele von ihnen vermissten die Heimat und ihren gewohnten Lebensstandard so sehr, dass sie am liebsten schon nach den ersten zwei Monaten wieder nach Hause abgereist wären. Doch Fame und Likes auf Facebook und Instagram, die sie für ihren Auslandsaufenthalt erhielten, zwangen sie bis zum Ende durchzuhalten.

Was für ein Kontrastprogramm, dachte Karl oft, wenn er heimkam. Obgleich ihm auch bewusst war, dass er im Gegensatz zu den Menschen im Ghetto, die er gerade kennengelernt hatte, selbst der kleinbürgerlich-privilegierten Klasse weißer Europäer:innen zuzuordnen war. Gleichzeitig war er aber froh, dass er nicht die Ignoranz dieser konsumorientierten Kultur aufwies.

Dann erfolgte der Anschlag auf Charly Hebdo in Paris. Die Auslandsstudent:innen teilten in Windeseile »Je suis Charly« über ihre sozialen Netzwerke. Das war das Politischste, was man von ihnen erwarten konnte. Doch Karl glaubte, dass es ihnen nicht mal um ein politisches Statement ging, sondern vielmehr um die ständige Angst davor, die neuesten Trends zu verpassen und dann womöglich vor Anderen blöd dazustehen.

Das Bild des sogenannten Pariser Marsches schien dafür sinnbildlich zu stehen. Dort hatten sich Politiker:innen wie Angela Merkel, Benjamin Netanyahu, Francois Hollande und ähnliche Konsorten in einer abgeriegelten Seitenstraße filmen lassen, so als würden sie in einem Demonstrationszug an vorderster Front gegen den islamistischen Terror marschieren. Bilder, die die Welt erreichen sollten. Der Westen sollte einmal mehr auf einen gemeinsamen Feind eingeschworen werden, um die Heimatfront zu stabilisieren.

Die NATO hatte derzeit ihre Truppen an fast allen Ecken und Enden der Welt verteilt und stationiert, um die «Demokratie« dorthin zu exportieren. Das alles kostete viel Geld und wenn Arbeiter:innen der jeweiligen westlichen Länder deswegen in Massen streiken würden, würde das ganze Kartenhaus in sich zusammenfallen.

»Je suis Vietnam«
»Je suis Palästina«
»Je suis Afghanistan«
»Je suis Irak«

»Je suis Libyen«
»Je suis Syrien«

Viele andere Varianten dieses Slogans wären möglich gewesen, doch interessierte die Studierenden gar nicht, was vor ihrer Haustür stattfand oder wodurch ihr eigener Wohlstand gesichert war. Jetzt war es also Charly Hebdo, die für alle auf einmal unglaublich wichtig waren – und die bis dato niemand kannte. Keinesfalls wollte man hierbei aus der Reihe tanzen, aber sonst sich bitteschön nie zu politischen Themen äußern.

Auf einmal waren alle politisch. Und auch ein bisschen islamophob. Eine Doppelmoral, die in Karls Bild von ihnen passte.

Bei den vor kurzem begonnenen Maydan-Protesten in der Ukraine hatten Scharfschützen auf den Dächern des Regierungsgebäudes in die Menge der Ordner, als auch auf die Demonstrant:innen geschossen. Im Anschluss fand sich ein nicht unwesentlicher Teil der faschistischen Kampfgruppen in hohen Positionen des Staates wieder und es tobte schon eine Weile ein Bürgerkrieg im Osten des Landes. Aber auch das kümmerte die Studierenden einen Käse. »Je suis Donbass«.

Nun kam der Krieg, der sie nie interessierte, zu ihnen nach Hause und Jahre des Terrors sollten noch folgen, bis wieder ein heißer Krieg in Europa ausbrechen wird, bei dem man sich selbstredend auch wieder auf einseitige Berichterstattung aller (NATO-) Kanäle verlassen wird. Dann werden es mal wieder die Russen sein, gegen die man sich einschwören wird. Und während der Hauptfeind im jeweils eigenen Land steht, werden viele sagen: »Je suis Ukraine. Schwere Waffen jetzt!«, und eine Normalität des Krieges, der Militarisierung und Repression nach innen wird durch die Länder gehen, wie man es in Europa lange nicht mehr erlebt hat.

Zudem wird es dieses und das darauf folgende Jahr noch eine gewaltigere Fluchtbewegung, von rund zwei Millionen Menschen geben, die sich aufgemacht haben, um in die EU zu gelangen und dort einen Neuanfang zu suchen. Ausgelöst durch das imperialistische Chaos, das man in ihren Ländern veranstaltet hatte, um Rohstoffe und Handelswege zu erschließen.

»Der Kapitalismus hat eine besondere Art der Völkerwanderung entwickelt [...] Es besteht kein Zweifel, dass nur äußerstes Elend die Menschen veranlasst, ihre Heimat zu verlassen, und dass die Kapitalisten die eingewanderten Arbeiter in gewissenloser Weise ausbeuten.« Dieses Lenin-Zitat fiel Karl ein, als er darüber nachdachte.

Etliche Anschläge auf Geflüchtete und deren Unterkünfte werden in diesem Jahr allein in Deutschland noch gezählt. Auch die staatsnahen Medien werden daran ihren Anteil haben, da sie ab diesem Sommer ständig von einer »Flüchtlingswelle« reden.

Wasser auf den Mühlen rechter Hetzer, die sich derzeit schon im Parlament befinden.

Eines Tages entdeckte Karl in der Küche neu angebrachte Poster, die Werbung für das türkische Militär darstellten.

»Reiner, kommst du mal bitte?«, klopfte Karl sogleich an Reiners Zimmertür.

»Was ist denn?«

»Hast du die Poster in der Küche aufgehangen?«, wollte Karl von ihm wissen.

»Nein, von mir sind die nicht«, sagte Reiner.

»Stört euch das eigentlich nicht?«, fragte Karl, als Sandra noch hinzukam.

»Also mir ist es egal, ehrlich gesagt«, antwortete Sandra, die dem meisten gegenüber gleichgültig war, aber auch sehr diplomatisch sein konnte, wenn es um Kriegsverbrechen der NATO ging.

Wie sich herausstellte war es Ruben aus Holland, der die Poster dort angebracht hatte.

»Warum hängst du hier solche bescheuerte Militärpropaganda in der Küche auf?«, wollte Karl wissen, als Ruben gerade die Wohnung betrat. »Findest du es gut, was die da im Osten des Landes gerade mit der Zivilbevölkerung abziehen, oder was?«

Karl spielte auf den wieder aufgeflammten Krieg gegen die kurdische Bevölkerung an.

»Was, ich? Nein!«, fing Ruben an herumzustottern. »Ein Freund von mir arbeitet beim türkischen Militär, und hat sie mir gegeben. Ich dachte nur, die Küche sieht etwas kahl aus, und wollte sie ein bisschen dekorieren.«

»Schön. Du kannst den Scheiß ja in dein Zimmer hängen, statt in unsere Gemeinschaftsräume«, gab Karl Ruben zu verstehen.

»Alles klar, ich häng sie später ab, aber erst mal geh ich schlafen, weil ich voll müde vom Feiern bin«, gab sich Ruben kompromissbereit.

»Nicht nötig, ich hab den ganzen Schrott längst abgehängt und vor deine Zimmertür gelegt«, erwiderte Karl.

Cansu war mittlerweile in einem sozialistischen Studentenkollektiv organisiert. Im Gegensatz zu Karl konnte sie offen auftreten, Flyer verteilen und auf Demos gehen. Dort waren auch Pelin, Ibo, Damla und Birol, die die beiden schon kannten. Pelin und Ibo konnten zudem auch Englisch.

»Karl, hast du nicht auch mal Lust an unserem Schulungsprogramm teilzunehmen? Cansu macht auch mit, und wir dachten, wenn du schon nicht auf Demos mitkommen kannst, könntest du ja an sowas teilnehmen. Was meinst du?«, wurde Karl mal von Pelin gefragt.

»Na klar, warum nicht«, gab er nicht ahnend, dass er im Verlauf dieses Schulungsprogrammes noch einiges an Kritik einstecken sollte, zur Antwort.

Die Treffen ihrer Schulung fanden immer an anderen Orten statt. Manchmal waren es Cafés, manchmal trafen sie sich draußen im Park oder auch in Räumlichkeiten anderer linker Organisationen der Stadt. Der erste Teil ihres Schulungsprogramms befasste sich mit der Geschichte und Philosophie der Organisation selbst. Bei der nächsten Unterrichtseinheit ging es um Methoden im politischen Kampf. Diese Teile übernahmen jeweils Ibo und Birol für

Karl. Als nächstes standen Feminismus und Frauenkampf auf dem Plan. Dies wurde von Pelin und Damla angeleitet. Weil sie selbst Frauen waren.

Erst ging es um die Geschichte des Feminismus an sich und darum, dass herrschende Verhältnisse nicht immer so waren wie sie jetzt sind. Im weiteren Verlauf ging es bis in die Neuzeit und die Rolle der Frau in der heutigen Gesellschaft, in der sie doppelt unterdrückt ist.

»Kannst du an dir selbst sexistische Verhaltensweisen beobachten? Oder gibt es in der Beziehung mit Cansu irgendwelche traditionellen Probleme?«, wollte Pelin anschließend von Karl wissen.

»Ja«, antwortete Karl, der es als Lüge empfunden hätte, wenn er Nein gesagt hätte.

Damla runzelte die Stirn.

»Und an was beobachtest du das genau?«, wollte Pelin wissen.

»Naja, zum Beispiel daran, dass ich Cansu nachts zum Bus bringe, wenn sie nach Hause will, und vielleicht spiele ich generell zu oft den Beschützer«, schien Karl in seiner Selbstkritik den Nagel auf den Kopf zu treffen.

»Und warum machst du das?«, fragte Pelin weiter.

»Weil ich sie liebe und Angst habe, dass ihr was passieren könnte«, antwortete er ehrlich.

»Ja, aber später im Bus sitzt sie doch auch alleine«, stellte Pelin richtig fest. »Was machst du denn, wenn ihr im Bus irgendwas passieren sollte?«

Karl wurde nachdenklich. Er wusste, dass Pelin Recht hatte, und ihm war auch klar wohin es führen würde, wenn er jetzt auch noch jedes Mal Cansu im Bus begleiten würde.

»Hör mal, für uns seid ihr zwei eigenständige Personen und Genossen«, sagte Pelin zu Karl, nachdem ihr Damla etwas auf Türkisch gesagt hatte. »Cansu hat vielleicht noch nicht so viel Selbstbewusstsein wie du, aber du hinderst sie daran solches zu entwickeln, wenn du immer den Beschützer spielst und dich in ihre Angelegenheiten einmischt. Du unterstützt dabei nur, dass sich die Frau schwach fühlt. Wir brauchen aber starke Frauen.«

Karl fühlte sich bei dieser persönlichen Kritik zunehmend unwohl, doch wusste er auch, dass Pelin und Damla Recht hatten mit dem was sie sagten. Er musste offensichtlich an seinen Verhaltensweisen arbeiten und diese Form von Männlichkeit in ihm schleunigst bekämpfen und loswerden, wenn ihm sein politischer Anspruch etwas bedeutete.

Völlig geknickt verließ er die Genossinnen an jenem Tag und unterzog sich einer schonungslosen Selbstkritik.

Er dachte an jene Nacht, in der er mit Cansu Graffities sprühen war. Cansu stellte sich bei dem für sie ersten Versuch etwas unbeholfen an. Und Karl, der Angst vor den Cops in dieser belebten Gegend hatte, und nicht mehr Zeit mit der Aktion verbringen wollte als notwendig, nahm ihr dann einfach die Dose aus der Hand und sprühte selbst. Sie hatte ihn jedoch nicht danach gefragt und war noch tagelang beleidigt.

»Das ist auch schon übergriffiges Verhalten«, reflektierte Karl.

Diese Situation und manch andere waren zum Teil auch seiner Situation in der Illegalität und dem damit verbundenem Druck geschuldet. Ebenso der Tatsache, dass einige um ihn herum manchmal seine Lage vergaßen. Doch wäre es für Karl schon längst an der Zeit gewesen sich intensiver mit derartiger Kritik auseinanderzusetzen.

Karl versuchte sich zu sensibilisieren.

Verhaltensweisen an ihm, aber auch an vielen anderen Männern, insbesondere Freunden, denen er zuvor kaum Aufmerksamkeit schenkte, fingen an ihm aufzufallen und zu stören. Im Laufe der nächsten Jahre wird er noch einiges an feministischer Kritik zu hören bekommen, doch fing er an diese auch anzunehmen. Selbst wenn die Kritik und die Änderungsprozesse oft einen Schmerz verursachten, verstand er, dass er in einer patriarchalischen Gesellschaft aufgewachsen, darin eingebettet war und davon profitierte. Er bemerkte, dass die Sache mit dem Sexismus im Grunde wie eine Krankheit war. Sobald er sich in Männerrunden wiederfand und dort um des Friedens Willen viel tolerierte und keine Kritik übte, bemerkte er, wie er wieder zurück in alte Verhaltensweisen verfiel, und das suchte er zu vermeiden.

Unterstützt durch Pelin und Damla begab sich Karl in einen neuen Prozess.

Nachdem Ruben und Reiner ausgezogen waren, und er vorerst nur noch mit Sandra zusammen wohnte, bis die nächsten Studierenden kommen sollten, beschloss Karl ein paar Straßen weiter mit Anıl zusammen zu ziehen. Anıl war einer seiner neuen Freunde im Viertel. Er arbeitete bei einem Juwelier am anderen Ende der Stadt und war daher tagsüber nicht da. Das hieß, dass Karl die Wohnung in vollen Zügen für sich allein genießen konnte. Seine Lebensqualität stieg wieder.

Anıl war harter Kiffer. Das heißt, bevor er morgens um sechs zur Arbeit ging, rauchte er schon die ersten zwei Bongs. Abends, wenn er wieder nach Hause kam, ging es weiter. Anıl war auch nicht in Karls wahre Geschichte eingeweiht. Das machte es manchmal kompliziert zwischen ihnen.

»Warum hast du eigentlich kein Smartphone? Wir leben doch nicht mehr im Mittelalter«, spielte Anıl auf Karls altes Nokia-Telefon an.

»Ich hatte mal eines, aber das ist kaputt gegangen«, log Karl, um nicht suspekt zu wirken. »Ich werde mir aber bald wieder eines zulegen.«

Ein weiterer 1.Mai kam. Karl, Cansu, Clement, Emma und Alex, der gerade Karl besuchte, wollten sich zumindest von außen ein Bild von den Demonstrationszügen und den eventuell stattfindenden Protesten machen. Sie gingen an einen der Orte, wo für diesen Tag einer der geplanten Märsche der lohnabhängigen Klasse stattfinden sollte. Sämtliche Seitenstraßen waren von den Cops abgeriegelt worden, so dass es ihnen nicht möglich war unkontrolliert oder überhaupt durchzukommen. So beschlossen die fünf in ein anderes Viertel zu gehen, welches zu Fuß zwanzig Minuten entfernt war, um dort einer anderen Veranstaltung beizuwohnen. Auf dem Weg dorthin wurden sie von einer Gruppe junger Menschen gefragt, ob diese sich anschließen dürften.

»Hallo. Wir hatten gerade mitgehört, wo ihr hin wollt und da wir auch dorthin unterwegs sind, wollten wir euch fragen, ob wir mit euch mitlaufen können. Ihr seht unauffällig touristenmäßig aus und so wäre die Wahrscheinlichkeit für uns geringer von den Bullen kontrolliert zu werden.«

Alex fielen in diesem Moment schon die Rucksäcke auf, aus denen es ziemlich intensiv nach Benzin roch. Es bestanden keine Zweifel, dass es sich um eine Gruppe junge Revolutionäre irgendeiner linken Untergrundorganisation handeln musste. Die Anderen merkten davon noch nichts, schauten sich aber fragend an und willigten schließlich ein.

Clement und Emma, die etwas ängstlicher waren, egal um was es ging, hätten eigentlich am liebsten nein gesagt, doch wollten sie vor den anderen nicht blöd dastehen.

»Alter, wenn die uns jetzt kontrollieren sind wir fällig. Das weißt du, oder?«, fragte Clement Karl leise, so dass es der Rest nicht hören konnte, als sie sich zusammen auf den Weg gemacht hatten.

Auch Clement war mittlerweile aufgefallen, dass hier irgendwas gewaltig nach Benzin roch.

Karl schmunzelte nur. Er wusste, dass er hierbei weitaus mehr aufs Spiel setzte als Clement. Dies nahm Clement wiederum die Angst und er beruhigte sich wieder. Karl selbst war der Benzingeruch noch nicht aufgefallen, doch war ihm klar, dass sie hier einer linken Gruppe helfen würden. Dabei war ihm völlig egal welche das war.

Emma hingegen schob die reinste Panik, versuchte aber sich nichts anmerken zu lassen. Cansu war gelassen wie immer und hatte sowieso nie Angst und Alex, war ein Adrenalinjunkie, der eigentlich genau auf so was gewartet hatte.

Sie waren fast angekommen, als sich die Gruppe wieder von ihnen abkoppelte und anschließend von einem günstigen Straßenwinkel aus, alles auf die Cops abfeuerten was sie zu bieten hatten.

Darauf setzten die Cops Wasserwerfer und Tränengas ein, womit sie die Veranstaltung gewaltsam auflösten. Die Teilnehmer:innen flüchteten sich in umliegende Cafés oder Kneipen, um den starken Tränengaswolken zu entkommen.

»Heute haben sie qualitativ besseres Gas, passt auf Leute!«, schrie noch einer, während er sich in eine Seitenstraße flüchtete.

Die Revolutionäre Volksbefreiungsfront dessen Mitglieder:innen hier vermutlich gerade die Cops angegriffen hatten, machten ein paar Monate zuvor schon mal von sich reden, als eines ihrer Mitglieder in einem Gerichtsgebäude einen Staatsanwalt kidnappte.

Dieser Staatsanwalt war verantwortlich, Anklage gegen die Staatsbeamten aufzunehmen, die bei den Gezi-Protesten einen damals vierzehnjährigen Jungen erschossen hatten. In jenem Monat jährte sich sein Todestag zum ersten Mal.

Es war aber zu erwarten, dass der Staatsanwalt die Anklagen gegen die Bullen verschleppen oder gar fallen lassen würde und die Gruppe hatte für den Mord ohnehin Rache geschworen. Während er die Geiselnahme live im Internet streamte, hielt der junge Revolutionär, dem Staatsanwalt in seinem eigenen Büro, wo er eine Fahne der Revolutionären Volksbefreiungsfront aufgehängt hatte, eine Knarre an den Kopf. Er forderte, dass sich die verantwortlichen Cops für die Ermordung des Vierzehnjährigen öffentlich entschuldigen sollen und danach vor ein Volksgericht gestellt und bestraft werden sollen. Außerdem sollten all jene, die im Laufe der danach folgenden Solidaritäts-Aktionen für den Jungen verhaftet wurden, sofort freigelassen werden.

Das traurige Ende der Aktion war, dass ein Sicherheitskommando das Gerichtsgebäude stürmte und den Staatsanwalt und seinen Entführer erschoss.

»Haha! Geil!«, schrie Anıl damals, als er die Nachrichten hierzu auf seinem Smartphone entdeckte.

Dann widmete er sich wieder seiner Wasserpfeife.

Cansu musste oft über Anıls Unbeschwertheit lachen und auch Karl tat sich schwer für den toten Staatsanwalt auch nur eine einzige Träne zu vergießen. Anıls Reaktion spiegelte im übrigen die allgemeine Stimmung um sie herum wider. Niemand hätte es laut ausgesprochen, doch gab es reichlich klammheimliche Freude und frische Hoffnung nach dieser Aktion.

»Ich finde es völlig ok, wenn auch die sich nicht sicher fühlen können«, sagte Cansu, die Karl ein paar Tage zuvor davon erzählte, dass viele Fälle von Bullen bekannt geworden sind, die Frauen nach ihren Ausweisen kontrollierten und sie anschließend durch die gewonnenen Daten über Facebook oder Instagram ausfindig machten und ihnen nachstellten.

Anıl war nicht gern allein. Er wusste dann immer nichts mit sich anzufangen. Er redete immer gern und viel, wenn sie zusammen saßen. Zuhören hingegen war nicht so sein Ding. Wenn es jedoch um Politik ging, hielt er sich ganz gern raus. Freilich mochte er die Regierung auch nicht, doch war er einer von denen, die glaubten, wenn nur einzelne Figuren im Parlament ausgewechselt werden würden, alles schon wieder gut werden wird. Er glaubte an das bürgerliche System. Anıl war ein weißer privilegierter Türke.

Ein paar Parallelstraßen von ihrer Wohnung entfernt gab es ein Café, dass von einem anarchistischen Kollektiv organisiert wurde. Dort gab es vegetarisches und veganes Essen zum Selbstkostenpreis, und sie boten Jobs für Geflüchtete an, die dadurch ein bisschen Geld verdienen konnten. Die meisten der Gäste und Arbeiter:innen waren syrische Geflüchtete, aber Karl lernte dort auch Menschen aus dem Libanon, Ägypten oder dem Iran kennen.

Alle waren aus irgendwelchen Gründen von zu Hause abgehauen. Und die meisten von ihnen waren illegal wie Karl.

Wie zum Beispiel Alina, die im Iran für ihren Vater Drogen auf der Straße verkaufte und von Prostitution/Sexarbeit lebte, weil es sonst für sie dort keine Perspektive gab. Ihr Vater hatte einen Deal mit dem Richter der Stadt, der selbst gern Drogen konsumierte und ab und zu auch Kunde von Alina war. Dadurch ließen die Cops sie in Ruhe und nahmen dafür etwas Schutzgeld. Irgendwann packte Alina ihre Sachen, um ihr Glück weiter in der Türkei zu suchen und von dort aus bestenfalls irgendwo anders hinzugehen.

»Was? Hostel? Achtbettzimmer? Da wär ich froh gewesen, wenn ich am Anfang wenigstens das gehabt hätte«, sagte Alina zu Karl, als sie über seine anfänglichen Schwierigkeiten sprachen.

»Weißt du wo ich am Anfang geschlafen habe? Ich habe mich in einen Bus gesetzt und bin hin- und hergefahren, bis ich dann irgendwo wieder wach wurde«, fuhr Alina fort.

Karl kam sich blöd vor, weil er merkte, dass er bei weitem nicht derjenige war, der hier in der Illegalität am härtesten zu kämpfen hatte. Eigentlich fiel ihm das schon in den revolutionären Ghettos auf, die er mit Cansu zusammen besucht hatte, aber die Gespräche rüttelten ihn weiter auf.

Diyar aus Syrien war Punk mit Leib und Seele und veranstaltete Parties und Konzerte in Syrien. Zweimal war er deswegen schon im Knast und wurde dort gefoltert, weil man ihm Satanismus vorwarf. Am Ende seiner beiden Versuche in die Türkei zu gelangen, wurde er jeweils erneut eingesperrt. Nachdem seine Stadt im imperialistischen Chaos zerbombt wurde, sollte er es beim dritten Versuch schaffen.

Das waren ein paar wenige von zahlreichen geradezu unfassbaren Schicksalen, die Karl hier kennenlernen durfte. Sie halfen ihm später dabei sich selbst nicht all zu wichtig zu nehmen und zu erkennen, dass das, was er hier durchzustehen hatte, im Gegensatz zu dem was andere durchmachten eigentlich nichts war.

»Ja, is doch alles kein Problem, Bruder! Fünf Jahre Urlaub für dich, von denen du jetzt schon fast die Hälfte hinter dir hast. Glaub mir es gibt Schlimmeres«, sagte Diyar zu Karl, der kein eigenes Zimmer hatte, und sein Geld als Straßenmusiker verdienen musste.

Der Syrienkrieg war schon mehrere Jahre im Gange und es gab auch noch den IS/Daesh. Deren führende Persönlichkeiten (Ex-Gefangene außergerichtlicher US-amerikanischer Gefängnisse im Irak, die dort menschenverachtender Folter ausgesetzt waren) sollten bald öfters von sich reden machen. In Frankreich wird es Ende des Jahres einen weiteren großen Anschlag in einem Stadion und in einer Konzerthalle geben. Auch in der Türkei wird es dieses Jahr weitere Anschläge geben.

Es folgte der Suruç-Anschlag. Ein sozialistischer Jugendverband hatte dazu aufgerufen nach Kobane zu gehen und beim Wiederaufbau der Stadt zu helfen, die durch den IS zerstört wurde. Hunderte Studierende aus Istanbul, Ankara, Diyarbakır und anderen Städten folgten diesem Aufruf. Unter anderem wollten sie Spielzeug für die Kinder und Nahrungsmittel dort hinbringen. Bei dem Selbstmordattentat sollten vierunddreißig von ihnen sterben.

»Was macht ihr auch überhaupt dort drüben?«, fragte danach ein MHP-Politiker vor laufender Kamera. »Es gibt doch so viele Menschen im eigenen Land, denen man helfen könnte. Und was soll überhaupt diese ständige Che Guevara-Symbolik auf euren T-Shirts? Wir haben doch Atatürk!«

Cansu und Karl, die trotz der anfänglichen Schwierigkeiten, unvermindert mit ihren nächtlichen Graffiti-Aktionen fortfuhren, wollten sich dazu auch künstlerisch äußern. Cansu, die kreativ und begabt war, brachte am nächsten Abend schon fertig ausgedruckte

Schablonen mit. Deren Buchstaben und Symbolik mussten sie nur noch mit einem Teppichmesser ausschneiden, und schon konnte es losgehen. Volkan, ein weiterer Freund der beiden, machte an diesem Abend auch mit. Sie wählten diesen Abend, da Anıl nicht zu Hause war und somit nichts mitbekommen würde. Anıl hatte zwar ein gutes Herz, aber er quatschte einfach zu viel.

Trotz dessen waren die Probleme mit Anıl überschaubar und leicht in den Griff zu bekommen, bis dieser eines abends seinen Cousin mitbrachte.

»Guten Abend, Leute!«, begrüßte Anıl Karl und die anderen, als er zur Wohnungstür mit einer weiteren Person hereinspaziert kam. »Das hier ist mein Cousin. Der ist Bulle aus Ankara.«

Karl wusste gar nicht, was er jetzt dazu sagen sollte.

»Doch Bruder, der is echt Bulle, glaub mir!«, gab sich Anıl weiter euphorisch. »Wenn ich's nicht selber wüsste, würde ich es auch nicht glauben, haha!«

Sie begrüßten Anıls Bullencousin kurz angebunden und stellten keine weitere Fragen. Die beiden verschwanden auch recht schnell in Anıls Zimmer, weil der Bulle offenbar nicht vor Karl und den anderen kiffen wollte. Obwohl jedem klar war, was er dort mit Anıl machen würde.

Am nächsten Morgen ging Anıl zur Arbeit, und Cansu zur Uni. Volkan ist schon nachts zuvor nach Hause verschwunden. Anıls Bullencousin schlief noch. Karl wollte ihn schleunigst loswerden.

Lösegeld werde ich für den Trottel wohl nicht bekommen, dachte sich Karl scherzhaft, als er sich sämtliche Varianten vorzustellen versuchte wie er den Bullencousin am besten loswerden könnte.

Er drehte die Musik auf und fing an zu putzen, in der Hoffnung, dass der Staubsauger und andere mit Absicht erzeugte Geräusche den Bullencousin endlich aufwecken würde. Es funktionierte. Dieser stand auf und verließ umgehend das Haus.

Für Karl, der eigentlich gerade begann sich dort wohlzufühlen, war spätestens jetzt klar, dass er bald etwas Neues finden müsste.

Auch Anıl, in seiner Arg- und Ahnungslosigkeit, wurde zum Sicherheitsproblem für Karl. Wer weiß wen er künftig noch so alles anschleppen würde.

Bisher war Karl schon acht Mal umgezogen. Innerhalb von nur knapp zwei Jahren.

Sicherlich war es ratsam in seiner Situation ständig in Bewegung zu bleiben und nirgendwo lang zu verweilen, doch kostete ihn all das viel Energie.

»Ich hab so langsam echt keinen Bock mehr«, sagte Karl zu Volkan, mit dem er sich kurz nach Verlassen des Bullencousins traf.

»Jetzt reiß dich zusammen, die Hälfte hast du doch schon fast geschafft«, antwortete Volkan.

Karl war genervt und das viele Umziehen verlangte ihm viel ab. Immer wenn er sich irgendwo eingelebt hatte, musste er auch schon wieder seine Koffer packen. Vor allem die unvorhersehbaren Probleme machten ihm zu schaffen. Immer war er abhängig von anderen, ohne die er eigentlich fast gar nichts machen konnte. Deren Sorgen erschienen Karl geradezu lächerlich im Gegensatz zu dem, was er hier oft bewältigen musste.

Er zwang sich an Alina, Diyar und die anderen zu denken. Oder an seine revolutionären Ghettofreund:innen. Damit er wieder verstand, dass es noch viel Platz nach unten gab, und er jetzt besser nicht den sterbenden Schwan spielen sollte. Davon hätte niemand was gehabt. Am wenigsten er selbst.

Also für mich wär das nichts hier

Auch wenn es andere um einiges schwerer als Karl hatten, heißt das nicht, dass es dadurch für ihn entspannt war. Ganz im Gegenteil. Schließlich musste er jederzeit dazu bereit sein schnell seine Sachen zu packen und zu verschwinden, um irgendwo anders wieder komplett neu anzufangen. In jedem Moment könnte er durch einen dummen Zufall abgeschoben werden und anschließend im Knast landen. Oder wichtige Kontakte hätten wieder durch technische Probleme abreißen können und dadurch würde er erneut in eine finanzielle Notlage geraten.

Karl stand unter großem Druck und musste täglich Geduld für andere aufbringen. Er war darauf angewiesen, dass sie ihm bei elementarsten Dingen helfen, die er selbst durch seine Lage nicht bewältigen konnte.

So versuchte er, nicht immer in den gleichen Supermärkten einzukaufen. Er benutzte lieber Seitenstraßen, statt den belebten breiten Hauptstraßen. Alle drei Monate musste er seine Telefonnummer wechseln, da die anonymen SIM-Karten, die er benutzte, nur so lange freigeschaltet waren. Dort wo öffentliche Kameras aufgestellt waren, fühlte er sich nicht wohl. Andere hingegen nahmen diese nicht mal wahr. Wenn andere Gruppenfotos oder Selfies mit ihm zusammen machen wollten, stahl er sich immer aus der Situation, um nicht im Internet zu landen. Oft galt er vielen dann als Spaßbremse, und irgendwie auch als ein komischer Typ.

Für diejenigen, die es selbst nicht durchlebten, war das alles nur schwer vorstellbar und manche seiner Freund:innen interessierte es auch nicht so sehr.

»Also ich bin echt froh, wenn ich endlich wieder zu Hause bin«, sagte mal eine Freundin zu Karl, die ihn aus Deutschland besucht hatte. Allein der Großstadtstress hatte ihr nach nur ein paar Tagen gereicht.

»Ja, ich bin auch froh, wenn ich irgendwann mal wieder nach Hause kann«, wies Karl sie darauf hin, dass er es sich nicht aussuchen konnte und sein Fernweh schon längst in Heimweh umgeschlagen war.

»Oh, tut mir leid«, sagte sie, als ihr aufging, dass sie das Karl nicht hätte sagen müssen.

Ein anderer Freund, der zu Besuch war, ließ mal den Kommentar fallen: »Also für mich wär das nichts hier.« Ganz so, als hätte Karl sich das freiwillig ausgesucht und hätte schon immer davon geträumt illegal im Exil zu leben.

»Was? Ich kann mein Smartphone nicht bei dir zu Hause benutzen? Du, ich glaub, dann bleib ich doch lieber im Hotel«, sagte ein weiterer Freund zu ihm, der eigentlich wusste, dass mit dessen deutschem Telefon die Gefahr einer technischen Verfolgung bestand und er es gar nicht erst hätte mitbringen sollen. Offensichtlich war ihm das Smartphone wichtiger als das, weswegen er eigentlich vorgab zu kommen. Nämlich um Karl zu besuchen. Oder ging es nur darum sich später zu Hause vor anderen profilieren zu können? Um sagen zu können, dass er den illegalen Karl besucht hätte oder ähnliches? Um damit angeben zu können, dass man über exklusive Kontakte verfügte, die andere nicht hatten? Um zu zeigen, dass man alles andere als eine langweilige Person ist?

Das waren offene Fragen für ihn, und dennoch freute er sich, dass sie sich die Mühe machten ihn zu besuchen. Auch wenn er verstand, dass es einigen um alles andere, nur nicht um ihn ging.

»Also ich kann mir ja nicht vorstellen, dass die wegen dir…«, wollten manche bezüglich der Smartphone-Frage mit Karl diskutieren, als wäre es allein ihre Vorstellung, die Karls Sicherheit gewährleistete.

»Wie, ich kann nur alleine kommen? Aber ich wollte noch einen guten Freund zum Urlaub mitbringen.«, wurde auch mal beklagt. Als ginge es hier nur um deren Urlaub und nicht um Karl oder praktische Solidarität.

»Ey, hier ist es doch voll schön! Du hast das Meer, hier leben lauter hübsche Frauen, es gibt viele Clubs, was will man denn noch mehr?«, war ein weiterer Kommentar, indem sich mitunter auch Neid mischte.

All diese Freund:innen erlangten immer nur kurze Momentaufnahmen aus Karls Gesamtsituation. Nach ein paar Tagen Besuch, dachten manche, dass er hier wirklich das beste Leben hatte, was man sich überhaupt vorstellen könnte. Sie hatten keine Ahnung, wie es in Karls Innerem aussah, und sie sahen auch nicht durch welche Hölle er bereits schon gegangen war.

Womöglich hätten einige von ihnen schon nach ein paar Wochen das Handtuch geworfen.

Das muss das sein, was man im anatolischen Raum oft als den europäischen Egoismus bezeichnete, dachte sich Karl, als ihm das alles durch den Kopf ging.

Seine Kritik an dieser Haltung war nicht jedermanns Sache. Manche seiner Freund:innen brauchten Jahre um das zu reflektieren und einige von ihnen gingen auch daraufhin auf Distanz zu ihm.

Selbstverständlich drehte sich das Universum nicht um Karl und während für ihn die Zeit für eine Weile still stand, drehte sie sich für die anderen natürlich weiter. Das akzeptierte er. Dass es nicht einfach für ihn werden würde, war ihm von Anfang an klar. Welche konkreten Probleme aber auf ihn zukommen würden, konnte er nicht ahnen. Der Egoismus einiger Bekannten war oft schmerzhaft für ihn, aber auch daraus erschuf er sich wieder neu.

Sein persönlicher Besuch wurde auch langsam zum Sicherheitsrisiko, da er kam und ging wie er wollte, und Karl hatte viel Mühe ihn wieder unter Kontrolle zu bringen.

Obgleich er viele von ihnen sehr mochte, musste er sich dazu durchringen, ihnen zu sagen, dass sie ihn besser nicht mehr besuchen sollten. Trotz seiner Gefühle zu ihnen wusste er, dass ihn diese Gefühle in Teufels Küche bringen könnten. Hier war kein Platz für Gefühle.

Bei Karls politischen Kontakten liefen die Besuche anders ab. Diese stellten andere Fragen und zeigten Interesse an seinen persönlichen Schwierigkeiten. Und es stand außer Frage, dass sie ihr Telefon zu Hause ließen.

»Wie geht's Dir eigentlich so? Kommst du klar?«

»Kann ich mir gut vorstellen, dass es hart ist. Gerade für so einen wie dich, der eigentlich eine große Community gewohnt ist, aus der er jetzt komplett entwurzelt wurde.«

»Natürlich hast du Heimweh, das ist doch ganz normal.«

In solchen Fragen zeigte sich die Qualität seiner politischen Kontakte.

Natürlich funktionierte das Dreieck zwischen Karls Familie, seinen politischen Kontakten und Freund:innen auch nicht immer ganz reibungslos, und bot in dieser Zeit für alle Beteiligten viele Varianten an Problemen.

Einmal kam es hierbei zu einem größeren Knall.

Eigentlich war der Plan, dass sich Steffen zusammen mit Karls Mutter, während seiner Abwesenheit im Exil, um Karls Wohnung kümmern werden. Da es in seiner Stadt derzeit schon Wohnungsnot gab, sollte somit sichergestellt werden, dass Karl noch ein Dach über dem Kopf hat, wenn er nach den fünf Jahren Verjährung seiner Delikte wieder zurückkommt. Eine Weile hatte das auch geklappt.

Zuvor hatte Karl seine Wohnungsschlüssel Giovanni, einem Freund aus Italien, übergeben, der in der Stadt einen Job hatte, seit über einem halben Jahr auf Wohnungssuche war, und nichts fand. Bevor Karl sich verkrümelte, schlossen sie noch einen Untermietvertrag ab, was Giovanni sehr glücklich machte. Denn dadurch konnte er endlich seine Familie aus Italien holen. Miete und Nebenkosten waren so für Karl gedeckt.

Damit seine Mutter sich künftig um irgendwelche Dinge bezüglich der Wohnung kümmern konnte, hinterließ er eine Vollmacht. Zusätzlich übergab er ihr, für den Fall der Fälle, zehn Blankounterschriften auf leeren DIN A4-Papieren, bei denen, für eventuelle bürokratische Angelegenheiten, nur noch die entsprechenden Texte eingefügt werden mussten.

Karl versuchte oft sich vorzustellen, wie das für manche Staatsschnüffler ausgesehen haben muss. Denn auf dem Papier war er ja eigentlich noch anwesend, er interagierte sogar mit den Behörden. Die Miete wurde auf sein Bankkonto überwiesen und ging von dort per Dauerauftrag weiter an den Vermieter. Die Vollmacht über sein Bankkonto hatte ebenfalls seine Mutter, die für ihn die bürokratischen Kraftakte stemmte.

Einmal kamen die Bullen auch tatsächlich Giovanni in Karls Wohnung besuchen. Hierfür schickten sie zwei Beamte vorbei, von denen einer der italienischen Sprache mächtig war, damit sie sicher sein konnten mit Giovanni kommunizieren zu können.

»Buongiorno, wir sind von der Polizei, und suchen ihren Vermieter«, stellten sich die Cops bei Giovanni vor. »Wissen sie was von ihm oder wissen sie wo der ist?«

»Nein, weiß ich nicht«, antwortete Giovanni, der auch überzeugter Kommunist war.

»Ja aber, sie überweisen doch monatlich Geld auf dessen Konto, da liegt es doch nahe, dass sie mehr wissen, als sie uns hier weismachen wollen«, versuchten die Beamten weiterzubohren.

»Ja, das ist richtig. Ich bezahle meine Miete. Mehr kann ich dazu nicht sagen«, fertigte Giovanni die Staatsdiener an der Haustür ab, die daraufhin unzufrieden von dannen zogen.

»Wir kommen wieder«, verabschiedeten sie sich von Giovanni.

Doch war das eine leere Drohung. Sie kamen nicht wieder.

Giovanni war eine harte Nuss, die sie nicht so leicht knacken konnten. Und schon gar nicht einschüchtern.

Steffen hatte zwar viele Qualitäten, aber wenn es um organisatorische Dinge ging, war er mit den einfachsten Dingen schnell überfordert. Unter anderem musste Karls Mutter Steffen zwei Wochen hinterher telefonieren, bis dieser endlich den Zählerstand für die Nebenkostenabrechnungen ablas. Und das, obwohl Steffens Wohnung direkt neben der von Karl lag.

Das war ein typisches Beispiel für die sich entwickelnde Dynamik, wenn es um dergleichen Angelegenheiten ging. Das war auch der Anfang der beginnenden Misere, die später in einem großen Knall zwischen allen drei Unterstützerparteien Karls, und Karl selbst, ausarten wird.

Giovanni zog nach etwa eineinhalb Jahren wieder aus, weil er für sich und seine Familie eine geräumigere Wohnung fand und Steffen hatte schon Nachmieter. Thomas, ein weiterer Freund von Karl, und Bruno zogen ein und gründeten eine WG. Das Problem war nur, dass Karls Schlafzimmer, welches Brunos Zimmer werden sollte, keinen Ofen hatte.

Weder Giovanni noch Karl hatte das gestört, da sie im Winter einfach die Türen offen ließen, so dass vom Wohnzimmer bis ins Schlafzimmer durchgeheizt wurde. Für Thomas und Bruno jedoch, die auch Privatsphäre brauchten, wurde das zum Problem.

Einen Winter hielt das Bruno durch, der das Zimmer stattdessen mit einem Radiator beheizte. Einen weiteren Winter wollte er aber nicht mehr so leben.

Dass Bruno Aggressionsprobleme hatte, kam erschwerend hinzu. Darüber hinaus trank Bruno gern Alkohol. Täglich.

»Weißt du, ich kann irgendwie nur noch einschlafen, wenn ich so'n bisschen betrunken bin«, hatte er Karl mal erzählt, der darin eine Beichte über Brunos Alkoholproblem sah, das von ihm aber irgendwie verniedlicht oder gar als normal dargestellt wurde.

Das Problem lag auch darin, dass derartige Beichte nicht der Selbstkritik dienten, sondern viel mehr sagen wollten: »Hey, ich bin halt so, da kann man nichts machen.«

Aber Bruno hatte auch Qualitäten. Ja, er hatte Aggressionsprobleme, aber manchmal war seine eskalative Neigung sogar hilfreich. Auf Demos konnte er den Cops dadurch Einhalt gewähren, wenn diese wieder krumme Dinger gegen linke Aktivist:innen versuchten. Man konnte ihm auf jeden Fall nicht absprechen, dass er gut streiten konnte und auch jederzeit dazu bereit war. Manchmal ist sowas auf der Straße sehr nützlich. Die Bullen stuften ihn als »linksmotivierten, gewaltbereiten Straftäter«, wie Karl auch, ein.

Bruno unterstützte Karl, wo er nur konnte. Schon während Karls Haftzeit war das der Fall gewesen und auch im Exil wird er ihn nicht nur einmal besuchen kommen und sich um ihn kümmern.

Im kommenden Streit um die Heizung aber, machte sich Brunos toxische Männlichkeit einmal mehr bemerkbar. Bruno wollte endlich eine richtige Heizung in Karls Schlafzimmer installiert haben. Der Vermieter wiederum wollte das mit Karl als Hauptmieter klären, zumal Bruno zu der Zeit nicht mal einen Untermietvertrag hatte.

Da Karls Mutter die Vollmacht besaß, war es mal wieder an ihr sich darum zu kümmern. Sie war bis dahin schon reichlich genervt, da sie sämtlichen Bürokratiekram für Karl stemmen, und deswegen Steffen ständig wegen Kleinigkeiten wochenlang hinterherlaufen musste. Da Thomas es nicht gebacken bekam, seinen Hartz IV-Antrag auszufüllen, half sie auch dabei. So langsam kam es ihr vor, als hätte sie jetzt vier Söhne, die ihr ständig zusätzlichen Ärger machten. Dabei hatte ihr einer von der Sorte doch schon längst gereicht. Den liebte sie auch über alles und war sehr auf seine Sicherheit bedacht. Sie wünschte ihm Tag und Nacht nur das Beste. Aber mittlerweile kam sie sich wie eine Sekretärin vor. Und das für Menschen, die sie nicht mal kannte. Und es wurde nicht besser.

»Was stellst du dich da jetzt so an? Ich will jetzt, dass du da endlich anrufst! Ich will einen Ofen im Zimmer haben!«, sagte Bruno, der schnell respektlos, und am Telefon zum ersten Mal verbal ausfallend gegen Karls Mutter wurde.

Karls Mutter verstand zwar, dass es eine funktionierende Heizung im Zimmer bräuchte, wollte aber auf gar keinen Fall schlafende Hunde wecken, die Karl bezüglich seiner Sicherheit Probleme bereiten könnten. Brunos emotional aufgeladener Anruf war ihr schon deswegen zu viel. Dennoch rief sie beim Vermieter an, und es passierte, was sie befürchtete:

»Darf ich sie mal was fragen? Wo ist eigentlich ihr Sohn? Was macht der denn die ganze Zeit so lang?«, wurde sie vom Vermieter am Telefon gefragt.

»Nein, dürfen sie nicht«, antwortete Karls Mutter.

Genau solche Nachfragen wollte sie vermeiden und war auch davon überzeugt, dass ihre Telefonleitung abgehört wurde. Deswegen hatte sie sich auch »so angestellt«, wie sich Bruno, in seinem Unverstand, lautstark am Telefon ausdrückte.

Spätestens jetzt hatte Karls Mutter die Schnauze gestrichen voll. Sie bat Karl um sein Einverständnis und kündigte die Wohnung.

Bruno kochte innerlich und konnte vor Ärger nicht mehr schlafen.

»Hi! Sollen wir uns mal wieder auf einen Kaffee treffen?«, fragte Steffen Karls Mutter eines Tages via SMS.

Die beiden trafen sich öfters mal klandestin, also ohne Handies in den Taschen, um sich über Neuigkeiten bezüglich Karl auszutauschen. Sich »auf einen Kaffee treffen« war ihr hierfür abgemachter Code.

»Na klar, gerne«, antwortete Karls Mutter, für die derartige Treffen immer eine ganz besondere Bedeutung hatten.

Ging es dabei doch um die Person, die ihr im Leben am wichtigsten war und die sie bis dahin schon über zwei Jahre vermisste. Die Treffen mit Steffen waren ihr heilig und für beide auch fast eine Art gegenseitiger psychologischer Betreuung, die sie in gute Laune versetzte.

Doch diesmal war es ein Trick, zu dem sich Steffen, der auch etwas labil war, von Bruno hat zwingen lassen. Als Karls Mutter das Haus verließ und Steffen gerade begrüßen wollte, kam Bruno um die Ecke geschossen, der etwas weiter weg gewartet hatte, damit

Karls Mutter ihn nicht gleich sehen würde. Nun ließ Bruno seiner Wut freien Lauf und bedrängte Karls Mutter:

»Sag mal was fällt dir eigentlich ein, mir einfach so die Wohnung wegzukündigen!«, schrie Bruno sie vor ihrem eigenen Haus an, wobei anzunehmen war, dass dieses, zumindest gelegentlich, observiert wurde.

»Leute wie du, weißt du, wo Leute wie du für mich hingehören? In die Klapse!«, schrie Bruno Karls Mutter unvermindert weiter an.

Derart waren Brunos Ausfallerscheinungen während Karls Exilzeit. Später wird ihm das noch leid tun und er wird sich bei Karl noch tausend Mal dafür entschuldigen. Auch bei Karls Mutter. Aber an Karls Kritik, die neben seinem eigenem schlechten Gewissen das schmerzhafteste für ihn sein wird, sollte er trotzdem nicht mehr vorbeikommen.

Als Karl von seiner Mutter erfuhr was vorgefallen war, schickte er Bruno einen Brief. Karl war in seinen Kreisen bekannt dafür, Kritik besonders schmerzhaft ausfallen zu lassen. Das wiederum war eine Schwäche von Karl.

Als Bruno Karls Brief las, wandte er sich damit sofort an die Genoss:innen.

Bruno weinte. Bruno verstand.

In der Zwischenzeit hatte es Thomas irgendwie geschafft Karls Vermieter davon zu überzeugen, dass er statt Karl Hauptmieter wird, und Bruno bekam dadurch dann seinen lang ersehnten Untermietvertrag.

Karl war jetzt offiziell aus seiner Wohnung raus, aber das sollte für ihn keine Rolle spielen.

Er hatte jetzt sowieso ganz andere Dinge zu bewältigen, und »wer weiß was in drei Jahren noch sein wird.«

Bruno gab sich fortan allergrößte Mühe Karl ein guter Freund und Genosse zu sein, den er tatsächlich sehr mochte und ohne weitere Ausfallerscheinungen unterstützte.

Alle aus Karls Unterstützer:innenkreis waren in diese Auseinandersetzung involviert gewesen. Und sie brauchten, inklusive Karl selbst, eine ganze Weile um alles, auch sich selbst, zu reflektieren. Auch Thomas wird sich später noch bei Karl entschuldigen. Durch derlei Kleinkriege innerhalb des Unterstützer:innenkreises war einiges außer Kontrolle geraten und dafür brauchten alle Beteiligten Nerven wie Drahtseile.

So chaotisch aber vieles auch oft gewesen sein mag, dieses solidarische Dreieck war auch immer wieder unerwartet hilfreich. Wenn politische Kontakte aufgrund von technischen Problemen abbrachen, kamen Freund:innen. Wenn diese zum Sicherheitsproblem wurden, kamen Genoss:innen, die sie ablösten. Wenn beides nicht gegeben war, half die Familie. Jede Seite wuchs mit den Aufgaben. Politische Kontakte konnten so eine Praxis üben. Freund:innen fingen dadurch an sich weiterzuentwickeln. Die Familie politisierte sich. Und Karl, fühlte sich manchmal wie ein Charakter aus religiösen Geschichten, der in die Wüste gegangen war, um dort jahrelang in einer Höhle Buße zu tun. Oft waren ihm die Hände gebunden und er hoffte, dass er auch hier stärker rauskommen wird, statt gebrochen zu werden.

Ich hätte dir gleich davon abgeraten

3 Jahre hatte Karl noch vor sich.

Er wünschte sich einen Platz, der ihm mehr Stabilität bieten konnte. Besonders nach der Aktion mit dem Bullencousin von Anıl. Nach anstrengenden Wochen, überzeugte sich Cansu und sie zogen gemeinsam in eine Wohnung. Cansu unterschrieb den Mietvertrag und meldete Gas, Elektrizität, Wasser und Internet auf ihren Namen an. Es war eine helle, geräumige Vierzimmer-Wohnung im dritten Stock – und sie war bezahlbar. Sie mussten sie, bis auf Küche und Bad, nur noch komplett einrichten.

Cansus Universität war nicht weit, fünf Minuten zu Fuß. Dadurch gab es einige Wohngemeinschaften von Studierenden in der Gegend, wo auch Auslandsstudent:innen wohnten, also fiel Karl hier nicht sonderlich stark auf. Alles passte einigermaßen zusammen.

Dort sollten sie knapp zwei Jahre leben. Der Vermieter wollte schon nach einem Jahr eine Mieterhöhung von dreißig Prozent. Er witterte Geld, dass er bei Karl zu finden vermutete.

»Ja, wie? Der da ist doch Deutscher!«, zeigte er frech mit dem Finger auf Karl, während ihm Cansu gerade erklärte, dass er die Miete nicht auf einen Schlag um dreißig Prozent erhöhen könne.

»Ja, ist er auch«, antwortete sie, »er lebt und arbeitet aber hier.«

Um den Ball flach zu halten einigten sie sich zwei Wochen später auf eine Erhöhung von fünfzehn Prozent, auch wenn zehn Prozent eigentlich die legale Obergrenze gewesen wäre.

Hier fühlte sich Karl zum ersten Mal einigermaßen sicher und dachte nun alles unter Kontrolle zu haben. Und ausgerechnet in dieser Wohnung sollte er beklaut werden.

Taygun, ein Kumpel von Anıl, den Karl mal tätowiert hatte, war obdachlos und Karl wollte ihm helfen.

»Wenn du willst, kannst du erst mal bei uns bleiben, bis du etwas für dich gefunden hast, wir haben viel Platz dort«, bot Karl Taygun an.

Bei ihnen zu Hause waren zwei Zimmer so gut wie ungenutzt.

Taygun kam am nächsten Tag mit seinen Sachen. Ein Freund hatte seine Sachen mit dem Auto gebracht und ein weiterer Freund half ihm die Kartons hochzutragen, während der andere unten im Auto wartete.

Karl wollte auch mithelfen.

»Nein, nein, das brauchst du nicht, wir machen das schon«, versuchte Taygun Karl noch abzuhalten, doch bestand der darauf zu helfen.

Hätte er gewusst was in dieser halben Minute seiner Abwesenheit passieren würde, hätte er es nicht getan. Taygun nutzte diese knappe Zeit, um ins Schlafzimmer zu gehen und dort aus Karls Hosentasche dessen Geldbeutel zu stehlen. Als Taygun all seine Sachen in der Wohnung verstaut hatte, verschwand er auch schon wieder mit seinen Kumpels. Karl sollte erst am nächsten Tag merken, dass sein Geldbeutel fehlte.

»Cansu, hast du meinen Geldbeutel gesehen?«, fragte Karl Cansu, als sie gerade auf ein Konzert gehen wollten, auf das Karl Cansu zu ihrem Geburtstag eingeladen hatte.

Karl, bei dem jeder Raum seine Funktion und jedes Objekt seinen Platz hatte, wunderte sich. Er hatte seinen Geldbeutel immer in der Hosentasche und nie irgendwo anders hingelegt.

»Cansu, das wäre das erste Mal seit zwanzig Jahren, dass ich meinen Geldbeutel verloren habe«, hielt er fest.

»Vielleicht hast du ihn ja in einem unachtsamen Moment im Supermarkt liegen lassen«, spekulierte Cansu, bei der so etwas viel wahrscheinlicher gewesen wäre als bei Karl.

Karl konnte sich nicht vorstellen, dass er seinen Geldbeutel an der Kasse liegen gelassen hatte, klammerte sich aber an diese Möglichkeit. Schließlich hatte er dafür, das einzige Mal am Tag, zuvor das Haus verlassen. Eine andere Möglichkeit wäre ihm auch nicht eingefallen. Außer Taygun eben, bei dem er es sich aber nicht recht vorstellen konnte, dass der ihn am Tage seines Einzuges beklauen würde.

Vor allem, nachdem ihm Karl gerade erst geholfen hatte und ihm ein Dach über dem Kopf bot. Zusammen gingen sie zum Supermarkt und fragten dort den Kassierer ob eine Geldbörse gefunden wurde. Zwar verneinte dieser, bot aber an mit Cansu und Karl zusammen das Videomaterial vom Vortag einzusehen. Nach einer Weile Hin- und Herspulen fanden sie auch Karl, wie er gerade an der Kasse bezahlt hatte. Im Anschluss steckte er seinen Geldbeutel eindeutig wieder in seine Hosentasche.

Somit gab es nur noch zwei Möglichkeiten. Entweder es war Taygun, oder sein Kumpel, der noch mit oben war. Auch wenn es Tayguns Kumpel gewesen wäre, sah Karl Taygun dafür in der Verantwortung. Schließlich hatte der ihn ja angeschleppt.

Wieder zu Hause rief Karl sofort Taygun an.

»Du, mein Geldbeutel wurde geklaut. Weißt du da was von?«

»Was? Echt? Nein, ich habe keine Ahnung«, antwortete Taygun.

»Nunja, außer dir oder deinem Kumpel kommt für den Diebstahl aber niemand sonst in Betracht. Komm nach Hause, damit wir das klären können«, forderte Karl.

Taygun kam. Und war sehr nervös.

»Du kannst sofort wieder deine Schlüssel abgeben, und du bekommst sie erst wieder, wenn das hier geklärt ist«, sagte Karl zu ihm.

Taygun übergab Karl sofort die Schlüssel, die er gerade erst am Vortag erhalten hatte.

»Was machen wir jetzt? Beziehungsweise was machst du jetzt?« wurde er dann von Cansu gefragt.

»Ich weiß nicht. Ich versuche meinen Freund zu erreichen und rauszubekommen, ob er den Geldbeutel geklaut hat«, antwortete Taygun.

»Hör mal, ich brauche den Geldbeutel dringend wieder. Zur Not auch ohne das Geld«, sagte Karl, für den die siebenhundert Lira, die sich in seinem Geldbeutel befanden, auch nicht wenig waren. Doch vor allem ging es ihm um seinen Ausweis.

Von Anfang an war es seine größte Angst gewesen seinen Ausweis eines Tages zu verlieren. Und somit auch die Möglichkeit zu verlieren, notfalls noch irgendwo einzuchecken, Ländergrenzen zu überqueren, oder ihn den Cops vorzuzeigen, wenn sie ihn kontrollieren würden. Er wurde zwar bisher nur sehr selten kontrolliert, und wenn, auch nicht richtig, weil die meisten von ihnen kein Englisch konnten. Auch genügte es ihnen, zu sehen, dass er Deutscher ist. Trotzdem, irgend etwas musste er ja schließlich vorzeigen können.

»Falls wir den Geldbeutel nicht finden sollten, ein Freund von mir arbeitet bei der Polizei«, warf Taygun ein. »Vielleicht kann der ja irgendwie helfen.«

»Ja vielleicht«, sagte Karl, dem völlig klar war, dass die Cops das Letzte waren, was er und Cansu noch bräuchten, aber vor Taygun galt es, sich bedeckt zu halten.

Taygun ging wieder, da er noch arbeiten musste. Cansu und Karl wussten wo. In einem Café, etwas zentraler, unten in der Stadt.

Sie riefen ihn die folgenden Tage in unregelmäßigen Abständen immer wieder mal an, und fragten ob sich schon etwas Neues ergeben hätte. Sie wollten Druck machen, denn Cansu und Karl kam es so vor als versuchte sich Taygun langsam aus der Situation rauszustehlen. Mal hieß es er konnte seinen Freund nicht erreichen, dann wollte der Freund nicht zugeben, dass er es war und so weiter. Schnell wurde es Karl und Cansu zu blöd.

Als Karl eines Tages allein zu Hause war (Cansu blieb über die Hälfte der Woche bei ihrer Mutter) und nachdachte, wie er nun weiter verfahren sollte, fiel ihm ein, dass Taygun noch all seine Sachen in der Wohnung verstaut hatte. Sollte er dort womöglich seinen Geldbeutel wiederfinden? War Taygun wirklich so blöd?

Karl öffnete Tayguns Kartons, und staunte, was da alles zum Vorschein kam, das er nicht vermutet hätte. Jede Menge Uhren, Ohrringe, Halsketten, Broschen und dergleichen. Alles mögliche an Juwelen und Schmuck. Karl rief sofort Cansu an, um ihr das zu erzählen. Danach rief er Anıl an, den er tags zuvor schon über den Diebstahl informierte.

»Oh, hättest du mich gefragt, ich hätte dir gleich davon abgeraten den in deine Wohnung aufzunehmen«, sagte Anıl, und als Karl ihn dann fragte warum, kam Anıl ins Plaudern:

»Es gab schon öfters derartige Vorfälle mit dem. Man konnte nie etwas beweisen, aber der war irgendwie immer mit dabei, wenn irgendwo was geklaut wurde. Neulich haben wir zusammen bei einer Freundin übernachtet, und am nächsten Tag vermisste ihre Oma ihren Schmuck.«

Karl war sich sicher, dass ein Teil der Schmuckstücke, die er gefunden hatte, besagter Oma gehören mussten. Anıl kam abends vorbei, um den gestohlenen Schmuck zu begutachten. Sie breiteten sämtliche Schmuckstücke auf dem Wohnzimmertisch aus. Anıl fotografierte sie, um die Bilder seiner Freundin zu schicken und herauszufinden, welche der Sachen ihrer Oma gehörten. Drei Schmuckstücke konnten sie schon mal ausmachen. Ein paar Ohrringe, eine Uhr und eine Brosche. Karl gab sie gleich Anıl mit, damit er sie seiner Freundin wieder zurückbringen konnte.

Sie verabredeten sich für den nächsten Tag in dem Café, wo Taygun arbeitete. Auch Cansu kam mit. Sie nahmen Platz, und breiteten sämtliche Schmuckstücke auf dem Tisch aus. Taygun kam. Und wurde kreidebleich.

»So, dann erzähl mal«, sagte Anıl. »Das hast du alles geklaut, nicht?«

»Ja«, antwortete Taygun, der sich nicht mehr rauswinden konnte. Eine halbe Stunde später sollte er noch seinen Job verlieren, da auch in dem Café immer wieder Geld in der Kasse fehlte.

»Und was hast du jetzt mit meinem Geldbeutel gemacht?«, wollte Karl wissen. »Hast du ihn geklaut? Es sieht jedenfalls ganz danach aus.«

»Ja«, brachte Taygun kleinlaut heraus.

»Und wo ist der Geldbeutel jetzt?«, bohrte Karl weiter.

»Im Mülleimer«, antwortete Taygun.

Wie sich herausstellte, hatte er ihn, nachdem er das Geld heraus- und an sich genommen hatte, samt Ausweis und allem anderen, einfach weggeschmissen. Das war in einem der Mülleimer im nahegelegenen Park bei Cansus und Karls Wohnung. Diese wurden täglich geleert und seitdem waren etwa vier Tage vergangen.

»Und was machen wir jetzt mit deinen restlichen Sachen bei uns zu Hause?«, fragte Karl Taygun.

»Die kann ich heute Abend sofort abholen«, antwortete Taygun. Dachte er doch tatsächlich, dass Karl ihm seine Sachen nach all dem wieder zurückgeben würde.

»Nein kannst du nicht«, sagte Karl. »Und weißt du wieso?

Weil all deine Sachen stattdessen heute Abend an die Armen verteilt werden.«

Karl war nicht gewillt, Taygun auch nur eine einzige seiner Socken wieder zurückzugeben. Und so ließen Cansu und Karl Taygun zurück. Dieser sollte sich anschließend noch etwas mit Anıl, Anıls Bruder und einem weiteren Freund der beiden die Zeit vertreiben. Sie zwangen ihn mit zur beklauten Oma zu kommen, sich bei ihr zu entschuldigen und ihr auch persönlich ihren Schmuck wiederzugeben. Im Anschluss nahmen sie ihn mit zu Anıl nach Hause, wo er noch weiter verweilen musste, da sie ihn nicht so schnell wieder gehen lassen wollten. Nicht bevor sie noch gemeinsam ein Video drehen sollten, in welchem sie mit ihm zusammen auf der Couch saßen, und er alles vor laufender Kamera gestehen sollte. Später mussten sie noch mehrmals darüber lachen, während sie sich das Video ansahen. Wie brav sie da alle zusammen saßen, fast wie bei einem Familientreffen und Taygun, in der Mitte sitzend, alles beichtete.

»Ich habe die Oma beklaut… ich habe auch Karl beklaut… und ich verpflichte mich, den Schaden, so schnell es geht, zu begleichen.«

Das müssen schlimme Tage für Taygun gewesen sein, trotzdem hat er bis heute keinen einzigen Lira seiner Schuld beglichen. Taygun verschwand einfach, nachdem sie ihn gehen ließen und wurde seither nicht mehr gesehen.

Cansu ging am selben Abend noch nach Hause zu ihrer Mutter und Karl fragte sich, was er am besten mit Tayguns noch übrigen Sachen anstellen sollte. Er packte erstmal alle verbliebenen Schmuckstücke in eine kleine schwarze Box. Das waren immer noch sechs Uhren, mehrere Halsketten und einige Ohrringe.

Dann ging er raus, und übergab die Box samt ihrem Inhalt einer Blumenverkäuferin. Es gab in dieser Gegend viele Rom*nja und Sinti*zze, die als Blumenverkäuferinnen versuchten über die Runden zu kommen.

»Hey Schwester, das hier ist für dich«, sagte Karl, und wartete nicht bis die Blumenverkäuferin die Box öffnete und den Inhalt einsah. Stattdessen begab er sich auf direktem Weg wieder nach Hause.

Ab dem nächsten Tag sollten Karl fortan alle Blumenverkäuferinnen seines Viertels täglich mehrmals grüßen. Sie hatten so etwas bis dahin wahrscheinlich noch nie erlebt. Erst recht nicht von einem wie Karl, der für sie aussah wie ein verwöhnter Bengel des Westens, der sich außer um sich selbst um überhaupt nichts scherte.

Zu Hause warteten noch Tayguns Bettwäsche, Regale, Kleidung, verschiedene Bücher, und sonstige Dinge, mit denen Karl nichts anfangen konnte und wollte. Diese brachte er runter vor die Tür und stellte es neben einen der zwei großen Mülltonnen vor ihrem Haus. Jetzt galt es nur noch abzuwarten bis sich die Armen selbst bedienen werden, dachte sich Karl. Keine zehn Minuten später, konnte er vom Balkon aus beobachten, wie die ersten kamen und sich an Tayguns Sachen bedienten. Und keine weiteren fünfzehn Minuten später war schon alles wieder restlos weg. Zufrieden darüber, dass Karl aus all der Misere noch irgendwie etwas Gutes herausholen konnte, zündete er sich eine Zigarette an und dachte nach.

»Scheiße, mein Ausweis ist jetzt trotzdem weg…«

Für mich war es ein gutes Jahr

Ein weiteres Mal jährten sich die 1.-Mai-Feierlichkeiten im Exil. Doch dieses Mal sollte Karl zum ersten Mal zu Hause bleiben. Es erschien ihm und Cansu zu riskant, da er nur noch mit einem Führerschein als Ausweisdokument ausgestattet war. Das Risiko stieg zusätzlich, da in diesem Jahr ein Demonstrationsverbot über die gesamte Innenstadt verhängt wurde. Fünf Wochen vor den anstehenden Parlamentswahlen. Diese werden dann nicht so ausfallen, wie sich das die Regierung wünschte und man wird durch eine Wahlwiederholung den Wähler:innen die Chance geben »ihren Fehler zu korrigieren«.

Traditionell gab es jedes Jahr zum 1.Mai die große offizielle legale Veranstaltung. Diese fand immer etwas außerhalb der Innenstadt auf weiten Plätzen, die nur über endlos lange breite Straßen zugänglich waren, statt. Hier konnte niemand so leicht abhauen. Bewacht, kontrolliert und terrorisiert wurde diese Veranstaltung durch ein martialisches Aufgebot von Militärs und Cops. Cansu entschied mit ihren Genoss:innen an dieser teilzunehmen. Ansonsten gab es noch die illegale Variante den Maifeiertag zu begehen. Hierbei versuchten linke Gruppen auf den Taksimplatz zu gelangen, auf dem es generell verboten war zu demonstrieren, insbesondere am 1.Mai. Der Ort war zu symbolträchtig. War es doch der Platz, an dem 1977 über dreißig Gewerkschafter von radikalen Nationalisten und Todesschwadronen getötet wurden. Auch die Gezi-Proteste fanden vor noch nicht all zu langer Zeit dort statt. Aus dem Grund, war an dem Tag der ganze Ort abgesperrt und nur vereinzelt wurden Menschen durchgelassen. Der sonst so belebte Platz glich einer Einöde.

Dort aber sollten an dem Tag trotzdem noch einige dutzend Mitglieder der Kommunistischen Partei auf sich aufmerksam machen. Sie nannten es Operation »Trojanisches Pferd«. Nachts zuvor hatten sie sich zusammen in einem der umliegenden Hotels eingemietet, um am nächsten Tag nach dem Auschecken samt ihrer roten Fahnen, Transpis und allem was sie hatten, zusammen auf den Taksimplatz zu stürmen. Als sie das geschafft hatten, bildeten sie eine Kette um eine der Statuen auf dem Platz. Sie wurden zwar schnell überwältigt, aber die Symbolkraft ihrer Aktion war stark und wurde im ganzen Land gefeiert. Viele konnten dadurch wieder frische Hoffnung schöpfen.

Ein paar Monate vergingen und sie hatten gerade Besuch als die Nachricht kam, dass an jenem Tag wieder Selbstmordattentate verübt wurden. Diesmal war es ein Anschlag auf eine große Friedensdemonstration in Ankara. Dabei starben 102 Menschen und über 500 wurden verletzt. Es war der schwerste Terroranschlag in der Geschichte der Türkei. Beide Attentäter waren zwar dem Umfeld des IS zuzurechnen, aber dieser bekannte sich nicht dazu. Die Panik, Angst und Ohnmacht, die sich danach bei vielen ausbreitete, machte sich die Regierung zu Nutzen.

»Was ist dieses Jahr bloß los?«, fragte Ayşe, eine Freundin von Cansu und Karl, die mit ihrer Schwester Berna bei Cansu und Karl übernachtet hatte.

»Um ein Haar wäre ich dort auch mit ein paar Freundinnen hingegangen«, fuhr Ayşe fort. »Oh mein Gott, ich muss die anrufen!«

Wie sich herausstellte waren alle noch am Leben, doch einige von ihnen trugen ein Trauma davon und mussten sich in psychologische Behandlung begeben. So erging es auch einem Genossen von Cansu und Karl, der ebenfalls dort war. Freund:innen und Bekannte von ihm hatten die Friedensdemonstration nicht überlebt. Viele mussten hautnah miterleben, wie sich Freund:innen in Blut und abgetrennte Körperteile verwandelten.

Ein Bild, das sie für den Rest ihres Lebens nicht mehr aus ihren Köpfen herausbekommen werden.

Bei vielen, die bisher mit einer politisch oppositionellen Haltung kokettiert hatten, war nun, ob sie selbst dort anwesend waren oder nicht, spätestens ab diesem Moment Schluss damit. Sie hatten jetzt einfach nur Angst.

Es sollten noch unzählige weitere Anschläge und Gegenanschläge im ganzen Land und weltweit darauf folgen.

Auch der Krieg der Türken gegen die Kurd:innen war schon längst wieder aufgeflammt und im Osten des Landes tobte wieder ein Bürgerkrieg. Türkisches Militär und Polizeieinheiten legten dort ganze Städte in Schutt und Asche und stellten sie anschließend unter Zwangsverwaltung. Der Regierung unliebsame oppositionelle Politiker wurden verhaftet und andersweitig beseitigt. Im Westen des Landes interessierte das kaum jemand. Oppositionelle Nationalisten und Atatürkfans hassten ja selbst die Kurd:innen, unter anderem, da ihnen lebenslang nichts anderes beigebracht wurde als dieser Hass. Aber auch sie wird man in ein paar Monaten noch das Fürchten leeren und bis auf die Knochen demütigen.

Derweil nahm die Errichtung eines sogenannten Präsidialsystems ihren Lauf. Für einige war nicht mehr ganz klar, ob das schon der Faschismus ist. Sechs Jahre später wird die Türkei noch aus dem internationalen Frauenrechtsabkommen austreten. Und bald sollen noch unzählige Fälle von Kindesmisshandlung an religiösen Schulen bekannt werden, die mittlerweile wie Pilze aus dem Boden schossen.

»Eine Vergewaltigung, was ist das schon? Worüber reden wir hier eigentlich?«, wird die Familienministerin später dazu zu sagen haben.

Während die Sonne gerade unterging, saßen Karl und Cansu zusammen auf dem Balkon und genossen den Ausblick. Plötzlich vernahmen die beiden einen gewaltigen Knall in der Ferne. Zweifelsohne eine Explosion und vermutlich wieder ein Anschlag.

Doch von wem und gegen wen oder was? Nur das schien noch die Frage zu sein.

»Cansu, was auch immer da gerade wieder hochgegangen ist, und wie auch immer das hier alles noch weitergeht: Ich habe keine

Angst mehr, und ich liebe dich«, sagte Karl zu Cansu und nahm ihre Hand.

»Ach Gott, bist du süß«, antwortete Cansu, umarmte Karl und küsste ihn.

Beide waren schon längst kaltblütiger geworden. Die vielen Anschläge, die sich über einen sehr langen Zeitraum und nicht selten auch ganz in ihrer Nähe ereigneten, beeindruckten sie nicht mehr so, wie es noch die ersten Male war.

»Wenn wir sterben, dann sterben wir eben«, konnte Cansu hierzu nur noch sagen.

Ein wenig später bekannte sich die Marxistisch-Leninistisch Kommunistische-Partei, der bewaffnete Arm der Sozialistischen Partei der Unterdrückten, zu der Aktion. Sie richtete sich gegen ein Fahrzeug der türkischen Polizei. Dieses wurde um drei Sekunden verfehlt, da die Ampel gerade auf rot geschaltet hatte.

»Das nächste Mal habt ihr keine drei Sekunden mehr«, hieß es hierzu von Seiten der revolutionären Linken.

Von den Ordnungshütern, die nur um drei Sekunden verfehlt wurden, und nochmal mit dem Schrecken davon kamen, sollte darauf blutige Rache folgen. Die Verantwortlichen für den Anschlag wurden gefunden. Es waren zwei militante Frauen, die sich im Untergrund organisiert hatten. Man hatte beide noch in ihrer Wohnung erschossen. Als sie schon tot waren, hat man einer von ihnen noch eine Pistole in den Genitalbereich geschoben, und noch einmal abgedrückt.

Genau das beschreibt den Charakter dieser widerlichen Dreckschweine sehr gut, dachte Karl als er davon hörte.

Es war für eine Weile wieder etwas ruhiger geworden, als Emma und Clement zu Besuch kamen. Sie wollten ein paar Tage Urlaub machen, und ein bisschen Zeit zusammen mit Cansu und Karl verbringen.

Sie saßen alle zusammen mit ein paar weiteren Freund:innen im Park, tranken Bier und tauschten sich aus. Die Unbeschwertheit, die sie an jenem Abend vorerst noch genießen konnten, sollte aber nicht von langer Dauer sein. Sie bemerkten, dass um sie herum eine Hektik ausbrach. Einige Parkbesucher:innen wirkten wie aufgescheucht, packten allmählich ihre Sachen und verließen zügig den Park.

»Was ist denn jetzt los? Hier muss gerade irgendwas abgehen«, meinte Clement noch, als Ali schließlich schrie:

»Alter, da sind Soldaten mit Panzern auf der Brücke und halten sie besetzt! Hier ist was größeres im Gange!«

Sie schauten sich alle an und fragten sich was sie jetzt tun sollten. Einige von ihnen versuchten über ihre Smartphones Infos einzuholen, um die Lage besser zu verstehen.

Sie beschlossen es den anderen Parkbesucher:innen gleich zu tun, und machten sich schleunigst auf den Heimweg. Unterwegs sahen sie, wie Leute schon verschiedene Kioske stürmten, um sich dort mit Nudeln, Reis und Wasser einzudecken. Es hatten sich lange Warteschlangen gebildet, denn niemand wusste, was die nächsten Tage noch auf sie zukommen wird. Zumindest eine Ausgangssperre hielten sie für möglich. Vielleicht sogar für mehrere Wochen. Das schien nicht unwahrscheinlich. Manche Kioske waren schon leer gekauft.

»Kommt, lasst uns auch noch vorrätig einkaufen, bevor wir nach Hause gehen«, sagte Cansu zu den anderen.

Sie betraten einen fast leeren Kiosk und konnten dennoch ein paar Packungen Nudeln, Zigaretten und Wasser ergattern, bevor sie sich auf dem schnellsten Weg nach Hause begaben.

Es kamen ihnen einige religiös-konservativ aussehende Menschen entgegen. Diese waren auf dem Weg zur besagten Brücke, auf der die Soldaten positioniert waren. Diese Brücke stellte das Bindeglied zwischen Asien und Europa dar. Dort trafen beide Fronten aufeinander. Während die Einen dachten, dass sie die Demokratie verteidigen würden, dachten die anderen sie wären im Einsatz gegen den Terror.

Die Anzahl der Toten in jener Nacht sollte später auf 290 beziffert werden. Für den Präsidenten »ein Geschenk Allahs«.

Emma und Clement hatten panische Angst und wirkten völlig verstört. Auch Cansu und Karl waren nervös. Ömer, der auch mitgekommen war, streute noch mehr Paranoia:

»Was machen wir, wenn wir jetzt wochenlang nicht aus dem Haus gehen können und uns dann das Wasser ausgeht? Was machen wir, wenn uns das Essen nicht reicht? Und was machen wir, wenn jemand von uns krank wird und zum Arzt oder zur Apotheke muss?«

Emma, Clement und Ömer überboten sich darin, sich schlimmere Horrorszenarien zur Lage auszudenken und machten dadurch alles noch schlimmer.

Die Angst war Herr ihrer Gefühle geworden.

»Könnt ihr jetzt endlich mal eure Schnauze halten!«, schrie sie Cansu an, der es allmählich wirklich reichte.

»Ja genau!«, mischte sich auch Karl mit ein. »Wir haben alles getan, was wir in dieser Situation überhaupt tun können, also ab nach Hause. Alles andere bleibt abzuwarten. Hört endlich auf noch mehr Panik zu verbreiten.«

Sie pegelten sich wieder runter und gingen nach Hause. Dort saßen sie gerade zusammen im Wohnzimmer, als die ersten Kampfflugzeuge über der Stadt kreisten. Diese verursachten jedes Mal einen gewaltigen Knall als sie in jener Nacht mehrmals die Schallmauer durchbrachen und über ihre Köpfe hinwegfegten. Bei der daraus entstehenden Druckwelle vibrierte bei ihnen das Glas in den Fenstern und drohte gar zu zerbrechen. Jedes Mal wenn es knallte duckten sie sich weg, da es sich anhörte, als ob Bomben abgeworfen wurden, oder aber durch die Druckwelle bald Gegenstände oder zerbrochenes Glas durch die Wohnung fliegen würden.

»Und mein Vater sagte noch zu mir, geh nicht in die Türkei, dort ist es gefährlich. Und ich Idiot, was mach ich!?«, ließ Clement seinem Jammer freien Lauf.

»Geht es hier jetzt um dich und deinen Vater? Komm mal runter, wir sitzen im selben Boot und haben alle Angst«, erinnerte ihn Karl.

Nach dem letzten großen Knall, als es endlich ruhig wurde, gingen sie ins Bett. Einmal aber sollte es nochmal knallen. Cansu und Karl erschraken und pressten ihre Körper unter der Bettdecke aneinander. Dann schliefen sie ein. Sie waren fix und alle.

»Warum hab ich Idiot nicht auf meinen Vater gehört?«, machte Clement am nächsten Morgen gleich weiter.

»Fühlst du dich denn in Frankreich sicherer?«, fragte ihn Karl, darauf anspielend, dass es auch dort seit geraumer Zeit immer wieder Anschläge gab.

Clement schaute ihn fragend an, als hätte Karl ihm gerade die dümmste Frage gestellt.

»Außerdem wird dort, mit Begründung einer Terrorgefahr, doch der Polizeistaat voll ausgebaut«, fuhr Karl weiter fort.

»Ja, ich weiß das doch alles, aber um ehrlich zu sein, fühle ich mich dort trotzdem ein bisschen sicherer als hier«, antwortete Clement.

Karl wurde sauer.

Wo kamen denn Karl und die anderen in Clements Gedanken vor? Karl konnte nicht einfach so wieder zurück nach Europa. Und Cansu auch nicht.

Der Fernseher lief den ganzen Tag lang, wobei sich die Nachrichten aber nur noch wiederholten.

Cansu beschloss, derweil etwas in ihrem Buch zu schmökern und Karl zeichnete an ein paar Tattoodesigns. Wie gelähmt saßen die Anderen währenddessen vor dem Fernseher und versuchten weitere News über ihre Telefone herauszubekommen. Im Fernsehen zeigte man regierungstreue Idioten und religiöse Fanatiker, die den Taksimplatz füllten. Immer aus einem günstigen Winkel natürlich, damit es nach einer großen Massenkundgebung aussah.

»Oh mein Gott! Sie haben gerade angekündigt eine Bürgerwehr zusammenzustellen, mit der sie überall Nachtwachen aufstellen wollen, und alles beobachten werden! Wisst ihr was das heißt?«, versprühte Ömer wieder Paranoia.

»Also ich geh nirgendwo mehr hin. Wenn ich wieder zu Hause bin, sperr ich mich erst mal ein paar Wochen ein«, so Ömer weiter. Auch ihm ging es nur um sich selbst.

»Karl, kommst du mal?«, fragte Cansu und zog ihn in eines ihrer Privatzimmer.

»Sag mal, nerven die dich nicht auch langsam?«, fragte sie ihn.

»Ja, aber komm, die haben einfach nur ihre Angst nicht im Griff und es ist ja auch gerade eine Extremsituation«, antwortete Karl.

»Also, ich geh jetzt raus. Ich will mir das mal alles selbst anschauen, statt mich von der Glotze nur weichspülen zu lassen«, erklärte Cansu. »Kommst du mit?«

»Na logo«, sagte Karl, der etwas Abstand zu den anderen auch für sinnvoll hielt und ebenfalls neugierig war, was draußen tatsächlich vor sich ging.

Sie ließen ihre Telefone zu Hause und gingen hinaus. Die Anderen wunderten sich wie Cansu und Karl in so einer Situation noch das Haus verlassen können. Und das auch noch ohne Telefon.

Sie gingen hinunter ins Zentrum ihres Viertels. Dort sahen sie knapp fünfzig Personen Nationalfahnen schwenken und irgend etwas über Demokratie rufen. Sie versuchten Stimmung zu machen, aber irgendwie gelang ihnen das nicht so richtig. Auch hier filmte das Fernsehen frontal, damit es nach einer großen Menge aussah.

Cansu und Karl waren froh, dass sich die Fernsehbilder, die sie vorher gesehen hatten, nicht mit der Realität deckten. Cansu hatte es schon geahnt. Karl ebenso.

Spätestens nachdem selbst kurdische Kinderkanäle abgeschaltet wurden, war doch klar, welche Perspektive man im Fernsehprogramm präsentiert bekam. Auch während den Gezi-Protesten liefen statt Nachrichten Pinguindokumentationen. Das war alles bekannt. Und jeder wusste es.

Wenn türkische Soldaten im Kampf gegen die kurdische Guerilla starben, wurde deren Beerdigungszeremonie den ganzen Tag gezeigt und auf allen Kanälen war das dann zentrales Thema. Es wurden immer wieder weinende Mütter und Kinder in Großaufnahme gezeigt. Das Schicksal der Zivilbevölkerung im Osten des Landes, und was man ihnen bis dahin schon alles angetan hatte, zeigten sie allenfalls verschleiert und dortige weinende Mütter und Kinder hatte man ausgeblendet. Es sollte so aussehen, als hätte man einzig und allein »Terroristen« getötet. Und selbst diese hat man natürlich auf ehrenvolle Weise umgebracht. Es überraschte nicht, dass keinerlei Bilder davon zu sehen waren, wie sie unter anderem den toten Körper einer Guerillakämpferin nackt an ein Militärfahrzeug gebunden durch die Stadt schleiften, um die Menschen abzuschrecken und sie zu einer Entsolidarisierung mit der kurdischen Befreiungsbewegung zu zwingen. Auch sah und hörte man nichts davon, wie sie, durch eine verhängte Ausgangssperre, Menschen systematisch in Kellern verdursten ließen oder wie die toten Körper von verstorbenen Kindern in Tiefkühltruhen aufbewahrt werden mussten, bis diese ordnungsgemäß beerdigt werden konnten. Von abgeschossenen türkischen Militärhubschraubern hieß es stattdessen oft, dass diese aufgrund technischer Probleme abstürzten.

»Stell dir mal vor, wir hätten das jetzt alles nicht gesehen und wären nur dieser scheiß Fernseh-Propaganda verfallen so wie die Anderen zu Hause«, sagte Karl zu Cansu.

»Ja, es war wirklich gut mal rauszugehen«, antwortete Cansu, die mit ihrer Idee, das Haus zu verlassen und den Kreis der Angst zu durchbrechen, zufrieden war.

Nachdem sie das meiste ihrer Ängste in diesem nur zweiminütigem Moment wieder abgebaut hatten, machten sie sich auf den Heimweg.

»Wo wart ihr denn die ganze Zeit? Wir haben uns solche Sorgen gemacht«, sagte Emma, als die beiden wieder heimkamen.

Sie berichteten den anderen alles, was sie gerade gesehen hatten und legten ihnen ans Herz sich von dem Fernsehgerät nicht so verarschen und einnehmen zu lassen.

Dann gingen die Anderen auf den Balkon, um ihre weitere Urlaubsplanung zu besprechen.

Sie beschlossen in den Süden zu fahren. Ömer sollte auch mit. Weil Emma ihn so mochte. Ömer hatte zwar kein Geld, aber sie würden ihm schon alles bezahlen. Cansu und Karl wurden kein einziges Mal gefragt, ob diese nicht auch mitkommen wollen. Zwar wären sie gar nicht mitgekommen, aber anstandshalber hätten sie das erwartet. Insbesondere nach so einem speziellen Erlebnis wie jenes letzte Nacht. Da hatten sich jetzt drei gefunden. »Reisegruppe Paranoia« oder so ähnlich hätten sie sich nennen können.

Nach einer knappen Woche kamen sie schon wieder zurück und klagten darüber, dass sie ihren Urlaub irgendwie nicht so richtig genießen konnten, wie sie sich das erhofft hatten. Sie hatten auch noch Ömers Cousin eingeladen, den sie einfach mitbrachten, ohne Cansu und Karl zu fragen. Alle vier sollten dann drei Tage bleiben. Cansu und Karl fühlten sich irgendwie ausgenutzt, zu bloßen Wohnungsgeber:innen degradiert. Sie waren wirklich froh als endlich alle gingen und sie wieder ihre Ruhe hatten, beziehungsweise wieder ihr eigenes Ding machen konnten.

Nach dem gescheiterten Putschversuch kam es zur großen Säuberung im gesamten Staatswesen. Vor allem im Justizapparat und beim Militär. Die Verfolgung widerständiger linker Strömungen in der türkischen Gesellschaft sollte abermals zunehmen. Lehrer werden arbeitslos und treten in den Hungerstreik. Viele werden spätestens jetzt ihr Land, geplagt von Staatsterror, verlassen wollen.

In diesem immer stärker werdenden Klima der Angst wollte Karl an Silvester mit Feuerwerk vor seinem Haus das neue Jahr einleiten und für etwas gute Stimmung zwischendurch zu sorgen.

Cansu, Ayşe, Berna und ein paar andere Freund:innen, die an diesem Abend zu Besuch waren, schauten sich das Spektakel vom Balkon aus an.

Hoffentlich bekommen die Nachbarn keine Angst, dachte Karl noch, bevor er das Feuerwerk zündete.

Er wollte es aber darauf ankommen lassen, um so einen kollektiven Moment zu erzeugen, der in trostlosen Zeiten Hoffnung geben sollte. Aus sämtlichen umliegenden Häusern jubelten sie ihm zu und freuten sich, dass ein Nachbar überhaupt irgend etwas machte. So konnten sie für kurze Zeit ihre Ängste und Sorgen vergessen, die in dunklen Tagen wie diesen auch nicht größer hätten sein können. So erging es auch Cansu und den anderen, die vom Balkon aus ebenfalls jubelten.

»Also für mich war es ein gutes Jahr«, sagte Berna, als sie alle wieder zusammen im Wohnzimmer saßen.

Ayşe verdrehte schon die Augen über das, was ihre Schwester von sich gab. Von kollektivem Denken schien Berna noch weiter entfernt gewesen zu sein, als alle anderen vorher angenommen hatten. Wie konnte sie so etwas sagen? Dieses Jahr startete mit einem Bombenanschlag auf Tourist:innen in ihrer eigenen Stadt. Dann der angebliche Putschversuch, bei dem es schon vorher angefertigte Listen von Leuten gab, die danach aus dem Staatswesen aussortiert werden sollten. Und alles was sonst noch so an Konsequenzen folgte. Konnte Berna die Realität um sich herum dermaßen ausblenden? Allein für dieses Jahr hatten sie schon siebenundzwanzig Anschläge und Gegenanschläge im eigenen Land gezählt. Davon fanden allein in ihrer Stadt sechs statt. Sieben werden es etwa eine Stunde später sein.

Berna dachte tatsächlich, dass sie aus allem raus wäre, bloß weil sie mit Politik nichts am Hut hatte. Als sie dann noch linke Gegenaktionen, die sich meist gegen den Militär- und Polizeiapparat richteten, mit islamistischen Terroranschlägen gegen Zivilist:innen verglich, platzte Ayşe völlig der Kragen:

»Was glaubst du eigentlich, wie unser Land jetzt aussehen würde, wenn es all diese linke Gegenwehr nicht gegeben hätte? Da würden wir jetzt schon im Kalifat leben und dürften überhaupt nicht mehr aus dem Haus gehen, du Dummkopf!«

Es wurde etwas ruhiger und alle beschäftigten sich mit ihren Smartphones. Außer Karl, der hatte ja keins. Stattdessen kümmerte er sich um den Biernachschub und die Musik.

Eine Stunde später kam die Nachricht, dass es einen Anschlag in einem Club ihrer Stadt gab. Der IS bekannte sich zu diesem Anschlag. Die Stimmung war wieder ganz unten angelangt und das Feuerwerk, sowie die daraus gewonnene Hoffnung auf ein besseres Jahr, wieder vergessen.

Karl ging ins Bett, denn es schien klar, was nun kommen würde:

Alle würden wieder pausenlos an ihren Smartphones rumhängen und Paranoia streuen.

Alle außer Cansu.

Was für ein Jahr. Was für ein Jahreswechsel, dachte Karl und schlief ein.

Zwei Monate später wurde beim Nachbarn im Erdgeschoss eingebrochen. Sie kamen gerade vom Einkaufen nach Hause, als dieser vor seiner Haustür zu analysieren versuchte, wie das passieren konnte und wer dafür verantwortlich gewesen sein mag. Glücklicherweise verpassten sie die Bullen, die deswegen schon da waren.

»Was ist denn passiert?«, fragte Cansu den Nachbarn.

Dieser hatte aber auf einmal ziemlich viele Fragen, die auf Karls Person zielten.

»Wo kommt der eigentlich her? Wie lange lebt der hier eigentlich schon? Hat der auch eine Aufenthaltsgenehmigung?«

Die Cops wollten wohl wissen, wer sonst noch so alles im Haus wohnt und legten dem Nachbarn ans Herz fortan ganz besonders ausländische Bewohner im Auge zu behalten und ihnen zu melden, falls irgendwas komisch ist.

Cansu antwortete locker und gelassen, so wie es ihre Art war und auch bezüglich Karls Aufenthaltsgenehmigung reichte dem Nachbarn ein einfaches Ja. Scheinbar wollte er nicht riskieren, sich weiter zum Deppen zu machen und womöglich noch fragen ob Karl die Aufenthaltsgenehmigung auch mal zeigen könne. Zum Glück.

Jedoch wurde den beiden dadurch klar, dass die guten Tage in dieser schönen Wohnung langsam gezählt sind und es Zeit wurde mal wieder umzuziehen. Zwar nicht sofort, da das zu auffällig gewesen wäre, aber so in eineinhalb bis zwei Monaten.

Der Traum seines Lebens

Die neue Wohnung befand sich auf der anderen Seite der Stadt. Vom Balkon aus konnte man sogar das Meer sehen, dafür war sie kleiner und ein schon etwas älteres Gemäuer. Eine Nachbarin brachte den beiden Tee zur Begrüßung.

Zwei Wochen später beendete Cansu die Beziehung mit Karl. Für ihn kam das völlig unerwartet. Aber er sollte zahlreiche Gründe zu hören bekommen, warum Cansu die Beziehung beenden wollte.

Jegliche Probleme waren verknüpft mit Karls Situation an sich, die alles schwerer machte, als es im normalen Alltag der Fall war. Mit seinem Leben in der Illegalität und allen Einschränkungen die dazu gehörten, hatten es die beiden oft nicht einfach und manchmal fühlten sie sich wie ausgeschlossen. Zum Beispiel wollten sie einmal eine Kunstausstellung besuchen, zu der sie über eine Stunde zu Fuß unterwegs waren. Am Eingang wollte man jedoch die Ausweise der Besucher:innen sehen, wegen der allgemeinen Terrorgefahr, da Kunstausstellungen manchmal auch tatsächlich angegriffen wurden. Karl wollte seinen Ausweis aber natürlich nicht zeigen, was Cansu auch gut verstehen konnte. Also gingen sie wieder nach Hause, ohne auch nur ein einziges der Ausstellungsstücke gesehen zu haben. Ein gewisser Frust über die verpasste Ausstellung schlich sich ein.

Auch saßen sie oft zusammen mit Freund:innen, die große Pläne für den perfekten Urlaub mit ihnen zusammen machten. Doch wenn die Überlegungen dorthin gingen irgendwo zusammen hinzufliegen, in ein Hotel einzuchecken oder ähnliches, war ab dem Moment für Cansu und Karl klar, dass ein solcher Urlaub für die beiden nicht möglich war.

Ab dem Zeitpunkt machten sie nur noch gute Miene zum bösen Spiel und sagten auch erst mal zu, um die Freund:innen nicht zu verprellen. Später, wenn es eingetütet werden sollte, ließen sie sich immer Ausreden einfallen, warum sie (mal wieder) nicht mit könnten. Meistens schoben sie die Arbeit vor.

Derartige Dinge machten es den beiden oft schwer, obgleich sie auch wussten, dass sie hier nur niedere kleinbürgerliche Bedürfnisse befriedigt wissen wollten. Hatten sie selbst doch das Meer zu Füßen liegen, wenn sie nur auf den Balkon traten. Andere hingegen hatten nicht mal ein Dach über dem Kopf. Aber es fehlte ihnen die Entscheidungsfreiheit. Sie hatten nicht die Wahl Freund:innen in solchen Fällen abzusagen, sondern mussten es. Karl lebte mit all diesen Einschränkungen schon vier Jahre lang. Ein Jahr hatte er noch vor sich.

Cansu musste das alles nicht mitmachen. Sie hatte die Situation schon über drei Jahre mit Karl so ausgehalten und dadurch auch viel im Leben verpasst. Zumindest fühlte es sich so für sie an.

Hätte Karl ohne Cansu überhaupt alles so gut überstanden? Das war für ihn eher fraglich, nach Jahren in denen ihm Cansu immer wieder geholfen hatte. Dafür war er ihr sehr dankbar.

Hinzu kam, dass Cansus Mutter sehr vereinnahmend war. Sie war in gewisser Weise eifersüchtig auf Karl, da sie sich von ihm um ihr Eigentum betrogen fühlte. Denn als solches schien sie ihre Tochter zu betrachten. Als eine Art Möbelstück über das nur sie verfügen durfte. Oder wie eine Altersabsicherung später nicht allein sein zu müssen. Deswegen musste sie ihre Besitzansprüche auf ihre Tochter ständig geltend machen. Oft machten Cansu und Karl es sich zu Hause gerade erst gemütlich und wollten den Abend und die Nacht zusammen verbringen, als die Mutter plötzlich anrief, und Cansu nach Hause beorderte. Manchmal war es der dringende Einkauf, der schon früh morgens gemacht werden musste, und Cansu deswegen zu Hause bei ihr übernachten musste. Oder auch mal die Verwandten, die am nächsten Morgen zu Besuch kommen sollten, die sie allerdings erst kurz vor ihrem Anruf eingeladen hatte. Es schien inszeniert, um Cansu und Karl in die Suppe zu spucken. Ständig fiel ihr irgend etwas neues ein, weswegen Cansu dringend heimkommen sollte.

Der Fehler Cansus war, dass sie tatsächlich immer ihre Sachen packte und auf direktem Weg nach Hause ging, statt nur einmal mit ihrer Mutter darüber zu diskutieren. Karl hoffte, dass Cansu ihrer Mutter mal verklickert, dass sie ein eigenes Leben hatte oder überhaupt mal sich langsam aus dieser toxischen Mutter-Tochter-Beziehung lösen würde. Das fiel ihr jedoch schwer.

Sie war in einem Zwiespalt zwischen der Sicherheit und einem geordnetem Leben mit der Familie und der großen Freiheit, die sie wiederum situationsbedingt mit Karl zusammen nicht ganz auskosten konnte.

Cansus Bruder hingegen hatte alle Freiheiten der Welt und wurde von seiner Mutter nicht so in Beschlag genommen.

Sonntags aß die Mutter mit der Familie gern zu Abend. Aber auch das Sonntagsfrühstück zusammen mit ihren Kindern war ihr heilig. Das bedeutete für Cansu, dass sie schon Samstag Abends oder Nachts nach Hause kommen musste. Also immer dann, wenn es auf Parties oder Konzerten eigentlich am lustigsten wurde und sie Karl dann zurück ließ.

Karl war an diesen, für die Mutter heiligen, Wochentagen nie eingeladen und er konnte die Sonntage, die er stattdessen zusammen mit Cansu verbrachte, an einer Hand abzählen. Selbst diese musste sich Cansu hart erkämpfen.

Cansus Mutter war mal Nachrichtensprecherin bei einem türkischen Fernsehsender. Sie brachte damals das Geld für die Familie rein, welches Cansus Vater dann in Kneipen verzechte und sich dort mit anderen Frauen amüsierte. Viele Jahre versuchte ihre Mutter zu ignorieren, dass ihr Mann ständig fremdging, weil sie die Familie zwingend zusammenhalten wollte. Materiell ging es der Familie damals mehr als nur gut. Sie konnten vier Mal im Jahr Urlaub machen. Und zwar keinen Standardurlaub, denn der Mutter war unnötiger Schnickschnack besonders wichtig, um ihren Status in der Gesellschaft vor anderen zu unterstreichen. Arbeiter:innen, so wie die Kassiererin im Supermarkt oder jene, die sich um den Rohrbruch kümmerten als ihre Wohnung mal unter Wasser stand, waren für sie Menschen zweiter Klasse. In ihren Augen waren all diese Menschen nur zu dumm, um was Anständiges zu arbeiten.

Dann kam der Schicksalsschlag. Ihr Mann wurde von einem Linienbus auf der Straße erfasst und starb. Darüber hinaus sollte sie kurze Zeit später auch noch ihren Job verlieren, weil der Sender, bei dem sie arbeitete, jüngere Nachrichtensprecherinnnen einstellen wollte. Dadurch rutschte die Familie in der Gesellschaft ein bis zwei Klassen tiefer nach unten. Das machte Cansus Mutter am meisten zu schaffen.

Dass der Mann, der sie jahrelang auf ihre Kosten betrogen hatte und den sie dennoch sehr liebte, nun verstorben war, empfand sie irgendwie auch als befreiend. Aber mit der Tatsache, dass die Familie nun das erste Mal mit finanziellen Problemen zu kämpfen hatte, konnte sie überhaupt nicht umgehen. Sicherlich machte sie sich ab da auch Sorgen darüber, wie sie ihre Kinder alleinerziehend überhaupt durchbringen könne. Doch mindestens genauso schwer schien für sie die Last zu wiegen, zu wissen, dass sie sich nun ökonomisch nicht mehr von der Kassiererin im Supermarkt unterschied, auf die sie bisher herabschaute.

Da der Bus, der ihren Mann überrollte ein städtischer war, lieferte sich Cansus Mutter einen jahrelangen Rechtsstreit mit dem Staat und forderte Schadensersatz von der Regierung wegen dem Todesfall. Am Ende sollte sie auch gewinnen und bei der Familie kam endlich etwas Geld an. Im Anschluss stellte sich die Frage, was die Familie mit dem Geld am besten anstellen könnte. Cansu schlug vor, dass man sie darin unterstützen könne, endlich von zu Hause auszuziehen und ihr eigenes Leben führen zu können. Ihre Mutter schaute sie nur mit großen Augen an.

»Das Geld für dich ausgeben? Du? Was hast du denn jemals für mich getan?«

Ihre Mutter bekam einen Tobsuchtsanfall.

Cansu weinte, als sie Karl davon erzählte.

Ein weiterer ausschlaggebender Grund für Cansus Trennung von Karl war seine zeitweilige Negativität und sein Hang zu Dramatisieren. Das nervte Cansu oft, für die Karl, trotz aller Liebe, dadurch nicht selten eine zusätzliche Belastung darstellte.

Irgendwann musste sich auch Karl eingestehen, dass die Entwurzelung, die er seit seiner Zeit in der Illegalität erlebte, auch Traumas bei ihm verursachte. Es galt einiges für ihn aufzuarbeiten, was er über viele Jahre immer versucht hatte zu verdrängen.

Cansu aber konnte und wollte nicht mehr herausfinden, ob Karl bestimmte Verhaltensweisen nur situationsbedingt an den Tag legte oder ob sie seinem tatsächlichen Charakter entsprachen. Das hätte auch bedeutet, dass sie noch mindestens ein weiteres Jahr warten müsste, bis Karl wieder in bürgerlicher Freiheit leben konnte. Das war ihr einfach zu blöd. Sie wollte den »Ballast«, der ihr das Leben zusätzlich schwerer machte, endlich loswerden.

Sich von Karl zu trennen, den sie eigentlich immer noch liebte, schien ihr als erster sinnvoller Schritt in die richtige Richtung.

Neben ihrer Kritik war es zudem elementar, dass sie sich nicht so sicher über ihre sexuellen Präferenzen war. Sie wusste nicht, ob sie mehr auf Frauen steht als auf Männer. So richtig konnte sie es bisher auch nicht herausfinden, da sie sich, seit dem Tod ihres Vaters, ständig nur um ihre Mutter kümmern musste, statt um sich selbst. Die Rollen in der Familie hatten sich vertauscht. Cansu war jetzt die starke Frau im Haus, die Verantwortung trug und sich für die Familie aufopferte. Später erfuhr er, dass Cansu Frauen tatsächlich mehr mochte.

Jedenfalls blieb Karl nichts anderes übrig, als die Trennung zu akzeptieren.

Trotz der Pause, die sie beide nach der Trennung brauchten, mussten sie sich fortan ein Mal im Monat treffen, damit Karl Cansu die Miete für die Wohnung geben konnte. Diese gab Cansu wiederum an die Vermieterin weiter, da der Mietvertrag ja über Cansu lief. Die Vermieterin ging auch davon aus, dass Cansu dort wohnte, und nicht Karl. Das machte die Trennung für die beiden nicht unbedingt leichter. Es dauerte lange für Karl hierüber hinwegzukommen, aber die Zeit heilte irgendwann auch diese Wunde. Insgesamt hatten es die beiden gut hinbekommen, die außerhalb ihrer Liebesbeziehung schließlich immer noch Genoss:innen waren.

Das letzte Jahr verbrachte Karl viel mit sich selbst und seinem Job, der mittlerweile gut lief. Seine Hartnäckigkeit und Kontinuität über die Jahre zahlten sich aus und sein Leben wurde verhältnismäßig stabil und hatte Struktur bekommen. Er war oft froh, dass er damals seine Tattoomaschine mit ins Exil genommen hatte. Denn neben der Tatsache, dass er damit Geld verdienen und sich Struktur schaffen konnte, war es auch ein sozialer Job, der mit Kund:innenkontakt zu tun hatte und ihn davor bewahrte zu vereinsamen.

Ayşe, die er mittlerweile schon fast drei Jahre lang kannte, brachte ihm eines Abends drei Schildkröten in einem viel zu kleinem Aquarium mit nach Hause.

Eine Freundin von ihr arbeitete in einem Hotel und der Besitzer fand dort die Schildkröten, zurückgelassen in einem Hotelzimmer. Ayşe wollte zwei Fliegen mit einer Klappe schlagen. Einen neuen Besitzer für die Schildkröten finden und erreichen, dass Karl sich nach der Trennung nicht so allein fühlte. Karl kaufte ein großes Aquarium für die Schildkröten, damit diese auch schwimmen und sich besser entfalten konnten. Er beobachtete sie oft, wenn er auf Kund:innen wartete und entspannte sich dabei. Dabei konnte er Trauer und Sorgen vergessen.

Auch Ayşe hatte Karl im Laufe der Zeit viel geholfen. Sie war ebenfalls Teil seines überschaubaren Kreises der Eingeweihten, die um seine wahre Geschichte wussten. Auch Ayşe war politisch.

»Ich hätte voll gern ein Tattoo von dir, aber ich kann mir das nicht leisten«, sagte einmal Kaan zu Karl.

Kaan war ein neuer Bekannter von ihm, der in einer Kneipe des Viertels arbeitete.

»Na gut, dann such dir einfach was aus und ich mach dir das umsonst«, schlug Karl vor. »Dafür kannst du mich empfehlen und mir Kunden vorbeischicken.«

Kaan war im Viertel bekannt wie ein bunter Hund und hatte, durch seinen Kneipenjob, viele Kontakte. Dadurch sollte er Karl noch jede Menge Kund:innen vorbeischicken, die alle wissen wollten, wer Kaans neues Tattoo gemacht hat, als er es in der Kneipe präsentierte.

In seinem Viertel hatte Karl bald einen guten Ruf. Selbst der Verkäufer vom Kiosk um die Ecke oder der Pizzabote wollten von ihm tätowiert werden. Ebenso der Wasserlieferant. Einmal, als Karl gerade seine Freundin Toprak tätowierte, kamen zwei Arbeiter, um seinen Boiler zu reparieren. Als sie verstanden, was hier vor sich ging, musste Karl später auch einen von ihnen noch tätowieren.

In dieser Wohnung träumte Karl eines Nachts den Traum seines Lebens. Er war Pilot eines Passagierflugzeugs. Sämtliche Passagiere im Flugzeug waren Freund:innen von ihm, die er aus dem echten Leben kannte und die ihm am wichtigsten waren. Ein ganz schön bunter und internationaler Haufen war das, den Karl hier im Flugzeug zusammenbrachte und über sämtliche Kontinente hinweg beförderte. Mit im Schlepptau waren türkische, kurdische, deutsche, italienische, spanische, französische, amerikanische, syrische, libanesische und afghanische Freund:innen, die sich in Wirklichkeit untereinander gar nicht kannten. Karl hatte sie alle im Flugzeug vereint und sie hatten zusammen viel Spaß.

»Und? Wo soll's jetzt hingehen? Kommt, sagt schon endlich irgendein Land!«, forderte Karl begeistert seine Freund:innen auf, als sie gerade von Kuba aus wieder die Maschine starteten.

Zuvor hatten sie schon einige andere Länder bereist. Karls Freund schlug Kalifornien vor. Und da Florida ja um die Ecke lag, beschlossen sie zuerst nach Miami und von dort aus weiter an die Westküste zu fliegen. Die Stimmung war großartig.

Vom Flughafen in Miami machten sie sich erstmal allesamt zum Strand auf, um sich dort in die Fluten zu stürzen. Zurück am Flughafen sollte es weiter gehen.

»Und jetzt Westcoast San Francisco! Leute, macht euch bereit!«

Sie wollten gerade in das Flugzeug einsteigen, als ein Security-Typ hinzutrat und Karl fragte: »Wo wollen Sie denn hin?«

»Ich fliege jetzt diese Maschine und Sie halten die Klappe!«, entgegnete Karl frech und wollte auch nicht sagen, wohin sie vorhatten zu fliegen.

»Nein, nein, Sie fliegen überhaupt nirgendwo hin. Sie sind noch nicht mal Pilot«, sagte der Security.

Bevor er am Flughafen von Miami verhaftet werden konnte, wachte Karl auf.

Das war zweifelsohne der intensivste und positivste Traum, den er jemals geträumt hatte. Die Energie, die er nach dem Aufwachen fühlte, sollte noch lange nachwirken. Karl machte sich sofort daran herauszufinden, was diverse Traumdeutungsseiten im Internet über diese Traumkonstellation zu sagen hatten. Er glaubte zwar nicht an Esoterik oder Spiritualität, doch war er davon überzeugt, dass sein Unterbewusstsein hier auf besondere Art und Weise mit ihm kommuniziert hatte.

In einer der Traumdeutungen hieß es, dass es schon mal sehr gut ist, wenn man von Flugzeugen oder Flughäfen träumt, da positive Veränderungen bevorstehen. Wenn man aber auch noch der Pilot des Flugzeugs ist, hieß es weiter, dann durchlebt man die positive Veränderung bereits jetzt schon, hat sein Leben voll und ganz unter Kontrolle und alles läuft genau so, wie man es sich erträumt hatte.
Genauso war es derzeit für Karl, der nun nach langer Phase der Trauer wegen der Trennung endlich wieder eine Hochphase im

Leben erreicht hatte und eigentlich auch wieder sehr glücklich war. Trotz der Exilsituation, die ihm mittlerweile fast schon egal war. Eigentlich wollte er auch nicht mehr weg von hier. Hatte er doch jetzt wirklich alles, was er zum Leben brauchte.

Karl hatte sich oft versucht vorzustellen, wie es sein wird, wenn er nach all den Jahren in Deutschland wieder auftauchen und seine Zelte hier wieder abbrechen würde. Hier, wo er jetzt glücklich war und sein gewohntes Umfeld, das er gerade erst lieb gewonnen hatte, verlassen müsste. Das wird ihm nicht leicht fallen, dachte er bei sich.

Bald sollte dieser Moment eintreten und auch wenn ihm anfangs, insbesondere die ersten drei Monate, nichts lieber gewesen wäre als das, fiel es ihm jetzt besonders schwer wieder zu gehen.

Die Zeit des großen Abschieds kam langsam näher und ihm wurde allmählich unwohl. Er müsste wieder bei Null anfangen, wie schon zu oft in seinem Leben. Der Gedanke daran, das stabile Leben wieder aufzugeben missfiel ihm. Zum x-ten Mal hatte er sich etwas aufgebaut und ihm schien, dass es gerade jetzt am schönsten war.

Auf der anderen Seite war er es seinen Genoss:innen, seiner Familie und Freund:innen, die schon so lange Zeit auf ihn warteten, ihn über all die Jahre unterstützt hatten und ihm dabei immer nur das Beste wünschten, irgendwie auch schuldig.

Freilich wollte er auch mal wieder auftauchen und sich nicht mehr verstecken müssen, so wie es jetzt der Fall war. Den tagtäglichen Druck im Nacken nicht mehr spüren zu müssen, der ihm oft wie ein alter Feind vorkam, der ständig Rache von ihm forderte. Aber daran hatte er sich andererseits irgendwie auch schon gewöhnt.

Karl war Herr seiner Gefühle geworden.

Zwei Extrem-Situationen, der Knast und das Exil, hatte er nun erlebt und langsam auch hinter sich gebracht. Er war dadurch reich an Erfahrungen geworden und hatte viele Abenteuer erlebt, die anderen vergönnt waren.

»Ich würde es wieder tun«, wird er etwa ein halbes Jahr später zu Katrin sagen.

Die Heimreise

Die Zeit schritt voran, und Karl näherte sich dem Ablauf seiner Verjährungsfrist. Er versuchte sich vorzustellen wie einzelne Familienmitglieder auf ihn reagieren werden, wenn er wieder zurück sein würde. Wahrscheinlich werden die Genoss:innen von drüben auch einige Veranstaltungen mit ihm machen wollen. Wenn er daran dachte, wie er vor vielen Menschen Vorträge halten würde, wurde es ihm ein bisschen mulmig zumute. War das doch das Entgegengesetzte zu seinem jetzigen Lebensstil, in dem er stets versuchte, unter dem Radar zu bleiben, nicht im Rampenlicht zu stehen oder aufzufallen.

Eine ziemlich ausgeklügelte Sache, das mit den fünf Jahren Verjährungsfrist, dachte Karl, dem klar war dass er nicht nur sein Viertel, sondern die gesamte Metropole und all seine Freund:innen hier sehr vermissen wird.

Fünf Jahre waren seiner Meinung nach, genau der Zeitraum, den man braucht, um überhaupt irgendwo anzukommen, sich zu entfalten und ein stabiles soziales Umfeld zu schaffen, auf das man zählen konnte, egal wo man ist. Erst nach dieser Zeitspanne würde man sich wie ein Fisch im Wasser fühlen. Es schien darauf ausgelegt, dass man nach so einer langen Zeit gar nicht mehr zurückkommen will.

Und deswegen jetzt erst recht!, dachte er weiter.

Wie wäre es gewesen und wie wäre es ihm ergangen, wenn er bis hierher nicht so viel Glück gehabt und nicht immer Leute gefunden hätte, die ihm halfen? Wie wäre es gewesen, wenn Karl nicht so wäre wie er ist? Sorgen vor körperlichen Auseinandersetzungen hatte er nicht. Immerhin machte er eher den Eindruck, dass man sich mit einem wie ihm besser nicht anlegen sollte. Das hatte ihm damals schon im Knast Vorteile verschafft. Wie wäre es gewesen, wenn Karl nicht so ein sozialer Charakter wäre, dem es keine Probleme bereitet sich mit wildfremden Menschen zu unterhalten? Sicher mochte er auch seine Auszeiten, doch war er alles andere als introvertiert. Wie wäre es auch gewesen, wenn er eine Frau wäre? Dann hätte er sich zusätzlich noch mit ganz anderen Problemen herumschlagen müssen. Oder wie wäre es umgekehrt gewesen, wenn er als Türke nach Deutschland ins Exil gegangen wäre? Bei der »Willkommenskultur« in seinem Herkunftsland, und der teutonischen sozialen Kälte, die er selbst als Deutscher oft genug gefühlt hatte, wäre alles vermutlich dreimal so schwer gewesen, wie das, was er jetzt hinter sich lassen würde.

Karl reflektierte nochmal seine letzten Jahre und erkannte einmal mehr, dass er bei allem, was er bis jetzt schon durchzustehen hatte immer auch beste Konditionen und Vorteile hatte – im Gegensatz zu anderen. Er hatte Unterstützer:innen, war ein weißer Deutscher und körperlich und psychisch fit. Andere hätten härter kämpfen müssen, da sie vielleicht über kein so großen Unterstützer:innenkreis verfügten wie er, auf den er auch jederzeit zurückgreifen konnte. Schon allein seinem Unterstützer:innenkreis gegenüber war er es schuldig wieder aufzutauchen und zurückzukommen, auch wenn es ihm hier mittlerweile am besten gefiel. Ein zusätzlicher Ansporn war ihm, den Behörden offen zu zeigen, dass sie ihn immer noch nicht klein gekriegt haben und ihre Methoden bei ihm nicht funktionierten. Egal was sie versuchten, er würde wiederkommen.

Nun galt noch zu klären, wie er die Rückreise organisierte. Karl hätte es sich leicht machen und einfach zum deutschen Konsulat gehen können, um dort einen Ersatzausweis zu beantragen. Mit diesem hätte er sich nur in einen Flieger setzen müssen und wäre dann heim geflogen. Das wäre die einfache und legale Variante gewesen.

Aber dann hätten sie auch gleich gewusst, wo er war. So einfach wollte Karl es den Behörden auch wieder nicht machen. Er wollte auch die Rückreise illegal organisieren. Diese Ehrenrunde, wie er es nannte, musste er jetzt einfach noch drehen. Außerdem würde er so auch wertvolle Infos für andere Genoss:innen sammeln können, die künftig vielleicht in ähnlichen Situationen stecken werden.

Hätte er seinen Ausweis noch gehabt, wäre alles viel einfacher gewesen. Natürlich. Doch, dank Taygun, war alles komplizierter geworden. Wie gern hätte Karl ihn für seinen Diebstahl verprügelt, doch damals wollte er nicht riskieren, dass sich Taygun noch als Opfer inszenieren könnte. Am Ende wäre es Karl gewesen, der bei der Nummer der Blöde war.

Ein paar Genoss:innen kamen auf Besuch, um mit Karl zusammen einen Plan auszutüfteln. Es sollte über die griechische Grenze gehen. Im Gepäck hatten sie blaue Kontaktlinsen und einen Ausweis von einem Freund, der ihm ähnlich sah.

»Jetzt versuch mal die Linsen einzusetzen«, sagte eine Genossin, »und trag sie mal den ganzen Tag, um dich daran zu gewöhnen.«

Karl, der bisher nie Kontaktlinsen verwendet hatte, mühte sich ab, die Linsen überhaupt einzusetzen. Immer wieder konnte er dem Reflex seines Auges nicht widerstehen, das sich sofort schloss, sowie er mit der Linse dran kam. Zehn Versuche später sollte es klappen. Nachdem er den ganzen Tag damit unterwegs war, galt es sie abends auch wieder heraus zu bekommen. Das fiel ihm noch schwerer.

Sein Weg zurück sollte wie ein Tagesausflug aussehen. Karl sollte nicht viel Gepäck mitnehmen. Nur einen Rucksack und eine Mütze, die seine Ohren etwas mehr abstehen ließen. Der Freund, der ihm seinen Ausweis überließ, hatte, im Gegensatz zu ihm, nämlich Segelohren, und die Mütze sollte diese Unterschiedlichkeit etwas kaschieren. Sollte er an der Grenze jedoch kontrolliert werden, solle er sie ungefragt kurz abnehmen. Alles war soweit geklärt und die Genoss:innen reisten nach ein paar Tagen wieder ab. Nun galt es, seinen eingeweihten Freund:innenkreis langsam darauf vorzubereiten, dass er bald gehen werde. Alle waren traurig, ihn gehen lassen zu müssen.

Inmitten seiner Aufregung und Abschiedswehmut sollte sich drei Tage vor dem vereinbartem Zeitpunkt seine Mutter bei ihm melden.

»Tu mir einen Gefallen, und bleib bloß da wo du bist«, schrieb sie in einer verschlüsselten E-Mail. »Die Bullen waren gerade bei mir! Die suchen dich immer noch!«

Zwei Männer in Zivil hatten kurz vorher bei ihr geklingelt und versucht sie über Karl auszufragen. Einer von ihnen hatte eine dicke Akte unter dem Arm. Sie stellten sich als Polizisten vor.

»Wir suchen Ihren Sohn. Wissen Sie was von dem? Haben Sie Kontakt?«

»Nein, habe ich nicht und ich weiß auch nichts«, antwortete seine Mutter, die zu seinem Glück, in der ganzen Zeit nicht gewillt war in irgendeiner Weise mit den Staatsorganen zu kooperieren.

Die Zwei schauten sie eine Weile an und warteten. Vielleicht würde sie ja doch noch weich werden.

»Also dann, wenn Sie weiter nichts mehr von mir wollen, ist das Gespräch hier ja auch schon wieder beendet, würde ich sagen«, so Karls Mutter weiter, um die Typen endlich wieder abzuwimmeln.

»Wir werden wiederkommen«, versprachen diese.

»Machen Sie das«, antwortete sie und die Herren in Zivil zogen wieder ab. Sie ließen sich jedoch nicht mehr blicken.

Daraufhin blies Karl die ganze Aktion wieder ab, weil er sich nicht sicher war ob man nicht doch noch irgend ein Ass im Ärmel gegen ihn aufbewahrt hatte. Irgendwas, womit sie ihn gleich wieder zurück in den Bau stecken würden, sobald er wieder zurück wäre.

So wartete Karl ein paar weitere Monate ab und startete dann einen zweiten Versuch.

Mittlerweile hatte Karl von seinem Anwalt auch die schriftliche Bestätigung bekommen, dass kein Haftbefehl mehr gegen ihn vorlag und alles eingestellt war, was man ihm damals vorwarf. Und was Neues gegen Karl gab es nicht.

Diesmal hatten sich türkische Genoss:innen Karl angenommen. Es gab für den zweiten Plan einen Namen und einen Treffpunkt. Für Karl hatten diese aber nicht zusammengepasst. Der angegebene Name der Person war ihm zwar bekannt, allerdings konnte er sich beim besten Willen nicht vorstellen, dass diese Person hierbei mitwirken würde. Und erst recht nicht am angegebenen Treffpunkt. Irgendwas stimmte hier von Anfang an nicht.

Karl wartete auf weitere Infos.

Seine Wohnung hatte er schon aufgeräumt und alles verschwinden lassen oder beiseite geräumt, damit Ayşe sich um den Rest kümmern konnte, wenn er weg war. Kontaktlinsen und Mütze hatte er auch eingepackt, falls er diese noch brauchen sollte. Jetzt galt es nur noch, seinen Laptop und sein Telefon zu zerlegen und zu verschrotten. Ayşe sollte später die Überreste davon verschwinden lassen. Zuvor hatte er ihr seinen Wohnungs-Zweitschlüssel und seinen einzigen Haustürschlüssel überreicht. Die übrigen Wohnungsschlüssel würde er draußen irgendwo wegschmeißen, nachdem er die Tür hinter sich abgeschlossen hatte.

Karl wartete den ganzen Tag auf eine Nachricht, und wurde langsam nervös. Er konnte sich einfach nicht vorstellen, dass es noch später werden sollte. Schließlich sollte es am nächsten Morgen schon losgehen.

Cansu kam vorbei, um sich persönlich von ihm zu verabschieden und warnte ihn zugleich:

»Tu nichts Unüberlegtes, bevor nicht alles klar ist.«

Karl hätte es eigentlich besser wissen müssen und überlegte schon, ob er später dem Namen oder dem Treffpunkt folgen sollte. Am Ende entschied er sich für den Treffpunkt, weil ihm dieser wahrscheinlicher vorkam. Dass dies die falsche Entscheidung war, sollte er bald herausfinden.

Karl zerlegte seinen Laptop und sein Telefon. Den übrig gebliebenen Schrott packte er in eine Tüte und platzierte diese in einer bestimmten Ecke der Wohnung, von der auch Ayşe wusste. Später würde sie den Müll abholen und in einem anderen Stadtviertel entsorgen. Dann kleidete er sich an, schloss die Haustür ab und verschwand.

Den Wohnungsschlüssel schmiss er in eine Mülltone, ein paar Parallelstraßen weiter von seiner Wohnung entfernt. Dann machte er sich auf den Weg. Hierfür nahm er ein Taxi und ließ sich ein paar Straßen vom Treffpunkt entfernt absetzen. Dort sollte er mehrere Stunden warten. Er rauchte eine Zigarette nach der anderen. Zwischendurch aß er noch ein Toast. Eigentlich war ihm nach zwei Stunden schon klar geworden, dass auch dieser Versuch scheitern wird. Ja, sogar scheitern musste. Auch weil er nachlässig war und nicht abwarten konnte, bis alle Infos sicher waren. Er hatte wieder unprofessionell gehandelt, dennoch wartete er weiter.

Nach vier Stunden zermürbender Warterei gab er schließlich auf.

Er ging ein paar Straßen weiter, nahm sich erneut ein Taxi und ließ sich in sein Viertel fahren. Hoffentlich würde er jetzt wenigstens wieder an seine Schlüssel herankommen. An die Mülltonne, in die er sie geschmissen hatte, konnte er sich aber nicht mehr genau erinnern. Also musste er mehrere Mülltonnen überprüfen. In der Dritten wurde er endlich fündig. Natürlich lagen sie ganz unten in der hintersten Ecke unter all dem anderen Müll, der sich bis dahin angesammelt hatte. Um an den Schlüssel heranzukommen, musste Karl komplett in die Mülltonne hineinsteigen.

Er musste über sich selbst lachen, weil er sich vorstellte was die Nachbarn jetzt von ihm denken würden, wenn sie ihn dabei sehen würden. Als er wieder aus der Mülltonne aufstieg, stank er zwar fürchterlich, aber er hatte den Wohnungsschlüssel wieder. Jetzt blieb nur noch zu hoffen, dass die Haustür noch offen war, wie sonst üblich, da er den Haustürschlüssel ja nicht mehr hatte. Den hatte Ayşe, die am anderen Ende der unendlich großen Stadt wohnte. Schwerlich könnte er jetzt noch, nachts um ein Uhr, seine

Nachbarn rausklingeln, damit sie ihm die Haustür öffnen würden. Das Glück war heute wirklich nicht auf seiner Seite und ausgerechnet jetzt war die Haustür verschlossen. Karl klingelte bei mehreren Nachbarn. Beim Dritten hatte er Erfolg und wurde reingelassen.

Karl war hundemüde, nahm noch mit letzter Kraft eine Dusche, um sich des Müllgestanks zu entledigen und ließ sich erschöpft ins Bett fallen.

Gegen zehn Uhr morgens wurde Karl wach und versuchte sich zu sammeln. Alle Möglichkeiten der Kontaktaufnahme zu seinen Genoss:innen waren durch seine eigene Hand zerstört worden. Nicht mal mehr hier wohnende Freund:innen konnte er noch kontaktieren. So beschloss Karl auf gut Glück zu Ayşe rüberzufahren, von der er nicht mal wusste, ob sie überhaupt zu Hause war.

Diesmal hatte Karl Glück und Ayşe öffnete die Tür.

Sie saß gerade mit ihrem Freund Özgür zusammen im Wohnzimmer. Der wiederum staunte nicht schlecht, als er sah, dass sich die Kommunikation zwischen Ayşe und Karl nur schriftlich auf Zetteln abspielte und sonst nicht viel geredet wurde. So was war er nicht gewohnt und es rückte Karl und Ayşe in ein suspektes Licht. Er zeigte sich aber kooperativ, weil er begriff, dass Karl dringend Hilfe brauchte und freute sich, dass man ihm offensichtlich genügend vertraute, um vor ihm Zettelchen zu schreiben.

Özgür bot Karl einen ungenutzten Laptop an, den er noch übrig hatte. Alle drei gingen Karl ein neues Telefon und eine SIM-Karte kaufen, die auf Özgürs Namen registriert wurde. Ayşe und Özgür hatten nicht einmal drei Stunden gebraucht, um Karl wieder einen Handlungsraum zu schaffen und ihm alle nötigen Werkzeuge zu geben, die er jetzt dringend brauchte. Karl hatte wirklich Glück mit den Menschen, die er getroffen hatte.

Anschließend begab er sich auf den Weg nach Hause. Dort angekommen, stellte er fest, dass er bei all den anderen organisatorischen Dingen, die Haustürschlüssel bei Ayşe vergessen hatte. Also musste er erneut den mittlerweile sichtlich genervten Nachbarn rausklingeln, um in seine Wohnung zu gelangen.

Wieder in seiner Wohnung richtete Karl sich umgehend ein E-Mail-Programm, mit dem er verschlüsseln konnte, auf dem Laptop ein. Ein neues Problem tauchte auf: Er konnte sich nicht mehr an sein Passwort erinnern. Auf gut Glück versuchte er die alternative Passwortfunktion mit Frage und Antwort. Zufällig lag er mit der dritten Antwort richtig, die er eher geraten hatte. Nun hatte er wieder Zugang. Karl dachte, er hätte es geschafft, doch gab es weitere technische Probleme. Aus irgendeinem Grund konnte er keine E-Mails mehr verschicken. Wieder und wieder versuchte er es, doch die E-Mails wollten nicht versendet werden.

Weitere Tage strichen ins Land und Karls Genoss:innen und die Familie wussten nicht was los war. Seiner Mutter hatte er noch gesagt, dass er demnächst wiederkommt. Sicherlich wartete sie schon ungeduldig auf ihn und merkte dass irgend etwas nicht stimmte.

Wenn er zumindest die Genoss:innen kontaktieren könnte. Doch genau das ging ja eben nicht. Mehrmals dachte Karl in diesen Tagen daran, einfach offen über Facebook oder Instagram jemanden zu kontaktieren, aber er ließ es bleiben.

Endlich kam er dahinter, was das Problem war. Sein Account hatte nur noch eine eingeschränkte Funktion, weil der Server neuerdings die E-Mail-Adresse mit einer Telefonnummer verifizieren wollte. Ursprünglich hatte Karl jenen E-Mail-Server eben deswegen ausgewählt, weil er dafür keine Telefonnummer angeben musste.

Wieder sprang ein Bekannter ein, über dessen Handy Karl seinen E-Mail-Account bestätigte.

Karl erinnerte sich an die letzten sechs Jahre, in denen sie unzählige, auch technische Probleme zu bewältigen hatten. Waren es anfangs Geldprobleme, einmal sogar über zwei Monate lang, die er zu lösen hatte, gab es auch immer wieder Kontaktabbrüche, die technische Probleme verursachten. Unter anderem konnten dadurch keine Updates durchgeführt werden, weswegen das System nicht mehr reibungslos funktionierte und sie sich nicht mehr schreiben konnten. Alle erdenklichen Probleme, die man in so einer Situation haben kann, hatten sie bis dahin schon durchleben müssen. Zumindest fühlte es sich so für ihn an.

»Deine Mutter hatte sehr viel Panik und am Telefon geweint, als sie bei mir anrief und fragte was los sei«, schrieb ihm eine Genossin wenige Tage später zurück. »Man, was sind wir jetzt alle erleichtert, dass bei Dir alles gut ist.«

»Was wirst du jetzt machen?«, fragte Ayşe, als sie mal wieder beisammen saßen.

»Ich habe noch keine Ahnung«, antwortete Karl.

»Soll ich mal Semih fragen?«, versuchte Ayşe zur Lösung von Karls Problem etwas beizutragen.

Semih war ein gemeinsamer Freund der beiden, dem sich Karl erst vor kurzem anvertraut hatte und auch ihn in seine wahre Geschichte eingeweiht hatte. Semih war schon etwas älter und politisch erfahren. Er selbst hatte Ayşe gesagt, dass er gern helfen würde, wenn es irgend etwas gibt womit er Karl unterstützen könnte.

»Ja, fragen wir ihn doch einfach mal. Vielleicht fällt ihm etwas ein«, sagte Karl, der es ebenfalls für keine schlechte Idee hielt, Semih noch mit ins Boot zu holen.

Sie trafen sich zu einem Picknick etwas außerhalb der Stadt. Dort nahm Semih Karl beiseite, um mit ihm etwas spazieren zu gehen. Beide ließen ihre Telefone auf dem Holztisch liegen, an dem sie mit weiteren Freund:innen zusammen saßen.

»Ich brauche nur eine Antwort von dir«, eröffnete Semih gleich seine darauf folgenden Angebote für Karl. »Willst du lieber mit Bus, mit Zug, zu Fuß, oder mit dem Auto rübermachen?«, fuhr er fort. »Such dir eine Variante aus.«

Karl wollte erst mal wissen, welche Varianten mit welchen Risiken verbunden sind und Semih gab einen kurzen Abriss. Karl entschied sich nach einer kurzen Abwägung für die Zugfahrt.

»Das hätte ich an deiner Stelle auch gewählt«, kommentierte Semih freudig.

»Gut, dann werde ich hierfür noch weitere Informationen sammeln und du kannst den Zeitraum deiner Abreise schon mal so auf Ende der Sommerferien eingrenzen. Das wäre auch am unauffälligsten.«

Karl legte sein Schicksal jetzt in Semihs Hand, der auch Bekannte hatte, die mit Derartigem schon Erfahrungen gesammelt hatten.

Der Tag seiner Abreise kam und Semih bereitete Karl noch ein letztes Mal vor. Karl musste hierfür Semih den Ausweis seines Freundes, den er später vorzeigen würde, übergeben.

»Name?… Wann sind sie geboren?… Und wo? … Wo wollen sie hin?«, simulierte Semih einen türkischen Grenzbeamten.

Karls Antworten mussten wie aus der Pistole geschossen kommen, deshalb probten sie das öfters. Natürlich hatte Karl alle Daten des Ausweises seines Freundes längst auswendig gelernt. Nun musste er das nur nochmal auffrischen.

»Mach dich locker und denk dran, für diesen Augenblick musst du wirklich daran glauben, dass du auch tatsächlich diese Person bist, sonst klappt es nicht«, sagte Semih.

Karl nickte.

»Wie ist deine Prognose? Wird das klappen?«, fragte Karl Semih noch und erwartete eine Einschätzung in Prozentangabe.

»Das klappt hundertprozentig, und jetzt los!«, antwortete Semih.

Karl hatte eine kleine Sporttasche dabei, in der sich ein paar Sachen zum Anziehen befanden und ein Kulturtäschchen mit Zahnbürste, Deo und Nagelknipser. Und eine Bibel. Das Neue Testament auf Deutsch.

»Wir sind doch gläubige Menschen, oder nicht?«, sagte Semih schmunzelnd zu Karl, als er ihm die Bibel mit in die Tasche hineinlegte, um Karl für seinen Auftritt so harmlos aussehen zu lassen, wie es nur irgend möglich sei.

In seinem Geldbeutel befanden sich zweihundert Dollar und knapp sechshundert Euro. Alles sollte nach einem reisenden Studenten aussehen, der nach einem längeren Sommerausflug wieder heimkehren wollte.

»Ganz falsch war das ja auch nicht«, dachte Karl.

Nur zog sich sein Ausflug über mehrere Sommer hinweg, statt nur einem.

Sie drehten noch eine Runde durch das Viertel. Ein Döner hier, einen Çay da, etwas Kuchen dort. Semih wollte dadurch verstehen, ob Karl womöglich von fragwürdigen Figuren beschattet wurde und beobachtete die Menschen um sie herum. Wäre hier irgend etwas komisch gewesen, hätten sie die Aktion sofort abgeblasen. Es sah aber nicht danach aus und sie begaben sich zur U-Bahn-Station, von wo aus es weiter zum Bahnhof gehen sollte. Dort würde sich Semih von Karl verabschieden, wenn dieser in den Bummelzug nach Bulgarien einsteigt. Auf der anderen Seite sollten ein paar Genoss:innen mit Auto auf ihn warten, um ihn von dort aus zurück in seine Stadt zu fahren.

Karls Herz schlug jetzt höher. Er versuchte sich ruhig zu verhalten.

Im Zugabteil saß er zusammen mit einem deutschsprachigen Studenten. Das Abteil hatte aufklappbare Betten. Völlig unerwartet wurden schon anfangs die Ausweise der Fahrgäste festgestellt. Hierzu sammelte der Schaffner Ausweisnummer und Name auf einer Liste, welche die Fahrgäste selbst eintragen mussten. Da wurde Karl schon zum ersten Mal nervös, als der Schaffner ihn ganz genau dabei beobachtete, wie er die Daten seines Ausweises in die Liste eintrug.

Als der Schaffner weiterging, fiel Karl auf einmal ein, dass Semih und er ein ganz elementares Detail vergessen hatten. Die Stempelkarte mit dem Einreisedatum drauf. So eine bekommt man, wenn man mit dem Personalausweis in die Türkei einreist, statt dem Stempel im Reisepass. Mehrmals hatten Karls Freund:innen und Genoss:innen ihm eine solche Karte schon überlassen, damit er sie notfalls auch vorzeigen könne und es so aussah, als wäre er noch nicht lange in der Türkei. Dafür hatten sie selbst immer wieder Ärger am Flughafen bekommen, weil sie diese Stempelkarte »verloren« hatten. Nur war die Letzte, die man ihm überließ, unbrauchbar geworden, da das Datum schon über drei Monate alt war. Etwas mehr als einen Monat vorher hätte man sie ohne Probleme nutzen können. Eben dieses Detail hatte Karl nun vergessen.

Es wäre mit Sicherheit günstiger gewesen, hätte er diese Stempelkarte in gültiger Form bei sich gehabt. Denn zusätzlich der Tatsache, dass seine Ohren ziemlich anders aussahen, als jene, welche sich da auf seinem Ausweis zeigten, würde die fehlende Karte es ihm zusätzlich erschweren. Denn wenn er schon durch die fehlende Stempelkarte auffällig wurde, würden sie ihn vermutlich nochmal genauer unter die Lupe nehmen.

Hätte er Stempelkarte und Ausweis zusammen zeigen können, wäre alles vielleicht besser verlaufen als das, was jetzt auf ihn zukam.

Wie konnte er das nur vergessen?

Karl war klar, dass die Sache jetzt zu neunzig Prozent nicht funktionieren würde.

Nach etwa vier Stunden erreichten sie die türkische Außengrenze. Dort hielt der Zug an und sie ließen alle Fahrgäste aussteigen, um sie genauer zu durchleuchten. Auch das war neu. Hatte Semih doch nur von Grenzbeamten geredet, die kurz durch den Zug laufen und halbherzig Ausweise checken würden.

Alle Fahrgäste waren genervt, aber stellten sich der Reihe nach auf, um sich kontrollieren zu lassen. Manche fingen Smalltalks mit anderen an und versuchten Witze zu machen, um sich die Zeit zu vertreiben.

Karl sah seine Chancen noch gut durchzukommen, schwinden. Es dauerte fast eine Stunde bis er endlich dran kam. Auch er hatte sich die Zeit bis dahin mit sinnlosem Gerede, mit dem Student aus seinem Abteil, vertrieben, der ganz schön neugierig zu sein schien. Als Karl endlich dran kam, übergab er dem Grenzbeamten seinen Ausweis und nahm schon mal vorsorglich seine Mütze ab. Der Beamte hatte den Ausweis drei Mal anschauen müssen und mehrmals mit Karls Gesicht verglichen. Dann wollte er die Stempelkarte mit dem Einreisedatum sehen.

»Habe ich leider verloren«, sagte Karl.

Der Beamte ließ Karl beiseite treten und ihn in der Nähe warten, wo auch schon zwei andere aussortierte Fahrgäste standen. Als alle fertig kontrolliert waren, fuhr der Zug vor ihrer Nase wieder ab und sie wurden mit auf die nahe gelegene Wache genommen.

»Hast du dir mal deine Ohren operieren lassen?«, fragte ihn einer der Grenzbeamten.

»Deine Ohren sehen ganz anders aus als auf diesem Foto«, sagte ein anderer.

Karl wollte mit der ganzen Prozedur nicht mehr viel Zeit verlieren und glaubte auch, dass es nur eine Frage der Zeit wäre bis sie von selbst herausfinden würden was hier los war.

»Sehen Sie, ich bin nicht der. Ich bin eigentlich der hier«, sagte Karl dann.

Er legte seinen Führerschein auf den Tisch, den er auch noch bei sich hatte. Die Beamten sahen sich gegenseitig verwundert an. Sie stellten ihm weitere Fragen, doch bevor er sich nur noch tiefer in irgendetwas hineinreiten würde, forderte Karl einen Anwalt und beantwortete nichts von dem was sie fragten.

Sie brachten ihn in eine Zelle, dessen Tür sie vorerst noch einen Spalt offen ließen. Dann holten sie ihn in ein Zimmer, um ihn erneut zu befragen. Auch hier machte Karl keine Angaben. Sie brachten ihn zurück auf die Zelle. Karl wurde langweilig und er begann in der Zelle hin- und herzulaufen. Da die Zellentür immer noch offen stand, lief er auch nach draußen und dort auf dem Gang herum. Ihm fiel auf, dass auch die Tür nach draußen geöffnet war. Durch diese hätte er sich locker entfernen können. Doch in welche Richtung er laufen sollte, wusste er nicht. Höchstwahrscheinlich hätten sie ihn auch so oder so gleich wieder zurückgeholt und dann wäre alles womöglich noch schlimmer gewesen. Karl unternahm keinen Fluchtversuch, ging wieder in die Zelle und nahm Platz auf dem harten Holzbett. Sie versuchten später nochmal ihr Glück und wollten Karl erneut befragen. Dieser forderte nach wie vor einen Anwalt statt irgend etwas zu beantworten.

Am Ende fanden sie endlich heraus, dass Karl schon einige Jahre im Land war.

»Alter, der ist schon seit über fünf Jahren hier!«, sagte einer der Beamten aufgeregt zu seinem Kollegen.

Er schien richtig froh, endlich neue Infos über Karl herausgefunden zu haben.

»Wenn der schon so lange da ist, muss er auch Türkisch können«, so der Beamte weiter zu seinem Kollegen.

»Du kannst Türkisch, richtig?«, fragte er Karl auf Türkisch. »Los, rede Türkisch, ich weiß dass du's kannst.«

Karl blieb still und sagte nichts, obwohl er den Beamten verstand.

Der Grenzbeamte gab auf.

»Morgen wird ein Übersetzer für dich kommen, und dann klären wir das«, sagte ein anderer zu Karl, »und jetzt gehst du auf deine Zelle schlafen.«

Sie brachten ihn wieder in die Zelle, schlossen die Tür diesmal aber vorsorglich ab. Es war ihnen nicht entgangen, dass Karl vorher auf dem Gang herumspazierte.

Der war jetzt hundemüde und schlief auch gleich ein.

Er träumte von Cansu, wie er mit ihr im Urlaub am Strand war und sie sich küssten. Er konnte sie im Traum richtig fühlen und riechen. Ganz nah waren sie sich. Irgendwie verschwand Cansu auf einmal und Karl befand sich in der Stadt. Umgeben von vielen Menschen und doch fühlte er sich allein. Sein Unbehagen über den Situationswechsel im Traum ließ ihn aufwachen. Und unmittelbar holte ihn auch die Realität wieder ein. Er begriff, dass er eingesperrt war und womöglich auch nie wieder dorthin zurück konnte, wo er jetzt herkam.

Um Die Mittagszeit herum kam die Übersetzerin. Sie sprach Deutsch und stellte sich vor.

»Wenn du einen Anwalt brauchst, dauert das hier alles nur viel länger. Am Ende wird das Gleiche passieren. Wir könnten Glück haben und sie schicken dich heim. Wenn du Pech hast, sperren sie dich ein, aber das kann ich mir nicht vorstellen«, eröffnete die Übersetzerin Karl. »Ach ja und du musst mich bezahlen. Siebzig Euro sind ok für dich?«

Karl schob ihr den Zaster zu.

Er wollte die Situation so schnell es geht hinter sich bringen.

Karl erzählte, dass ihn vor fünf Jahren eine Freundin als Gasttätowierer nach Istanbul einlud, die dort gerade ein Tattoo-Studio eröffnet hatte. Er hatte es damals versäumt, eine Aufenthaltsgenehmigung zu beantragen, weil er gar nicht so lang bleiben wollte. Dann lernte er jemandem kennen, der ihm erzählte, dass man alternativ auch einfach später eine Strafe von 3600 Lira zahlen könne und damit sei dann alles geklärt.

Was es mit dem anderen Ausweis auf sich hatte wollten die Beamten noch wissen.

Karl erzählte ihnen, dass seiner gestohlen wurde, als er das Zugticket schon gekauft hatte. Ein Freund, der ihn mal besuchte, hatte seinen Ausweis bei ihm vergessen. Und da er dringend wieder nach Deutschland musste, da seine Oma krank war, entschied er sich diesen zu nutzen. Das mit der Oma stimmte im übrigen auch.

»Einen falschen Ausweis an der Grenze zu zeigen macht schon mal 3570 Lira«, sagte einer der Beamten.

Karl ging in Begleitung eines anderen Beamten seine Euros in Lira wechseln und legte ihnen das Geld auf den Tisch.

»Du scheinst gut zu verdienen als Tätowierer«, kommentierte das ein weiterer Beamter.

Karl schmunzelte.

Sie beschlossen, Karl in einen Abschiebeknast zu stecken.

»Mach dir keine Sorgen, in ein paar Tagen schicken sie dich schon wieder heim«, erklärte ihm die Dolmetscherin. »Dass sie dich nun in Abschiebehaft stecken, ist schon mal ein gutes Zeichen. Das heißt, dass du nicht in den Knast kommst.«

Karl war zwar froh, dass er nicht in den Knast musste, wusste aber auch, dass er nun, wenn auch vermutlich überschaubar und begrenzt, trotzdem erstmal irgendwo eingesperrt wird. Auch traute er sich noch nicht so richtig, sich zu freuen, dass die Sache halbwegs glimpflich ausgegangen war, bevor es nicht ganz vorbei war. Vielleicht würden sie ihre Entscheidung nochmal überdenken, wer weiß.

Die Dolmetscherin verabschiedete sich.

»Maximal drei Tage, dann lassen sie dich gehen. Glaub mir«, sagte sie, als sie ging.

Sie mussten mehrere Abschiebeknäste in der Gegend abfahren, um einen freien Platz für Karl zu finden. Die meisten waren ausgelastet mit Geflüchteten, die versucht hatten in die EU hinein zu gelangen und dabei erwischt wurden. In mehreren der gewaltigen Gebäudekomplexe machten sie kurz halt, durchsuchten mehrfach Karls Gepäck, seine Hosentaschen und Schuhe.

Es war nun etwa vier Uhr nachmittags und im vorletzten der Gebäudekomplexe, den Karl dann auch von innen sehen sollte, saßen die Gefangenen eng zusammengepfercht im Hof in der Sonne.

Die Beamten ließen Karl nicht mit den anderen Gefangenen zusammentreffen, sondern gaben ihm zu verstehen, dass er bei ihnen stehen bleiben sollte. Dann boten sie ihm eine Zigarette an, wodurch er sich blöd und privilegiert vor den anderen Gefangenen vorkam. Die hatten ihn auch bemerkt. Karl fragte sich, ob die Gefangenen bei dieser Hitze überhaupt Wasser bekamen, denn er sah niemanden etwas trinken. Trotz der Bloßstellung, durch die bevorzugte Behandlung, konnte er der Zigarette des Beamten nicht widerstehen und wollte nach all dem Stress unbedingt eine rauchen. Bald ging es weiter in den nächsten Abschiebeknast, in dem Karl schlussendlich untergebracht wurde. Wie in allen Knästen, musste er Schnürsenkel und Gürtel abgeben.

»Brauchst du das Buch?«, fragte ihn einer der Knastbeamten mit Karls Bibel in der Hand.

»Ja«, antwortete Karl, da er dachte, dass es besser sei, als gar nichts zu lesen zu haben.

Sie brachten ihn auf eine Zelle in eines der oberen Stockwerke. Ungefähr 500 Leute schien der Gebäudekomplex fassen zu können. Vielleicht auch 1000, denn Karl befand sich mit neun weiteren gefangenen Geflüchteten in der engen Zelle.

Jeder hatte nur etwa zwei bis drei Quadratmeter für sich, mehr nicht. Matratzen oder Betten gab es keine. Sie schliefen alle auf Decken auf dem Boden. Wie Ölsardinen in der Büchse lagen sie auf dem Boden verteilt. Auch einen Tisch oder Stuhl gab es nicht. Immerhin war das Bad und WC ein abgetrennter Raum. Nicht wie in Deutschland im Knast, wo sie im selben Raum ihr Geschäft verrichten mussten, in dem sie auch aßen und tranken.

1200€ pro geflüchtete Person soll der türkische Staat von der EU einkassieren, damit er ihnen die Geflüchteten vom Hals hält und sie wieder in ihre Herkunftsländer abschiebt. Für die wirtschaftlich angeschlagene Türkei ein willkommenes Geschäft.

Karl saß mit Gefangenen aus Afghanistan, Marokko, Algerien und dem Irak. Alle waren nett, aber wunderten sich was einer wie er hier zu suchen hatte. Manche waren hier schon über fünfzig Tage und hatten seither keinen einzigen weißen Europäer gesehen, der mit ihnen zusammen eingesperrt war.

»Was hast du denn gemacht?«, wollten sie von ihm wissen.

Die Kommunikation war nicht leicht, da die meisten anderen Gefangenen nur Arabisch sprachen. Keiner von ihnen konnte Englisch, Türkisch, und erst recht nicht Deutsch. Da sie aber Zeit hatten und zusammen eingesperrt waren, fanden sie kreative Mittel der Kommunikation. Karl versuchte zu erklären was passiert war und hatte auch Erfolg.

»Ich will auch nach Deutschland abgeschoben werden!«, scherzte einer und alle mussten lachen.

Karl konnte nur halb mitlachen. War es doch eher traurig, dass manche von ihnen womöglich wieder in Kriegsgebiete abgeschoben werden sollten, aus denen sie geflüchtet waren. Aber auch sein Mitleid hätte ihnen nichts gebracht, das war ihm klar.

»Bist du Christ?«, wollte einer wissen, als ihm Karls Bibel auffiel, in der dieser angefangen hatte zu schmökern, weil ihm nichts besseres einfiel.

»Nein, ich les das nur, weil ich nichts anderes habe«, antwortete Karl.

»Und ihr?«, fragte er zurück.

Alle schienen Muslime zu sein. Manche von ihnen unterstrichen, dass es so zumindest in ihrem Ausweis steht, sie aber nicht gläubig sind.

»Für uns ist es kein Problem, wenn du Christ bist. Hab keine Angst«, sagte ein anderer zu Karl. Er hatte anscheinend den Eindruck, dass Karl nur seinen Glauben verstecken wollte, weil er sich vor ihnen fürchtete.

»Ja, für mich spielt es auch keine Rolle wer an was glaubt«, sagte Karl, der nicht ganz sicher war, ob sie ihn verstehen würden.

Die Zellentür ging auf und Karl wurde herausgerufen.

»Nimm bitte all deine Sachen mit.«

Karl konnte sich nicht vorstellen, dass er nach so kurzer Zeit schon wieder rauskommen würde und war gespannt was jetzt passierte. Sollte er doch in den Knast kommen, weil sie es sich anders überlegt hatten? Sein Herzschlag wurde schneller. Er packte seine Sachen und verabschiedete sich noch in aller Kürze von den anderen Gefangenen.

Sie brachten ihn in eine andere Zelle.

»Schau mal wie du hier zurechtkommst. Ich glaube das könnte besser für dich passen«, sagte der Beamte.

Karl fand sich in einer Zelle mit acht weiteren Gefangenen wieder. Einer von ihnen konnte sehr gut Englisch sprechen und der Rest kannte zumindest ein paar Wörter. Auch Türkisch konnten einige ein bisschen.

Hier ging es ähnlich los.

»Was hast du denn gemacht?«

»Du bist der erste Deutsche, den ich hier sehe.«

»Ich will auch nach Deutschland abgeschoben werden!«

Karl saß hier mit Kurden aus dem Iran, Irak und Syrien. Ein Teil von ihnen war gläubig, andere nicht. Auch hier waren alle äußerst freundlich zu ihm. Mustafa, ein älterer Herr, setzte erstmal Tee für alle auf. Hierfür nutzte er einen selbst gebastelten Tauchsieder, der aus einer Gabel und Kabeln bestand. Den hielt er in eine Saftpackung hinein, die vorher mit Trinkwasser befüllt worden war. Am anderen Ende musste er aufpassen, dass die zwei losen Kabel in der Steckdose blieben, und er keinen Stromschlag bekommen würde oder es einen Kurzschluss gab. Es gelang dem knasterfahrenen Mustafa und alle hatten Çay, den sie genießen konnten. Ihre Zigaretten zündeten sie sich an zwei losen Kabeln eines geöffneten Lichtschalters an der Wand an. Rauchen war eigentlich nicht erlaubt. Zum Anzünden musste man etwas Spucke vorn an die Zigarette machen, damit es Funken schlug, wenn die beiden Kabel des Lichtschalters mit geringer Entfernung zueinander dort drangehalten wurden. Dann mussten sie nur noch paffen was das Zeug hält und die Zigarette war an. Karl gelang das anfangs nicht sonderlich gut und die anderen mussten ihm dabei helfen. Aber nach anderthalb Tagen war auch er Profi wie sie geworden und steckte den anderen ihre Zigaretten an.

»Ich bin echt froh, dass du nach all dem überhaupt noch lebst«, wird Jahre später eine Freundin zu Karl sagen, die sich vorstellte wie oft er dem Tod nur knapp entkommen sein muss, der ihn durch eventuelle Stromschläge hätte ereilen können.

Karl rauchte viel.

Zwei Mal am Tag hatten sie Hofgang. Das bedeutete jeweils zehn Minuten unten im Hof kurz hin- und herlaufen, dann ging es schon wieder auf Zelle. Wahrscheinlich wäre es schon aus organisatorischen Gründen gar nicht möglich gewesen, dass sie mehr Hofgang gehabt hätten. Da so viele dort eingesperrt waren, hätte womöglich nicht jeder dran kommen können. Karl sah vom Fenster auch Kinder auf dem Hof mit ihren Familien, die hier eingeknastet waren. Auch ihnen hatte man auf ihrer Suche nach einem Neuanfang einen Strich durch die Rechnung gemacht. Ihm wurden durch seine misslungene Aktion Einblicke gewährt, die wohl vielen Journalisten versagt blieben.

Sie aßen immer zusammen und setzten sich dazu im Kreis auf den Boden und breiteten hierfür zwei Mülltüten als Tischdecke aus.

Um die Zeit totzuschlagen, wurde viel Schach gespielt. Das war immer mit starken Emotionen verbunden. Wenn zwei Zellengenossen spielten, saßen die meisten drumherum und fieberten mit. Oft intervenierten sie auch, wenn sie dachten, dass jemand einen falschen Zug machte.

»Nein! Bist du wahnsinnig? Mach das nicht!«, schrie Azad, als Karl, der gerade mit Mustafa spielte, fast einen Fehler gemacht hätte.

Das wurde von Mustafa nicht gern gesehen und er regte sich auf, dass sich Azad einmischte, und forderte von ihm, dass er künftig seine Finger vom Spielbrett lassen soll. Azad lächelte und nahm beim nächsten sich ankündigenden Fehler einfach Karls Hand und vollführte mit dieser die passenden Züge. Für ihn galt das nicht als Einmischung, weil es ja Karls Hand war, die die Schachfigur festhielt und nicht seine.

Mustafa war schachmatt.

»Mit euch kann man nicht richtig spielen«, sagte er daraufhin und winkte ab. Dann machte er wieder Tee.

Azad musste sich die Hand vor den Mund halten, um sich so besser das Lachen zu verkneifen.

Immer wieder versprachen sie sich vor einem nächsten Schachspiel, dass sich ab jetzt wirklich keiner mehr einmischt. Aber spätestens kurz vor Ende des Spiels mischten sich doch wieder alle ein und stritten sich von allen Seiten in ihrer Zelle. Sie lachten viel dabei, als sie sich nach Herzenslust gegenseitig beleidigten.

Karl lebte.

Ab und an las er in seiner Bibel. Dabei fiel ihm auf, dass jedes Mal, wenn es dort um Frauen ging, diese ständig als Menschen zweiter Klasse oder lediglich als Begleitcharaktere der Hauptfiguren dargestellt wurden. War dass nicht genau das, was islamophobe rechte Christen den Muslimen ständig vorwarfen?

»Das Weib…«, las Karl. Und wenn sie nicht dieses oder jenes tut, ist sie schlecht und kommt in die Hölle, dachte er.

Zeki, der auch Englisch konnte, wäre es lieber gewesen, wenn Karl statt der Bibel den Koran gelesen hätte, denn das war sein Hauptthema, mit dem er die Anderen oft nervte. Die ließen sich aber nichts von ihm sagen, denn auch ihnen war es völlig gleich wer an was glaubte. Genauso gut hätte Zeki versuchen können, ihn davon zu überzeugen die Thora zu lesen. Aber er hatte nur diese Bibel, die er in seiner Muttersprache lesen konnte. Wären alle drei Bücher dieser monotheistischen Religionen auf Deutsch, oder zumindest auf Englisch oder Türkisch verfügbar gewesen und wenn er genügend Zeit gehabt hätte, Karl hätte sie alle gelesen.

Einmal schaute beim Zellengenossen Navid der Hintern zu weit aus der Hose, als er sich über die Schulter von Mustafa lehnte, weil er dessen Schachspiel verfolgen wollte.

Da schnauzte ihn Zeki an.

»Zieh mal deine Hose hoch, das ist Haram!«

»Ach quatsch«, sagte Navid. »Mein Arsch ist helal!«

Alle lachten laut, auch Zeki.

Trotzdem respektierte jeder, dass Zeki gläubig war und mehrmals am Tag beten wollte. Sie gaben ihm den Raum, machten aber ihre Liegestütze um ihn herum. Oder sonstwas, wonach ihnen gerade der Sinn stand.

Nach fünf Tagen Abschiebeknast ging für Karl die Zellentür auf und sie ließen ihn gehen.

Es war fünf Uhr morgens. Nicht alle Mitgefangenen hatten es geschafft, sich von Karl zu verabschieden, weil sie noch fest schliefen. Jenen, die es schafften, fiel es dafür um so schwerer ihn gehen zu lassen. Waren sie doch auch hier innerhalb kürzester Zeit eine eingeschworene Gemeinschaft geworden, die verstand, dass sie alle im gleichen Boot saßen und sich brauchten.

Sie brachten Karl zur Deutschen Botschaft nach Istanbul, wo er einen Ersatzausweis bekam, damit er zurückreisen konnte. Zwei türkische Bullen begleiteten ihn von der Botschaft zum Flughafen. Dann steckten sie ihn in das erste Flugzeug nach Deutschland, das sie finden konnten. Es ging nach Hamburg.

Wenn wir wollen

Im Flugzeug bekam Karl einen Platz ganz hinten zugewiesen, wo er von den restlichen Fluggästen abgetrennt war. Nach der Landung, während alle Passagiere ausstiegen, erklärte einer der Stewards Karl, dass er noch warten müsse und erst als Letzter aussteigen darf.

Sobald er aus dem Flugzeug war, wurde Karl von zwei Uniformierten begrüßt. Sogar auf eine irgendwie respektvolle Art und Weise, so kam es Karl vor. Sie hatten wohl schon sämtliche Infos über Karl vorliegen und wussten, dass er nun schon fast sechs Jahre weg war.

»Können sie bitte kurz mitkommen? Es gibt da noch ein Problem wegen ihrer Adresse zu klären«, eröffnete einer von ihnen.

Es ging darum, dass die Staatsanwaltschaft versucht hatte Karl zu erreichen, ihnen das aber nicht möglich war. Karls Meldeadresse war gelöscht worden und er sollte nun irgend eine Adresse angeben unter der er erreichbar wäre. Andernfalls könnten sie wohl erneut einen Haftbefehl gegen ihn ausstellen.

Also gab Karl eine Adresse an.

»Alles klar, das war's auch schon. Sie können gehen«, sagte der Beamte und Karl begab sich zurück in die kapitalistische Freiheit.

Da die Zeit mittlerweile reichlich vorangeschritten war, wäre er mit einem Zug in seine Stadt erst früh um vier Uhr dort angekommen. So beschloss Karl, sich für diesen Tag noch ein Zimmer zu nehmen und die Nacht auf St. Pauli zu verbringen.

Als er die Straßen entlang lief, genoss er es wieder von seiner Muttersprache umgeben zu sein. Fast an jeder Ecke, an der er vorbei lief, wurden Erinnerungen an früher wach. Früher, in seiner Zeit als Punk, sind sie hier oft betrunken um die Häuser gezogen, und hatten unzählige Abenteuer erlebt. Gleichzeitig fühlte Karl eine innere Zerrissenheit, die sich nicht nach zu Hause anfühlte. Es war, als wüsste er, trotz all dem Vertrauten, nicht mehr wo er überhaupt noch hingehörte. Hierher, dorthin, oder an irgendeinen ganz anderen Platz auf der Welt? Karl konnte es nicht greifen. Hätte ihn in diesem Moment jemand gefragt, welche Staatsangehörigkeit er habe, hätte er nichts anderes als staatenlos, heimatlos, oder Weltenbummler angeben können.

War es überhaupt richtig gewesen wieder zurückzukommen? Nunja, die Würfel waren gefallen und er wird es herausfinden müssen.

In einer Kneipe lernte er ein paar Leute kennen, mit denen er noch eine Weile im Kiez unterwegs war.

Als er am nächsten Morgen aufwachte, brauchte er eine Weile, um sich zu sammeln und herauszufinden wo er eigentlich war.

Auf der Wand vor ihm, war ein großer FC St. Pauli-Totenschädel angebracht. Karl begriff langsam, dass er auf jeden Fall nicht mehr im Knast war. Trotzdem brauchte er einige Sekunden, um zu rekonstruieren was bisher geschehen ist und dass er in Hamburg gelandet ist.

Nachdem er die nötigen Mosaikstücke in seinem Kopf zusammengefügt hatte, packte er seine Sachen und ging zum Bahnhof, um den erstbesten Zug in seine Stadt zu nehmen.

Im Zug belauschte Karl die Gespräche der anderen Fahrgäste, die nur über Belangloses zu reden schienen.

Sprache ist einfach Kultur, dachte Karl, der nicht gewusst hätte, wie er die eine oder andere Redewendung, die er aufschnappte, auf Englisch oder auf Türkisch übersetzen würde.

Er fing die vorbei rauschenden Landschaftsbilder ein und dachte an seine Mutter. Sicherlich wird sie sich freuen, wenn er endlich nach Jahren völlig überraschend bei ihr vor der Tür stehen wird. Noch hatte er fünf Stunden Fahrt vor sich und die brauchte er auch für sich, um über vieles nachzudenken.

Ich hab das tatsächlich durchgezogen, dachte Karl, der anfangs im Auto mit Martin Zweifel daran gehabt hatte, ob das überhaupt funktionieren würde.

Ja, er hätte sogar fast einen Rückzieher gemacht, wenn Martin nicht die Initiative ergriffen hätte und dem Grenzbeamten mit irgendeiner Studentengeschichte daherkam!

Während und insbesondere im ersten Jahr seiner Exilzeit hatte er oft Rückschläge erlitten, die ihn nicht selten zweifeln ließen. Oft war er kurz davor gewesen alles hinzuschmeißen, weil es ihm manchmal logischer vorkam. Insbesondere, wenn er mal wieder ganz unten und der Druck am größten war. Er war froh, dass er in dieser Zeit immer auf die Solidarität seiner Genoss:innen, der Familie und seiner Freund:innen zählen konnte, ohne die er das alles nicht geschafft hätte. Auch über die bedingungslose Solidarität, die er vor Ort durch neue Genoss:innen oder wildfremde Menschen erfuhr, war Karl sehr dankbar.

Wenn wir wollen, können wir zusammen wirklich alles schaffen, dachte Karl.

Sie fuhren mit dem Zug an einigen Schrebergärten vorbei, wo Karl ein paar Gartenzwerge sah.

Er musste an seine Kindheit denken.

Immer, wenn ihn damals seine alleinerziehende Mutter, die in der Fabrik arbeitete, abends vom Kindergarten abholte, nahmen sie zusammen den Bus nach Hause. Ein Auto hatten sie nicht. Auf der Strecke nach Hause gab es eine enge Kurve, die um ein ansehnliches großes Haus mit Garten führte. Dort, auf dem umzäunten Gelände standen mehrere Gartenzwerge. Einige von ihnen kannte Karl schon in- und auswendig. Da war ein grimmig dreinschauender Gartenzwerg mit Schaufel in den Händen, einer der die Hosen runterließ und auf dessen nacktem Po ein Vogel saß. Ein weiterer nahm gerade ein Bad und schrubbte sich mit einer Bürste den Rücken. Einer hielt eine Laterne in der Hand. Es gab eine Gartenzwergfrau mit Kleid und so weiter.

Diese Gartenzwerge hatte Karl schon gefühlte tausend Mal gesehen. Doch es gab auch ein paar wenige, die er nie richtig betrachten konnte, weil sie in einem ungünstigen Winkel standen und der

Bus schon längst wieder um die Kurve gefahren war. Einige Male versuchte er schon vor der Kurve sich nur auf diese Gartenzwerge zu konzentrieren. Er wollte endlich verstehen, was diese in ihren Händen hielten, was sie für Kleidung trugen und was sie dazu für komische Posen machten. Es gelang ihm nie. Eines Tages reichte es Karl, und mitten in der Kurve sprang er einfach auf und schrie:

»Herr Busfahrer, halten sie den Bus an! Ich will jetzt endlich mal die Gartenzwerge sehen!«

Der Busfahrer hielt tatsächlich mitten in der Kurve für Karl an, der endlich Zeit hatte, sich in aller Ruhe die Gartenzwerge anzuschauen. Karl ließ sich viel Zeit, und analysierte einen Gartenzwerg nach dem anderen. Hinter ihnen hupten die Autos, die mittlerweile eine Schlange gebildet hatten, weil sie den Bus in der engen Kurve nicht überholen konnten. Der ganze Bus war ruhig und alle Fahrgäste schauten nur Karl an, wie er da ganz fasziniert an der Bustür stand. Sie gönnten ihm diesen Moment. Bis er endlich fertig war.

»Und? Hast du jetzt alle gesehen?«,fragte der Busfahrer.

»Ja, jetzt hab ich endlich alle gesehen«, antwortete Karl, und der Bus konnte weiterfahren.

Endlich in der Stadt angekommen, klingelte Karl bei seiner Mutter.

Sie ging an die Sprechanlage.

»Ja?«

»Ja, hier auch ja«, gab er zur Antwort.

»Was?«, hörte Karl sie durch die Sprechanlage rufen und zugleich wurde der Türöffner betätigt.

Seine Mutter war ganz aufgeschreckt und traute erst ihren Augen nicht, als sie ihn sah.

Sie umarmten sich.

Dann schenkten sie sich ein Bier ein und hatten sich natürlich viel zu erzählen.

Fast sechs Jahre konnten sie sich nicht richtig unterhalten und dadurch kam es auch immer zu Missverständnissen. Schon allein, weil bei der Form ihrer Kommunikation Mimik und Gestik fehlten. Über vieles, das sie in all den Jahren nie richtig bereden konnten und was ihnen jetzt gerade am wichtigsten erschien, tauschten sie sich in kürzester Form aus, um nicht noch andere wichtige Dinge aus Zeitgründen auslassen zu müssen.

Seinen Stiefvater, der bald von der Arbeit heimkommen würde, wollten sie überraschen und versteckten dafür Karls Schuhe. Der staunte nicht schlecht, als er Karl auf einmal im Wohnzimmer auf der Couch sitzen sah und wusste erst nicht so recht, was er sagen sollte.

Am nächsten Morgen ging Karl zur Stadtverwaltung, um einen neuen Ausweis zu beantragen.

»Wo waren sie denn all die Jahre gemeldet? Hier steht, dass sie seit fünf Jahren abgemeldet sind. Ich kann sie so nicht wieder auf ihre alte angegebene Adresse anmelden«, sagte die Frau vom Bürgerbüro.

Karl benötigte eine beglaubigte Kopie eines Mietvertrages, die er vorlegen müsse. Das war neu. Als wäre es nicht zuvor schon kompliziert genug gewesen. Da es Freitag halb zwölf mittags war und das Bürgerbüro eine halbe Stunde später schließen sollte, beschloss Karl es in der folgenden Woche zu klären.

Auf seinen neuen Ausweis sollte er zwei Monate warten müssen. Es hieß, dass man erst einmal das polizeiliche Führungszeugnis einsehen wolle. Dass man dafür so lang brauchte, wird sogar die Frau vom Bürgerbüro stutzig machen:

»Also, ich verstehe gar nicht, was da bei Ihnen los ist. Entweder es steht etwas drinnen in Ihrem Führungszeugnis oder nicht. Wofür braucht man denn da so lang? Was haben die denn mit Ihnen?«

Als nächstes musste sich Karl ein neues Telefon kaufen. Er hatte ein verhältnismäßig günstiges gefunden, das er zusammen mit einer SIM-Karte kaufen wollte. Aber er brauchte einen gültigen Ausweis um diese freizuschalten.

Karl spazierte durch die Innenstadt und überlegte, wie er sämtliche Probleme am schnellsten lösen könne. Eine beglaubigte Kopie eines Mietvertrages aufzutreiben, damit er wieder an einen Ausweis kommen würde, schien ihm das größte Problem von allen zu sein.

Vieles hatte sich seither verändert in seiner Stadt. Es gab noch mehr große Shoppingcenter, die die kleinen Läden, wie er sie von früher kannte, verdrängt hatten. Straßen waren verbreitert worden an Stellen wo es überhaupt keinen Sinn machte.

Ist das schon Teil einer präventiven Aufstandsbekämpfung, oder nur das Ergebnis von maßloser Gentrifizierung?, fragte sich Karl, der sich nicht vorstellen konnte, wie man hier vor Bullen wegrennen könnte, wenn es mal sein müsste.

Durch den veränderten Stadtraum konnten Aufständische sehr leicht auseinander getrieben werden und diese könnten sich nur schwer verstecken, da es kaum noch enge Nebenstraßen gab. Räumfahrzeuge, oder Bullenfahrzeuge hingegen konnten hier in dieser Betonwüste einwandfrei rangieren, ohne irgendwo anzuecken.

Karl sah einen Punk mit zwei Hunden an der Leine die Straße überqueren.

Das war doch Lampe!, durchfuhr es ihn.

Lampe kannte er noch von früher. Er war sich erst nicht sicher, ob er es auch wirklich war, weil der Zahn der Zeit über die Jahre offensichtlich auch an Lampe genagt hatte und ihn älter und kaputter aussehen ließ als damals.

»Karl?«, rief Lampe aber auch schon, als er diesen bemerkt hatte. »Nein! Das glaub ich jetzt nicht! Du bist wieder hier! Oh man, das freut mich jetzt voll!«

Sie gingen ein wenig spazieren und tauschten sich aus.

»Alter, ich muss zum Zahnarzt, aber ich habe seit dem Knast eine Zahnarztphobie«, erzählte Lampe Karl, dem auch nicht entgangen war, dass Lampe nur noch wenige Zähne im Mund hatte.

»Diese Metzger haben mir zwei Weisheitszähne ohne Betäubung herausgerissen. Dafür hatten sie mich gefesselt«, so Lampe weiter.

Lampe erzählte auch von seinem Plan, mit seinen zwei Hunden eine Garage anzumieten, damit er über den Winter käme. Eine Wohnung könne er sich nicht leisten.

»Lampe, du brauchst doch bestimmt Geld«, leitete Karl ein, um mit Hilfe von Lampes Ausweis seine SIM-Karte zu entsperren, damit er seine Genoss:innen und Freund:innen kontaktieren könne. Gleichzeitig würde Lampe so auch etwas davon haben.

»Komm schon, dafür brauchst du mir doch kein Geld geben, das mach ich für dich doch auch so«, unterstrich Lampe seine Prinzipien.

Aber Karl bestand darauf, ihm hierfür fünfzig Euro zu geben und Lampe war froh, dass er an diesem Tag nicht mehr betteln gehen musste. Sie verabschiedeten sich und Karl setzte sich in einen nahegelegenen Park, um dort in Ruhe sein neues Telefon einzurichten.

Nun konnte er wieder Social Media nutzen, wie es ihm gefiel und das ohne Bedenken hinsichtlich seiner Sicherheit.

Als Erstes kontaktierte er Steffen, der gerade auf Arbeit war, und sich tierisch freute, als er die SMS von Karl las. Er ließ alles stehen und liegen, um sich sofort mit Karl zu treffen. Und auch Bruno stieß dazu.

Einen Zwischenstopp machten sie noch bei Karls Anwalt. Karl hatte eine Zimmerpflanze und eine Flasche Sekt gekauft, womit er seinen Anwalt überraschen wollte. Während Steffen und Bruno draußen vor dem Gebäude warteten, betrat Karl die Kanzlei.

»Nein! Das darf nicht wahr sein! Sie sind erst der zweite meiner Mandanten, der das geschafft hat! Herzlichen Glückwunsch!«, sagte sein Anwalt, und sie umarmten sich.

Jetzt galt es noch Katrin und Hans aus dem Krankenhaus abzuholen. Es sollte eine Überraschung werden. Die beiden hatten keinen blassen Schimmer, dass auch Karl im Krankenhaus auftauchen würde. Katrin hatte gerade eine Fehlgeburt hinter sich gebracht und eine derartige Überraschung konnte sie auf andere Gedanken bringen.

Alle freuten sich und konnten es nicht richtig fassen, dass dieses Kapitel eines kleineren politischen Kampfes im großen Kampf nun auch zu Ende war.

Abends sollte erstmal richtig gefeiert werden. Mit Feuerwerk und allem Drum und Dran. Da Karl nicht mehr viel Alkohol gewohnt war, war er ziemlich schnell voll. Viele sagten ihm, dass er stark abgenommen hätte.

»Sag mal, haben die dir da drüben nichts zu essen gegeben?«, fragte ihn Niko.

»Ja, dann musst du mich mal schleunigst zum Essen einladen«, antwortete Karl, der gar nicht bemerkt hatte, dass er durch den Stress der letzten Etappe seiner Exilgeschichte tatsächlich einige Kilo verloren hatte.

Auch ein paar alte Punkkumpels von früher waren gekommen und gesellten sich mit dazu. Alle wollten von Karl seine Story erzählt bekommen und wissen, was er so alles erlebt hatte.

»Alter, das war so brutal anstrengend die ganze Zeit für uns, weißt du das überhaupt? Nie durften wir über dich reden am Telefon oder so. Geht das denn jetzt endlich wieder? Kann man dich jetzt auch endlich mal wieder anrufen?« fragte Steffi, eine von Karls alten Punkfreundinnen.

Karl schmunzelte.

»Ja. Das geht jetzt wieder.«

Nachwort einiger Genoss:innen

Knast, Exil, Flucht und Illegalität, waren schon immer und zu jeder Zeit Begleiterscheinungen jeder revolutionären Bewegung. Sie sind der, für die Geschichtsbücher oft unsichtbare, aber prägende Alltag der Revolutionär:innen. Im Gegensatz zum kurzen, kraftvollen Moment des Aufstands, der, wenn er denn gelingt, zurecht alles zuvor Erlittene überstrahlt.

Sie sind auch die ständigen Begleiter der kommunistischen Bewegung in Deutschland in den letzten 100 Jahren. In sehr unterschiedlicher Quantität und Qualität. In den 1920ern waren Tausende in Folge der aufständischen Phase zwischen Novemberrevolution und Hamburger Aufstand im Knast oder untergetaucht. In den 30er Jahren, war die Illegalität für viele die einzige Möglichkeit den Kampf weiterzuführen oder schlicht zu überleben. Knast war oft die Vorstufe zu KZ, Folter und Tod. Nach dem Faschismus dauerte es nur elf Jahre, bis nach dem KPD-Verbot 1956 wieder tausende tatsächliche oder vermeintliche Kommunist:innen in die westdeutschen Knäste gingen. In den 70er und 80er Jahren, waren Knast und Illegalität quasi natürliche Bestandteile des bewaffneten Kampfes. Ersterer in einer Form, die den tödlichen Kampf des Staates gegen seine Gegner:innen, auf die Gefangenen ausdehnte und ihre Zerstörung als (politische) Subjekte zum Ziel hatte. Totalisolation, akustische Abschottung, Dauerbeleuchtung, damals neuartig und als »weiße« Folter betitelt, bis hin zu den Morden in Stammheim, die Mittel um dieses Ziel zu erreichen. Die Illegalität auf der anderen Seite war oft selbstgewählte, strategisch wichtige Bedingung des bewaffneten Kampfes. Als die Intensität dieser Kämpfe in den 90er Jahren abnahm, nahm auch die Anzahl der politischen Gefangenen ab. Für Linke, die in den 00er und Anfang der 2010er aktiv wurden, war der Knast – bis auf regionale Ausnahmen und spezifische Anti-Knast-Gruppen – tatsächlich eher wenig präsent.

Das hat sich in den vergangenen Jahren zwar nicht sprunghaft, aber doch erkennbar geändert: Seit dem G20-Gipfel in Hamburg, gibt es wieder deutlich mehr politische Gefangene in deutschen Knästen. Und zwar zusätzlich zu den Genoss:innen aus der kurdischen und türkischen Linken, die seit vielen Jahren den Großteil der politischen Gefangenen in der BRD stellen. Der wesentliche Charakter dieser Entwicklung ist, dass der Staat nicht auf ein Bewegungshoch der Linken wartet, um mit mehr Repression zu reagieren, sondern die (potenziell) revolutionäre Linke vorbeugend, bevor sie infolge der Krisendynamik an möglicher Schlagkraft gewinnt, angreift. Dieser Konfrontation mit dem Gegner nicht durch Rückzug ins Private oder Reformismus auszuweichen, sondern den Kampf mit der Konterrevolution als quasi natürliche Bedingung jedes revolutionären Prozesses anzunehmen, heißt den eigenen Anspruch, den Kapitalismus stürzen zu wollen, ernst zu nehmen. Und so stellt sich auch die Frage nach dem Umgang mit Knast und Alternativen zu ihm immer wieder neu…

Der vorliegende Text ist keine Handlungsanleitung á la »Wie vermeide ich den Knast und tauche unter?«. Denn erstens sind die Fälle, in denen sich die Frage nach Knast oder Untertauchen stellt, noch überschaubar, so dass es wahrscheinlich keine Plattitüde ist zu sagen, dass »jede Situation und jede Person anders ist«. Und zweitens wäre es wenig sinnvoll, praktische Tipps für die Illegalität, die man vielleicht festhalten kann, in so ein Buch zu schreiben… Es soll auch nicht suggeriert werden, dass Flucht, Exil und Illegalität in jedem Fall der »bessere« oder »politisch richtigere« Weg sind. Es gibt viele Gründe, lieber in den Knast zu gehen: die vielleicht kürzere Dauer »bis man für den Kampf draußen wieder zur Verfügung steht«, Kontakt zu Freund:innen, Familie oder politischem Umfeld. Oder auch, um den Knast selbst als politisches Terrain zu begreifen, das er unweigerlich ist. Auch hierfür bietet Karls Geschichte einige Anregungen und Erfahrungen. Nein, die Bedeutung dieses Buches liegt darin, dass eine weitere Perspektive aufgemacht wird und wir uns angesichts der vermeintlichen Zwangsläufigkeit der Repression selbst vor Augen halten können: Es kommt immer darauf an, was wir aus der Situation machen! Wir sind die Handelnden. Wir können uns entscheiden in welcher Form wir den Kampf aufnehmen. Mit Kreativität, ohne Schablonen zu kopieren, und der entsprechenden Entschlossenheit lassen sich auch in unmöglich erscheinenden Situationen Wege finden zu kämpfen!

Für die, die diesen Weg gehen, gilt wohl fast immer das, was Rio Reiser schon vor 50 Jahren sang: »Allein machen sie dich ein!« Es braucht Solidarität und Unterstützer:innen. Unterstützung kann aus unterschiedlichen Perspektiven kommen: Freundschaft, Familie oder aus der politischen Überzeugung, dass Illegalität erstens gerechtfertigt ist und zweitens zwangsläufig im revolutionären Prozess ab einem gewissen Zeitpunkt auf der Tagesordnung steht (nicht unbedingt für alle, aber für deutlich mehr als es jetzt der Fall ist).
Die praktische Solidarität mit »Illegalen« ist das Gegenstück zu kurzlebigen Höhepunkten des Aktivismus; sie zieht sich über Jahre oder Jahrzehnte. Die Unterstützung muss auch dann laufen, wenn viele, die in den Kämpfen dabei waren, aus denen der repressive Schlag entstanden ist, schon längst von der Bildfläche des politischen Aktivismus verschwunden sind. Letzten Endes bedeutet das nicht nur über einen längeren Zeitraum Unterstützung zu organisieren, sondern ein Bewusstsein für die Notwendigkeit der Solidarität zu erhalten. Das heißt auch: Die vergangenen Kämpfe und ihre Erfahrungen präsent zu halten und aus ihnen Erkenntnisse und Kraft für heute und morgen zu ziehen. Kraft, die gerade in den Durststrecken, in denen die Hindernisse unüberwindbar erscheinen, essenziell ist.

Diese Perspektive, die vergangene Kämpfe mit der Gegenwart der Illegalität eines Einzelnen verbindet, und beides versucht, für aktuelle wie kommende Kämpfe nutzbar zu machen, kann nur kollektiv errungen und in die Tat umgesetzt werden. Eine Aufgabe, die dauerhaft, ohne eine revolutionäre Organisation die sich dem widmet, nicht zu bewerkstelligen ist.

Erlebnisbericht #2 – Stammheim von Innen

Während meines Aufenthalts hier in der JVA kam es nun schon zu zahlreichen Ungereimtheiten, die formell so nicht sein dürften und in eine mir unliebsame Richtung verweisen; so möchte ich doch gern für die Leute draußen darüber berichten.

Teil I

Umgang der Justizbeamten mit politischem Bewusstsein

a) Die Hausordnung
Schon in den ersten Tagen meiner Inhaftierung wurde mir klar, dass man es als politischer Gefangener besonders schwer in einer deutschen JVA hat. So legen z.B die Beamten hier eine besondere Genauigkeit in Bezug auf die Einhaltung ihrer Stammheimer Hausordnung an den Tag.
Eine »Sonderbehandlung« wenn man so will. Um die kahle Knastzelle etwas heimischer zu gestalten, hängte ich mir gleich mal ein, mir zugeschicktes, Plakat für den bevorstehenden Tag der politischen Gefangenen am 18. März an den Schrank. Zentral in der Mitte steht groß »Linke Politik verteidigen! Weg mit den §§ 129, 129 a/b!«. Ein sehr sinnvoller Slogan, wie ich finde, denn der 129er dient ja oft nur zur Kriminalisierung politisch engagierter Jugendlicher, der systematischen Folter bzw. der Abschiebung. Ein Teil des 129er entstand meines Wissens nach mit den Sondergesetzen, die damals zur Bekämpfung der RAF geschaffen wurden. Sie sollten dann eigentlich auch bald wieder aus dem Gesetzesbuch gestrichen werden, doch es gibt sie heute noch... Jedenfalls traf den Justizbeamten V. schier der Schlag als er das Poster entdeckte, so dass er mich direkt dazu auffordern musste dieses zu entfernen. Zum einen begründete er das damit, dass es doch sehr »unpassend« sei, was ich ja nun überhaupt nicht finde, und zum anderen dann mit der Hausordnung, die Bilder und Poster nur an der dafür vorgese-

henen Stelle erlaubt. Hierbei handelt es sich um ein über das Bett angebrachtes Holzbrett (ca. 100 x 10 cm). In Reihe passen dort etwa 5–6 Fotos drauf, mit Poster verblieb dann noch Platz für 2–3. Jedenfalls schien V. sehr erregt und verärgert über meinen Verstoß gegen die Hausordnung, mit der er ja nur zu gern argumentiert. Zumindest bei mir. Ich hatte ja schon vorher vermutet, dass es eigentlich nur die politische Message war, die ihn so aggressiv gemacht hat und das sollte sich im weiteren Verlauf auch bestätigen.
Schon bei den ersten Umschlüssen mit anderen Gefangenen fiel mir auf, dass die meisten anderen ihre Bilder wirklich überall aufgehängt hatten. Da nahm es V. dann wohl nicht so genau mit der Hausordnung. Warum auch? Sie waren kaum als politisch links einzuordnen und es handelte sich meist um Poster von nackten Frauen, die wohl als »passender« einzustufen waren, als eine Kritik am System…

b) Neonazis in der JVA und ihre besonderen Freiheiten
Zum zweiten Anwaltstermin sollte ich dann auch schon auf den ersten Neonazi in passendem Thor-Steinar-T-Shirt treffen. Im Warteraum angelangt musterte er mich von oben bis unten und schien sich zu fragen, ob ich denn ein »Kamerad« von ihm sei. Allerhöchste Eisenbahn für mich mein Redskin-Shirt freizulegen. Damit wollte ich ihm signalisieren, dass er mich bloß nicht anquatschen soll und ich mit Sicherheit alles andere als sein verfluchter Kamerad bin. So wendete er sich vorerst ab. Als ich aber dann mit einem Mitgefangenen meines Stockwerks ins Gespräch kam, nährte er sich auf schleimige Art und Weise von der Seite und wollte doch tatsächlich an unserer Unterhaltung teilhaben. Da war dann für mich das Maß voll und der Zeitpunkt gekommen den Vogel mal etwas aus seiner Anonymität zu reißen. Ohne in irgendeiner Weise auf ihn einzugehen fragte ich ihn gleich laut, ob ich denn etwa so aussehen würde, als hätte ich Lust auf eine Konversation mit einem Neonazi. Alle Augen im voll besetzten Warteraum

waren nun bereits auf ihn gerichtet. Da hat er sich wohl ziemlich erschrocken und fing an rumzustammeln »warum, wieso? Ich? Ach was...« Ich verwies gleich auf sein Nazi-Marken-Shirt, das ja nun auch nicht gerade bei C&A erhältlich ist, da meinte er, dass er nur Hool sei, unpolitisch und außerdem Russe, bla, bla... worauf ich natürlich nicht locker ließ und ihm sagte, dass er seine Mutti verarschen kann, aber nicht mich.

Ein anderer mischte sich dann auch ein und sagte dem »unpolitischen Hooligan«, dass es Ärger geben wird, wenn man ihn nochmal mit einem derartigen Shirt im Warteraum antrifft. Aus dieser brenzligen Situation wurde er dann von einem Beamten rausgeholt. Sein Besuch stand wohl an. Ein paar Wochen später sollte er dann aber doch noch sein wahres Gesicht zeigen, als er sich alleine mitten auf dem Innenhof unter mehreren Beamten befand. Einige von unserem Stockwerk schrien schon »Nazis raus!« aus dem Fenster, als der »unpolitische Hooligan« dann mitten auf dem Innenhof und im Schutz der Beamten ganz stolz den Hitlergruß zeigte und »Ruhm und Ehre der deutschen Armee« schrie.

Unser Stockwerk tobte und beschimpfte ihn stark; dem schlossen sich dann auch die anderen Stockwerke von Bau I an, währenddessen ihm eine Beamtin ganz seelenruhig die Tür zu Bau II öffnete. Es waren dort mindestens fünf Beamte anwesend, vor denen der Typ mitten im Innenhof einen Hitlergruß zu Bau I machen konnte. Vom Gefängnispersonal interessierte das niemanden, obwohl der ganze Bau I tobte. Man fand das scheinbar auch keineswegs »unpassend« und die Hausordnung hatte offensichtlich auch nichts dagegen...

Ich habe den Vogel seither nicht mehr gesehen, doch hat mir ein anderer Mitgefangener berichtet, dass er ihn mal wieder im Warteraum angetroffen hatte, wo er dann ohne Thor-Steinar-T-Shirt alleine sitzend in der Ecke auf den Boden schauend zubrachte. Vielleicht ein kleiner Teilerfolg nach so viel Ärger...

c) Nazisymbole auf Beamtenutensilien

Ich musste mal wieder zur Kammer runter, um ein Klamotten-Päckchen abzuholen. In der Kammer angelangt, kümmerte sich eine Beamtin um das Paket. Hinter ihr eine Trennscheibe, hinter der andere Beamte ihren Papierkram erledigen. Einer der Beamten öffnete einen Schrank, um seinen wohl gerade benutzten Stempel in eine Stempelschachtel abzulegen, auf der unverständlicherweise ein SS-Symbol (ca. 5–8 cm groß) vermutlich mit Edding draufgemalt war! Da dachte ich, ich seh' wohl nicht richtig! Der Beamte schloss rasch den Schrank, als er bemerkte, dass ich ihn beobachte. Ich beschloss die Beamtin vor mir doch gleich mal auf diese merkwürdige Stempelschachtel anzusprechen. Sie schien recht überrascht über meine Frage, was denn Nazisymbole hier auf Beamtenutensilien zu suchen hätten und stellte sich vorerst dumm. Sie sagte, dass das eben die Stempelschachtel von der Kammer sei und schon immer so aussieht, seit dem sie hier arbeitet. Was das Nazisymbol darauf zu suchen hätte wüsste sie auch nicht und lenkte gleich zum nächsten Thema. Thor Steinar nämlich. Das sei ja auch ein bisschen so eine fadenscheinige Sache und ist ja nicht so ganz eindeutig, da es davon ja sogar Bikinis und alles gibt und der ganze Laden gehöre ja scheinbar einem Araber. Sie hatte das hier unter den Beamten auch schon angesprochen und ihr wäre es lieber, solche Sachen nicht rausgeben zu müssen. Da kam es wohl zu hitzigen Diskussionen unter den Beamten und man hat sich entschlossen das weiterhin herauszugeben… Ich entgegnete ihr, dass das schon seit Jahren eine bekannte Neonazimarke ist und dass das einem wohl kaum entgangen sein kann. Der Wechsel des Inhabers dieser Marke, was ja letztlich nur eine weitere Finanzspritze für die Nazis bedeutet hat, würde nichts Grundlegendes ändern. Thor Steinar dient nach wie vor als Erkennungssymbol für Neonazis untereinander. Bikinis und andere Produkte dieser Marke werden nach wie vor in sämtlichen Neonazi-Onlineshops und Versänden vertrieben.

Von einer Faschismusdiskussion, die auch den Vietnam-Krieg und somit die Entstehungsgeschichte der JVA Stammheim beeinhaltet hätte, wollte ich hier absehen, obgleich mir wirklich danach gewesen wäre. Denn damit hätte ich natürlich auch ihr Dasein als Justizbeamtin in Frage gestellt. Die gute Frau schien mir aber eh schon etwas überfordert. Hätte ich geahnt, was jetzt kommen würde, hätte ich es mit Sicherheit getan. Sie war mittlerweile bei meinen T-Shirts angelangt und geriet bei einem »Antifascist Skinhead«-Shirt ins Stocken. Sie sagte, das dürfe sie mir nicht mitgeben. Ein anderer Gefangener, der hier in der Kammer arbeitete – vor der Trennscheibe versteht sich – bekam das mit und fragte sogleich, was denn an Antifaschismus so schlimm sein soll. Mir platzte hier völlig der Kragen. Wie bitte? Nazisymbole auf Beamtenutensilien, Thor-Steinar-Klamotten werden rausgegegeben, Hitlergrüße dürfen gezeigt und gebrüllt werden und mir will man mein Antifa-Shirt nicht herausgeben? So tat ich laut meine Empörung kund, als mich die Frau schon wieder versuchte zu beruhigen und die anderen Beamten schon durch die Trennscheibe auf mich aufmerksam wurden. Die Beamtin meinte sie könne mal den Chef holen und ihn fragen, doch könne sie mir gleich sagen, dass der das nicht genehmigen wird. Ich bestand selbstredend darauf. Es kamen dann sogar zwei Chefs, die sich mein T-Shirt für ein Weile lang ansahen und es mir dann doch schweren Herzens freigaben, um wahrscheinlich weiteren Unannehmlichkeiten bzgl. der SS-Stempelschachtel aus dem Weg zu gehen und ihre Ruhe vor mir zu haben.
Ich habe um dieses T-Shirt gekämpft und bin auch sonst im Knastkampf nicht gerade anderen gegenüber im Vorteil. Ich denke, ich konnte das hier gut darstellen. Doch ist es gerade das, was mir den Ansporn gibt weiterzukämpfen, egal ob drinnen oder draußen.
Wenn man sich mal vor Augen führt wer nach 1945 (wieder) führende Positionen bei Polizei, Justiz- und Staatsanwaltschaft eingenommen hat (1952 standen 20 von 30 Polizeipräsidenten unter der Führung von (Ex-) Nazis), was hier drinnen und draußen tagtäg-

lich passiert, so entsteht hier ein fragwürdiges Gesamtbild deutscher Tradition. Worauf soll man da stolz sein und warum sollte man sich durch »Brot und Spiele« davon ablenken lassen und bei dieser bescheuerten EM mitfiebern?
Ein Wir-Gefühl entsteht für mich bestimmt nicht darin, dass ich mit meinen Unterdrückern zusammen mein Land feiere, sondern im internationalen Kampf zwischen unten und oben über alle Grenzen hinweg...

Anmerkung:
Ich habe in meinen Ausführungen bzgl. des Knastkampfes nur die ganz eindeutigen Ungereimtheiten – und davon nur einige wenige – aufgeführt. Es gibt aber noch zahlreiche unterschwellige Strategien der Beamten, die einem das Leben hier noch schwerer machen: Jemandem »vergessen« die Tür zu öffnen, damit er planmäßig duschen kann, Ausschluss von gemeinsamen Veranstaltungen, das Herausreißen aus der gewachsenen Gemeinschaft einer 4er-Zelle etc. sind da nur weitere wenige Beispiele. Manchmal merkt man es auch gar nicht, währenddessen die Justizmaschinerie schon weiter an der Menschlichkeit nagt...

Teil II

Warum ich mich selbst als politischen Gefangenen wahrnehme

Politischer Gefangener ist zunächst einmal jeder, der von staatlicher Repression betroffen ist, weil er oder sie sich politisch für etwas einsetzt. Dass die Nazis, denen der Staat ja nicht selten mit seinen Urteilen entgegenkommt und sie sogar finanziell unterstützt, aufgrund ihrer Ideologie nicht in diese Kategorie des politischen Gefangenen fallen, sollte selbsterklärend sein.
Das Urteil des Amtsgerichts Stuttgart vom 17.02.2012 bezeichne ich als juristische Nullnummer.

Dass man mich im Verfahren durch frühere Kriminalisierung und allgemein der ständigen Entpolitisierung des Prozesses versucht hat, als hirnlosen Schläger darzustellen, spricht ja schon für sich. Dennoch konnte man es sich später im Urteil nicht verkneifen, mir die Angehörigkeit zur »linksextremistischen Szene« vorzuwerfen. Damit sollte mir wohl für die Berufungsverhandlung schon mal ein Stempel aufgedrückt werden.
Der politische Charakter des Verfahrens offenbarte sich schon beim Eintreffen der Anklageschrift: dem Aktenzeichen konnte man entnehmen, dass hier der Staatsschutz herangezogen wurde. (in Stuttgart üblich, wenn es um den »Linksextremismus« geht). Das spiegelte sich aber auch in den Haftgründen wieder, wo eine »Verdunklungsgefahr« mit einem nicht auffindbaren Facebookeintrag begründet wurde.(Ermittlungen wegen angeblicher Nötigung wurden später eingestellt) Die Anwendung von vollkommen willkürlichen Methoden von Polizei und Staatsschutz sorgte also dafür,dass eine »Fluchtgefahr« konstruiert werden konnte. Diese wurde zusätzlich mit dem Inhalt und den äußeren Umständen meiner Gefangenenpost begründet. Ein Verstoß gegen das Briefgeheimnis also, der zur Begründung einer Aufrechterhaltung eines Haftgrundes nach StPO, GG und Postgesetz unzulässig sein dürfte. Die Annahme der Fluchtgefahr stützt sich einzig und allein auf theoretische Überlegungen, denen keinerlei Fakten und Tatsachen zugrunde liegen, außer der eventuelle Bewährungswiderruf. Dieser könnte eine empfindliche Freiheitsstrafe von 23 Monaten im Falle einer Verurteilung bei der anstehenden Berufungsverhandlung zur Folge haben.
Paradoxerweise gäbe es aber auch ohne die vorangegangene angebliche Verdunklungsgefahr ebenfalls keine Begründung der Fluchtgefahr, denn ohne Gefangenschaft auch keine Gefangenenpost! Verdunklung, die als hinfällig zu betrachten ist, stützt also dennoch aus der Sicht des Gerichts die Annahme einer möglichen Flucht.

Des weiteren wurde im letzten Prozess beim Amtsgericht nicht nur einmal von Richterin Neuffer erwähnt, dass man dies und das (wichtige Details im Prozess) wiederum »so oder so« sehen könnte, so dass man im Rechtsstaat vom »im Zweifel für den Angeklagten« ausgehen müsste. Für mich als »Linksextremist« kam das aber natürlich nicht in Frage.
So möchte ich weiter fortfahren mit dem Begriff des »Linksextremismus«, der ja nun doch im ganzen Verfahren eine zentrale Rolle zu spielen scheint, obwohl ich gleichzeitig auch als »unpolitischer Schläger« dargestellt wurde. Dieser Begriff spielt aber auch allgemeine eine Rolle, wenn es darum geht politisches Engagement zu kriminalisieren. »Linksextrem« das ist ja ein dehnbarer Begriff (bis hin zum »Terrorismus«), der von staatlicher Seite ausschließlich in einem negativen Sinn verwendet wird. Vergessen wird dabei heutzutage oft, dass ohne die sogenannten »Linksextremisten« wie Kommunisten, Anarchisten, Spartakisten der Novemberrevolution 1918, aber auch Sozialdemokraten der Kaiserzeit (die heutige SPD ist also natürlich ausgenommen) einige für uns selbstverständliche Freiheiten und Rechte gar nicht denkbar wären. Manche der sogenannten »Linksextremisten« ließen beim Kampf für eine gerechte, friedliche und solidarische Gesellschaft sogar ihr Leben. Alleine schon ihre bloße Existenz nötigte den Herrschenden soziale Verbesserungen ab: so führte Reichskanzler Bismarck im späten 19.Jahrhundert die Sozialversicherung nicht ein, weil er so ein guter Mensch war, sondern weil er hoffte, so der damals revolutionären Sozialdemokratie den Boden zu entziehen.
Seit einigen Jahren wird nun wieder verstärkt die Extremismusdoktrin propagiert, die eigens von rechten »Verfassungsschützern« entworfen wurde. Diese versucht rechts mit links gleichzusetzen. Die Nazis also zusammen mit ihren entschiedensten Gegnern….
In der Praxis sieht das dann jedoch so aus: rechte Kräfte profitieren von der Gleichsetzung, werden weniger kriminalisiert und

nähern sich weiter der bürgerlichen Mitte an. Alles was links ist, wird gleichzeitig auf allen Ebenen weiter kriminalisiert, verfolgt und verteufelt.

Das wiederum ist der gesellschaftliche Hintergrund, der mir vorgeworfenen Straftaten und ihrer Ursachen. Politische Hintergründe wie Hetze gegen links oder diverse Diffamierungsversuche (Grauzone vs. RASH) wurden von der Richterin Neuffer allerdings kaum Aufmerksamkeit geschenkt, obwohl es für den Fall eine wichtige Rolle spielt. Stattdessen drängt sie mich in den Bereich des »Linksextremismus«, der für andere wiederum der Gefahr des Terrorismus gleichkommt. Wenn »Linksextremismus« nun heißen soll die Distanz zum (Rechts)Konservatismus bis hin zum Faschismus zu wahren und dessen nahtlose Übergänge anzuprangern, so bin ich in dem Punkt sicher »schuldig« zu sprechen. Ich finde es in diesem Sinne auch nicht weiter schlimm, dass dieses »Unwort« im Urteil des Amtsgerichtes Erwähnung findet. Obgleich man den Prozess an sich bewusst entpolitisiert hat, dürfte es aber ebenso klar sein, welches Ziel mit dieser Strategie (mich einerseits als »unpolitischen Schläger«, andererseits als »Linksextremisten«darzustellen) verfolgt wird...

Denn wo der Staatsschutz schon einmal die Wohnungstür aufgekriegt hat, da wird er sie auch jeder Zeit wieder öffnen können; zumindest im Sinne der Observation. So werde ich dann später auch in »Freiheit« als politischer Gefangener des Überwachungsstaats wandeln und aus dieser Rolle nicht mehr ausbrechen können. Eigentlich genau das, was man immer versucht der damaligen DDR anzulasten. In der BRD wurde das aber in der Zeit des Kalten Krieges nicht anders praktiziert da man zusammen mit den USA ein »Bollwerk gegen den Bolschewismus« bilden wollte. Also die selben Stasi/BKA- und CIA-Methoden, nur technisch längst über deren früheren Grenzen hinaus und etwas unterschwelliger, um in der Öffentlichkeit den demokratischen Anschein zu wahren. So soll das Volk dazu gebracht werden, im

Imperialismus und trotz steigender faschistischer Gefahr in vielen Erdteilen, reibungslos zu funktionieren.

Weitere Erlebnisberichte von Smily:

https://rotehilfestuttgart.noblogs.org/2019/12/18/dokumentation-broschuere-mit-smily-erschienen/

Interview

Fangen wir mal grundsätzlich an. Was ist Solidarität für dich?

Für mich ist Solidarität eine Haltung der Verbundenheit, die aus kollektivem Denken heraus entsteht, wenn man für eine gemeinsame Sache kämpft – oder unter einer gemeinsamen Sache leidet.

Welche Solidarität hast du erfahren? Was hat dir gefehlt bzw. was hättest du dir gewünscht?

Ich habe praktische und sehr konkrete Solidarität erfahren. Manchmal hatte ich den Eindruck dass meine Unterstützer:innen sogar früher verstanden was mir fehlt, als ich derzeit selbst. Gefehlt hat mir also nichts und ich wüsste nicht was ich mir in diesen Lebensphasen noch mehr hätte wünschen können als das was kam. Sicherlich hatten wir auch ab und an mal technische Probleme, die es zu lösen galt, aber gemeinsam haben wir es immer wieder geschafft. Ich habe in diesen Lebensphasen auch nicht nur Solidarität von Genoss:innen erfahren, sondern von allen möglichen Leuten. Mitgefangene, empörte Bürger, Menschen die ich in der Türkei kennengelernt habe etc. Menschen, die mich nicht mal kannten. Dass Solidarität in den alltäglichen Kämpfen wichtig ist und dadurch eine Verbundenheit entsteht, auf die mensch zugreifen kann, haben wir gesehen.

*Du hattest ja das Glück in deinem Herkunftsort aber auch im Exilort einen Unterstützer*innenkreis zu haben. Sind dir Unterschiede im Verständnis von Solidarität aufgefallen?*

Ich hatte sehr viel Glück, das kann man wohl sagen. Und hätte das auch mit nur einem Unterstützer:innenkreis schaffen können.

Aber da ich es geschafft hatte vor Ort im Exil auch noch Unterstützung zu bekommen, indem ich mich manchen Menschen gegenüber geöffnet habe, wurde vieles leichter. Unterschiede im Verständnis von Solidarität konnte ich in sofern feststellen, dass dort unglaubliche Dinge passierten, die ich mir in Deutschland überhaupt nicht vorstellen könnte. Unter anderem haben die Arbeiter:innen, in einem Hostel, wo ich untergebracht war, meine Ausweispapiere aus dem Ordner der Rezeption verschwinden lassen, damit die Bullen sie nicht finden werden, wenn sie mal wieder kontrollierten.

Habt ihr in deinem Herkunftsort vorher schon Debatten darüber geführt, was Solidarität für euch als »Organisierte« bedeutet oder aber wie ihr kollektiv auf eventuell eintretende Situationen reagieren könnt?

Kommuniziert und auch schon geübt, als man beispielsweise einen von uns eines morgens vor dem Bäcker abgefangen hatte und ihn von dort aus direkt in den Knast brachte. Die Tatsache dass es erst mal eine Weile gedauert hat bis alle das mitbekamen, hat merken lassen dass wir schneller werden müssen. Da konnte dann schon mal Praxis angewandt und versucht werden, die mir ein paar Monate später, als ich selbst im Knast landete, dann auch wieder zu gute kam.

Hat sich seit deinen Erfahrungen im Knast und im Exil dein Verhältnis zu Solidarität geändert?

Nein. Und wenn, dann nur dahingehend, dass mir das alles noch wichtiger geworden ist als zuvor. Ich stehe in Kürze auch wieder vor Gericht wegen einer Soliaktion vor einem Knast, die man mir vorwerfen und als gemeinschädliche Sachbeschädigung auslegen will. Die Anklageschrift liest sich für mich wie eine Ehrenurkunde.

Konntest du dich, bevor du dich entschlossen hast ins Exil zu gehen, emotional ein wenig darauf vorbereiten? Gab es Bücher/Texte die dir dabei geholfen haben?

Absolut gar nicht. Dazu blieb keine Zeit. Ich habe mich entschlossen ins kalte Wasser zu springen und einfach später zu sehen was passiert. Ich habe im Laufe der Zeit dann immer wieder nach Texten und Büchern zum Thema gesucht, aber nie ausreichend gefunden wonach ich konkret suchte. Während dem wir uns bis dahin intensiv mit dem Thema Knast auseinandergesetzt hatten, erschien mir das Thema Leben in der Illegalität, Untergrund oder Exil viel weniger beleuchtet. Ich war auch der Erste, der sowas seit langem mal wieder gemacht hat. Ein Buch wie dieses hätte mir derzeit viel geholfen.

Gab es Menschen, die dir davon abgeraten haben unterzutauchen? Wie verliefen die Diskussionen?

Es gab Stimmen, die mir ans Herz legten nochmal darüber nachzudenken, ob sich das lohnt. Ich wollte es versuchen. Ab da war dann nicht mehr die Frage was-, sondern nur noch wie wir es tun werden.

Warum ausgerechnet die Türkei?

Weil es außerhalb der EU ist und ich innerhalb der EU bei einer Bullenkontrolle damit rechnen hätte müssen, dass sie, egal wo sie mich finden werden, mich nach Deutschland zurückschicken werden und damit direkt in den Knast. Ich konnte mir vorstellen dass ich mich dort etwas freier bewegen kann, als wäre ich irgendwo in der EU untergebracht gewesen. Und so war es dann auch. Selbst wenn sie mich mal kontrolliert haben, was nicht oft vorkam, konnten sie meinem Ausweis bis auf meiner Nationalität nicht viel entnehmen. Sicherlich hätte ich auch in andere Länder gehen können und das werd ich vermutlich auch noch, doch hat es mich derzeit dort hingezogen. Kämpfe gibt es überall zu kämpfen.

Welche Rolle hat Sprache für dich im Exil gespielt?

Eine sehr wichtige. Eine, die ich ehrlich gesagt auch unterschätzt habe. Hätte ich vorher gewusst dass ich erst mal zwei Jahre brauchen werde, um mich auch nur geringfügig auszudrücken, hätte ich das vielleicht auch gar nicht gemacht. Auch kulturelle Codes in Mimik, Gestik und Klang der Stimme zu verstehen und zu lernen war keine einfache Sache. Man kann eine Sprache lernen, aber man muss sie auch fühlen können. Wenn ich englisch kommunizieren konnte, was ja dort eine Klassenfrage ist, hatte ich oft auch die Situation, dass zwei Personen den gleichen englischen Satz sagen konnten, aber dabei etwas völlig unterschiedliches fühlten.

Du schreibst ja, dass trotz der widrigen Umstände, ob im Knast oder im Exil, du auch immer gute und solidarische Leute getroffen hast und das Beste aus der Situation ziehen konntest. Was war »schlimmer« an Erfahrung, auch wenn die zeitliche Dauer natürlich eine andere war.

Schlimmer war in beiden Phasen jeweils, wenn ich auf die falschen Leute zählte, oder den falschen vertraut hatte und dadurch enttäuscht wurde, dass sie mir später sogar noch in den Rücken fielen. Das waren Leute, die ich schon viele Jahre kannte, die aber kein politisches- geschweige denn noch Klassenbewusstsein hatten. Da war es zu Knastzeiten dann schon geboten langsam mal alte Brücken einzureißen, um etwas neues entstehen zu lassen. Aber auch später im Exil musste ich den Bekanntenkreis gut filtern, um nicht zu viel Energie mit negativem zu verlieren, aber vor allem auch aus Sicherheitsgründen.

In deinem Buch klingt es teilweise sehr abenteuerlich, wie du gestartet bist. Was würdest du anders machen, wenn du heute vor einer ähnlichen Entscheidung stehst? Bzw. was würdest du Menschen raten, die heute ähnliche Entscheidungen treffen müssen?

Überlegt's Euch gut, wenn ihr Zeit dazu habt, und wägt ab. Wenn nicht, kann man auch einfach mal Dinge versuchen. Wenn diese nicht klappen, hat man es wenigstens versucht. Es ist keine Schande sowas notfalls auch abzubrechen. Die Schwierigkeit ist, dass es immer von Fall zu Fall unterschiedlich sein wird und man deshalb leider keine genaue mathematische Formel aufstellen kann, die man von Knast zu Knast, von Land zu Land, oder von Person zu Person einfach anwenden kann. Was gestern funktioniert hat, muss heute nicht mehr funktionieren, denn es ist ja auch ein ständiger Wettlauf mit der Technik und neuen Repressionsmaßnahmen, auf die man mit neuen Techniken antworten muss. In jedem Fall empfehle ich derartiges aus einer Kollektivität heraus zu entscheiden. Freiheit und Glück allen Gefangenen und denen auf der Flucht!

Weitere Bücher bei immergrün:

Dieses Buch ist der Versuch von GefährtInnen und FreundInnen, eine Auseinandersetzung zum Thema Flucht, Exil und Illegalität zu führen.

Ich vermisse Euch wie Sau
Eine Auseinandersetzung mit
Flucht, Exil und Illegalität

978-3-910281-02-8

Mit der hier vorliegenden Abhandlung wird ein Schlaglicht auf eine historische Periode Griechenlands geworfen.

Koukoulofori – Die Vermummten
Anarchie und Widerstand
in Griechenland 1967–1996

978-3-910281-11-0

Mit dem Buch werden die zapatistischen Compañer@s und ihr Kampf gwürdigt sowie die neueste Initiative der Zapatistas vorgestellt.

30/40 Jahre EZLN
»Das Gemeinsame und das Nicht-Eigentum«

978-3-910281-08-2